영신의 화병은 치유된다
영상관법을 통한 화병 치유 이야기

동진스님 _____

1986년 운문사 대교과 5년 졸업
석남사, 삼선암, 불영사, 홍륜사 등 5안거
1999년 중앙승가대 학사
2002년 이화여대 석사
2015년 동방문화대학원대학교 박사

▶ **YouTube** 동진스님과 함께하는 토닥토닥 진행 중
현) 의정부 대한불교조계종 총지사 주지로 기도 수행정진 중

노출하라

영상관법과 화병

당당히 자신과 마주하라

동진스님 지음

 명상상담연구원

완벽하지 않아도 글을 썼다.
이건 오로지 나의 소리이고,
나의 생각이고,
나의 이야기가 되므로
이런 나에게 나는 참 잘 생각했다고,
정말 잘한 일이라고 토닥토닥 하면서 칭찬해 주었다.
그 누군가도 이런 나를 보면서 용기를 잃지 않았으면 하는 바람을
그대들에게.

차례

노출하라! 그것만이 당신의 화병을 치유할 수 있다.

왜냐하면 나 자신과 마주하는 당신은 참으로 대단히 위대한 사람이라는 것을 본인 스스로 알아차릴 수 있기 때문이다.

소통은 무엇보다도 나 자신과의 소통이 으뜸이라고 생각한다.

자신과의 불통은 자칫 나를 죽이고 타인도 죽이는 결과를 초래할 수도 있다.

그래서 현대를 살고 있는 우리에게 명상은 소통이며 행복이라고 본다. 나 자신과의 소통을 위해서 우리는 명상은 선택이 아니라 필수 조건이다. 명상 수행은 낡은 마음을 버리기 위해서 싸우거나 어떤 특별한 마음을 획득하는 지적 과정이 아니라 조건 지어진 마음의 현상을 '그 자체로 알아차리고 그곳에 머물러 수용하고 지켜봄'으로 정의하고 있다.(인경, 2012)

요즘은 남녀노소 누구나 명상을 모르는 사람은 없다. 다만 어떤 곳에서 어떻게 명상을 해야 하는지를 물어온다. 그런 그들에게 나는 대답한다.

명상은 장소와 시간, 때를 가리지 않고, 앉으나 서나 눕거나 운전을 하면서 길을 걸으면서 뛰면서도 명상은 가능하다. 방법만 알게 되면 아주 쉽게 누구나 할 수 있다. 단지 호흡이 들어가고 나가는 과정을 집중해서 몸의 변화, 느낌, 마음, 법으로 확장하면서 관찰하면 된다.

다시 말하면 어묵동정(語默動靜)에서 신수심법(身受心法)을 미세하게 관찰하는 과정이다.

그리고 아침에 일어나 거울을 보면서 웃고 찡그리고 씰룩거리면서 나와 만난다.

'오! 넌 꽤 괜찮은 사람이야. 포기하지만 않으면 무엇이든지 할 수 있어. 사랑하는 나 오늘 하루도 화이팅!' 나에게 축원을 한다.

나는 지금 노년기에 명상을 만나 참으로 행복한 삶을 살고 있다.

그 행복의 참맛은 내가 나 자신과 만나고 마주하는 시간이 많아지면서 미소 짓고 웃을 수 있었다. 하루 하루 환자와 함께 하면서 아마도 나를 보살필 여유가 없었던 것은 아니었을까 하는 생각도 든다. 이제 그가 가고 나는 혼자다. 그리움과 보고픔으로 시간 시간이 가슴을 쏴아하고 울컥울컥 하지만 그래도 나는 잘 살고 있다. 너 괜찮지? 나도 괜찮아! 매일매일 그에게 안부를 전하면서 잘살고 있다. 또 그런 나와 마주하고 영혼과 의식에서 쏟아져 나오는 마음현상을 통해 나의 감정, 생각, 갈망을 고스란히 알아차리고 머물러 지켜보면서...

2012년 9월학기로 나는 박사과정을 시작했다. 처음 나의 박사학위 지원은 요가를 해볼 계획이었는데 자신도 모르는 사이 나는 이미 스승님이신 인경 스님에게 명상상담을 배우고 있었다. 물론 평소 신도들과 상담이라는 명분으로 새벽부터 늦은 밤까지 대화를 하곤 했었지만 후일 알고 보니 그건 상담이라기보다는 나의 견해를 고스란히 그들에게 전달해주는 차원에 불과했음을 깨닫고 미안함과 부끄러운 마음이 들었다. 나의 본격적인 상담은 2013년 봄부터 시작되었다. 명상상담학회에서 배운 대로 나름 실습을 했고, 내담자들은 나의 박사학위 논문을 위해 스스로 자청하여 누가 알기라도 하면 큰일이 날 것 같은 깊이 숨겨둔 자신의 이야기를 거침없이 털어놓았다. 그 사이 나는 그들의 이야기와 하나가 되었고 그들도 나와 하나가 되어 울고 웃고 욕하고 화도 내면서 많은 시간을 공감과 지지로 함께할 수 있었다. 나는 여성 노인들과 수십 년 동안 집안 대소사를 공유하고 있었다. 그럼에도 불구하고 나는 그들을 통해 너무나 많은 것을 처음 듣게 되어 놀라고 분노할 수밖에 없었다. 그래서 내가 그들을 다 알고 있었다는 자만심은 나를 무척 부끄럽게 만들었다.

근래에 들어 우리나라 남성들도 여성들에게 많은 관심과 사랑으로 배려하는 문화가 확산되고 있다. 그러나 여성 노인들에 대한 관심은 아직도 부족하다. 아주 작은 불만을 표현하면 배부르고 등 따신 행동으로 치부하고 만다. 그것이 참고 인내하며 평생을 살아온 여성노인들을 화나게 만들고 일상에서 지치게 한다는 것을 남성 노인들은 실감하지 못한다. 그래서 요즈음 대세인 졸혼과 황혼 이혼으로 끝나기도 한다.

나의 이야기를 여성노인과 남성 노인들이 많이 읽어서 간접적인 치유를 얻기 희망한다. 물론 이 이야기들은 여성 노인들의 현실적 체험을 바탕으로 한 시대를 아우르는 역사적 흔적과 문화와 환경에서 빚어진 충격과 아픔도 함께 했을 것이다.

　나는 무엇이 여성노인들을 화병으로 이끌어 그토록 자신의 삶을 송두리째 불태워버리게 했을까? 하는 화두의 진실을 이젠 독자에게 돌리려 한다.

　화답이 있기를 기원한다.

감사의 글

나는 글을 잘 쓰는 재주를 가지고 있지 않다. 아마도 내가 이 책을 낼 것이라고는 나를 아는 누구도 짐작할 수 없었겠지만 나 자신도 예상하지 못했던 큰 사건이다. 2015년 60대 중반 늦은 나이에 박사학위를 취득한 후 모든 것을 끝났다는 후련함으로 쉴 수 있었다. 어쩌면 더 이상 논문을 들여다보고 싶지 않았다는 나의 표현이 더 진실일 것이다. 이런 나에게 스승님이신 지도교수 인경 스님께서 논문을 책으로 내기를 권하셨다. 나의 단호한 입장에도 스승님께서는 이렇게 배려하셨다.

"그래도 사람으로 태어나서 책 한권은 남기고 가는 것이 좋지 않겠어요?"

그 말씀이 한동안 뇌리에 남았다. 그리고 많은 시간이 흘렀다.
2023년 봄. 헤아릴 수 없이 많은 시간을 함께한 나의 도반은 삶의 고통 속에서 열반의 세계로 날아가 버렸다.

한동안 패닉상태에서 깨어나 보니 그저 남겨진 것은 공간과 시간 뿐이었다.

추억을 삼키려는 것이 아니어도 그와 함께 했던 시간속으로 들어가려는 것이 아니어도, 나의 모든 일상에 그는 이미 함께하고 있었다. 왜 그리도 많은 생각들이 나를 웅크리고 동여매이게 하였을까? 아무것도 먹을 수가 없었고, 어떤 것도 손에 잡히지 않았다. 3재가 지나고 정신을 차려보니 모두가 망상이었다.

현실을 직시하지 못했던 어리석음, 바보, 천치.

그의 죽음에 200일이 지나면서 이제 다시 용기를 내어본다. 아마도 남아도는 시간에 보충수업이라도 들어볼까? 하는 심정으로 마우스를 잡았다.

그리고 다시 글쓰기를 시작했다.

언제나 감사하신 스승님! 글쓰는 재주가 전혀 없는 나에게

"스님은 글쓰기가 안 되잖아요? 진짜 상담 한거 맞아요? 영상관법을 한거 맞나요? 읽기는 했어요? 수정한 거 맞아요?"

나의 도반 스님이 어록으로 만든 사건이지만 이렇게 처음부터 호된 꾸지람으로 자신감을 심어주신 덕분에 나는 박사논문을 감히 완성할 수 있었음을 나는 안다. 수십 년을 책과 담을 쌓고, 신문도, TV와도 단절하고 살던 내가 아마도 이글을 완성할 수 있었던 것은 80년대 운문승가대학 학인 시절에 2년 동안 운문회보 편집장 경험이 큰 도움이 된 것 같다.

스승님께서 같은 이야기에서 중심을 찾지 못하는 나에게 한마디씩 툭 던져주시는 핵심은 언제나 명쾌했고 그 덕분에 나는 문맥의 가닥을 제자리에 놓아둘 수 있었던 기억은 아직도 나를 행복하게 만든다.

여성 노인들의 이야기를 재미나게 읽어 주시고 글 쓰는 재주를 타고 났다고 칭찬해주신 이화여대 김미영 교수님, 나의 글을 낱낱이 수정 보완해 주신 정승은 교수님, 정진 교수님, 그리고 정미숙 교수님께 머리 숙여 감사를 드린다. 논문의 차례부터 문맥을 꼼꼼하게 집어주신 박희석 교수님, 오랜 세월 인연의 탓일까? 마냥 칭찬만 해주신 백원기 교수님, 물음표에 의문을 풀어주신 임동호 교수님, 화병의 문헌들을 직접 찾아주신 김종두 교수님, 소논문부터 많은 신경을 써주신 이필원 교수님께도 감사를 드린다.

그리고 논문을 포기하려 할 때마다 나에게 할 수 있다고 힘을 실어준 명상심리상담학회 이사장이신 인경 스님과 명상상담교육원 대표 보리심 보살님, 3년을 함께한 대학원 동기 후배 그리고 슈퍼바이저 2기 선생들, 오랫동안 상담 공부를 함께한 6기 선생님들, 체험에서 경험한 피드백은 참 고마웠고 그것은 참신한 글쓰기의 원동력이 되었다.

운문사 22회 보현회 도반 스님들 나에게 학업을 독려해 준 지현 스님, 갑작스러운 부탁에도 마지막 수정 작업을 거절하지 않고 기꺼이 귀한 시간을 할애해 준 현명 스님, 난관에 부디 칠 때마다 시간에 관계없이 나의 전화를 받아준 대용 스님, 다람살라 존자님이 계시는 도량에 졸작 논문을 기증할 수 있게 해준 명진 스님, 현문 스님, 도서관에서 화병의 논문 자료들을 찾아다 준 벽상 스님, 청암 스님, 만성 신부전으로 일주일에 3번씩 힘든 투석을 하면서도 한 번도 싫은 내색 없이 처음부터 마지막 작업까지 나의 문장력과 문법 수정을 함께한 지금은 고인이 된 나의 절친 근수 스님에게 고마움을 전한다.

끝으로 세상에서 제일 잘났고 못하는 것이 없는 탱크 스님이라며 수십 년을 함께 해주신 의정부 총지사 신도님들, 부족한 나에게 상담을 의뢰해주신 고귀한 나의 내담자 여성노인 당신들에게 이 책을 바친다.

나는 이 책을 통해 상담 초보자들이 내러티브라는 이야기 쓰기를 힘들어하는 누군가에게 상담의 길잡이가 되기를 기원한다. 또한 나의 내담자와 흡사한 여성들처럼 삶의 일상에서 화병에 시달리고 있는 누군가에게도 힘이 되었으면 좋겠고, 그들이 나에게 내담자로 돌아온다면 더 바랄 것이 없겠다. 나의 부족한 글 솜씨가 나 스스로도 부끄럽지만 그래도 누군가의 말처럼 쓰지 않는 것보다 쓰는 것이 낫고, 안 읽는 것보다 읽는 것이 나을 것이라는데 위안을 삼고 싶다. 정말 많은 사람들이 읽어 주면 좋겠다. 특히 남성 구독자들이 이 이야기를 읽고 여성들의 마음을 조금이나마 이해하고 보듬어 주기를 나는 간절히 바란다.

1.
나의 이야기

환희심을 내는 것만으로도 우리의 통증을
자연 치유할 수 있다는 나의 생각은 변함이 없다.
출가자로서 나의 이야기를 하면서, 그리고 다른 이들의
화병이야기를 들으면서 치유적 변화는
나에게 매우 중요한 경험이었기 때문이다.
이런 작은 통찰이 본 이야기의 주제가 되고
삶을 새롭게 가꾸는 희망이고, 꿈이 되기를 바란다.

해가 저문다. 그 저물어가는 해를 보면서도 아직 놓지 못한 것들은 무엇일까?

나는 집착과 애착으로 부터 벗어나지 못하는 서글픔과 진한 자아의 존재에서 비롯된 특별한 나의 존재감. 아직도 아무것에서도 벗어나지 못하고 있다.

그래서 미워지는 나! 그래도 끝없이 알아차리고 머물러 지켜보기는 계속되고 있다. 용광로처럼 타오르는 분노들을...

1988년 초가을 음력 8월 초4일 나는 은사님과 함께 살고 있던 깊은 산골짜기 절에서 새벽 4시 도반 세 사람과 함께 도망 나왔다. 그날의 기억은 강산이 3번의 반을 지난 지금에도 너무나 생생하게 떠오른다. 그것은 아마도 살아온 날 가운데서 가장 힘들고 두려웠던 30대에 감당하기 어려웠던 경험이었기 때문이라고 스스로를 토닥거려 본다.

🌀 상처받고 외면당하고

　그날은 하안거를 마치고 은사님에게 정식 휴가를 받아 도반들과 여행을 마치고 하루 늦게 집으로 들어갔다. 나는 하루정도야 뭐 괜찮겠지 하는 생각이었다. 그런데 나의 생각과 달리 은사님의 노여움은 상상을 초월했다. 우리들이 앞마당에 들어서서 "잘 다녀왔습니다." 하는 인사가 끝나기도 전에 나의 은사님은 우리들을 향해서 "야 여기가 잠만 자는 호텔인줄 아냐 당장들 나가!"라고 소리를 질렀다. 마침 은사님은 돌 축대 위로 자리 잡은 은사님 방 앞에 나와 귀가하는 우리를 내려다보고 계셨다. 정말 갑작스러운 상황에 어찌했으면 좋을지 아무 생각도 떠오르지 않았다. 순간 누가 큰 망치로 내 머리를 내려치는 듯한 느낌 밖에 없었다. 그리고 그날 그곳에는 은사님의 모친과 여동생들이 함께 있었다. 그리고 나와 나의 도반들도 함께 있는 자리였다. 너무도 창피했다. 쥐구멍이라도 있으면 숨고 싶었다. 은사님의 동생들 앞에서 처절하게 무시당했다는 그 자체가 자존심 강한 나는 더 견딜 수가 없었다. 자신의 존재에 대한 작아짐, 무시당함, 분노, 황당함은 그 어떤 말로도 그날의 감정을 지금도 무엇이라고 표현할 수가 없다. 아마 졸렬한 자존심 보다 지금처럼 나의 자존감 지수가 좀 더 높을 수 있었다면 학위를 취득할 수 있었던 오늘의 나는 없었을 것이다. 아주 안일하게 종횡무진 전국 선원에 자취를 남기면서 나의 삶은 유유자적했을 것이다.

　훗날 안 일이지만 나의 도반들은 이런 나의 모습을 자주 보았다고 증언했다. 그러면서 이렇게 말했다. "어 나보다 더 당하고 사는 스님도 있네" 하면서 스스로를 위안하고 살았다는, 기가 막힌다. 거지도 아니고 남도 아니고 그래도 이럴 수는 없다. 은사와 상자라는 명분으로는 이해가 되지 않는다.

그 당시 나는 나름 시주의 밥을 축내지 않겠다는 각오가 대단했던 시절이다. 어쩌면 목숨을 일주문에 걸어 놓고 한철 죽음을 불사르며 사투를 벌렸던 시간이었다. 그리고 돌아온 나에게 은사님의 갑작스런 노여움은 원망과 오해의 불씨로 아직도 해결의 기미가 보이지 않는다. 나의 도반들은 저녁을 굶은 채 말없이 잠이 들었지만 나는 밤새 억울해서 눈물을 쏟으며 쌀자루에 그동안 모아둔 책을 차곡차곡 담았다. 3자루였다. 새벽 3시 기도를 하나 어쩌나 잠시 망설임도 있었지만 생각으로 그쳤다. "집을 나가려는 마당에 무슨!" 그리고 4시 불 꺼진 은사님의 방을 확인한 후 우리는 은사님의 집에서 산길을 따라 책 자루를 끌고 도망쳐 내려왔다. 불빛 하나 없는 깜깜한 산길은 너무도 험하고 무서웠다. 은사님이 집에 계시는 것을 알면서도 어디선가 들려오는 은사님의 목소리는 몰래 도망치는 우리를 환청으로 협박했고, 그때마다 우리는 두려운 가슴을 쓸어내리면서 숲으로 숨었다 큰 바위 뒤로 숨었다 나오기를 몇 번이나 되풀이했던지, 10분이면 넉넉한 산길을 2시간에 걸쳐서 내려왔다. 산 밑의 마을은 아직 이른 정적으로 감싸였고, 지나가는 택시 하나 없었다. 아마도 지나가는 개미 한 마리 없었다는 표현이 더 적절할 듯하다. 다행스럽게도 마침 가게 공중전화가 밖에 놓여 있음을 발견하고 친척 집에 전화를 걸어 화물차를 부탁했다. 나의 친척은 떨고 있는 내 목소리를 직감하고 나에게 U시로 가라고 했다. 그곳에 친척 집 언니가 살고 있고 빈집을 안내할 것이니 '안심하라'는 말과 친척도 빠른 시간 내로 U시로 오겠다는 약속을 하고 전화를 끊었다. 화물차는 30분도 채 걸리지 않아 도착 했지만 우리가 기다린 시간은 몇 시간이나 된 것처럼 숨이 가쁜 듯 초조하고 서글펐다. 은사님이 우리의 도망을 아시고 붙잡으러 내려올 것 같아서 쫓기는 마음 때문에 더 힘들었다. 음력 8월 새벽이 그리도 춥다는 것을 제대로 느끼게 해주는 날씨였다. 우리들은 화물차에 오르자 비로소 안도의 숨을 쉴 수 있었다.

우리는 말을 잃은채 그저 화물차에 몸을 맡겼다. U시까지는 40분 정도 소요되었고, 친척집 언니는 동생으로부터 전화를 받았다면서 우리를 마중 나와 있었다. 우리가 도반과 함께 살아야 할 집은 3층 양옥이었다.

새집을 지어 분양사무실로 사용했던 3층은 2칸짜리 집인데 그 당시 나의 눈에는 엄청 큰 저택으로 느껴졌다. 그리고 바로 옆 1칸짜리 방은 배가 남산만큼 부른 새댁부부가 세 들어 살고 있었다. 우리가 이사하고 5일 후에 여자아이가 태어났는데 이 아이는 삭막한 세월을 견딜 수 있게 해준 보배같은 아이였다. 그 집은 보증금 500만원에 월세가 20만원이었다. 철없던 그 시절 20만원 월세가 얼마나 큰지를 몰랐지만 몇 달 후에야 나는 월세에 대한 높은 가치를 뒤늦게 깨달았다. 겁도 없었다. 나는 100만원 밖에 없었지만 다행히 친척이 200만원, 친척 언니가 준 200만원의 후원금으로 집을 얻을 수 있었다.

이사를 하자 나는 밤새 울어서인지 기운을 차리지 못했다. 하지만 새로 이사 왔으니 장애없이 잘 살고 부자가 되어야 한다면서 팥죽도 끓이고 고사도 지냈다.

그 시절 돈이 없으니 비싼 석유보일러는 전리품이었고 우리는 차가운 거실에서 두꺼운 이불을 깔고 덮고 잠을 잤다. 덕분에 감기는 친구처럼 늘 함께였다.

그래도 다행인 것은 친척들의 도움으로 먹고 사는데 지장은 없었다. 좁은 거실에는 시골 친척들이 보내준 쌀자루가 쌓여 있었다. 부처님을 모실 수 있는 탁자는 앵글로 준비되었고, 멋진 좌복 또한 부족함 없이 다 갖추어졌다. 우리가 거주하는 공간만 협소했을 뿐 별 어려움은 느끼지 못했다. 새로운 몸만으로 시작하기 1개월쯤 지났을까 기별도 없이 은사님과 사숙님이 수소문 끝에 들이닥쳤다. 어이가 없다는 듯 들어오지도 신발도 벗지 않고 은사님은 말없이 사라졌다. 그리고 사숙님은 이렇게 말했다.

"Y야! 너가 전화장부를 가지고 도망쳤다면서? 그리고 신도들한테 전화 걸어서 오라고 해서 잘 먹고 잘도 사는구나! 어째 사람으로 태어나서 그럴 수가 있느냐!"고 삿대질을 하면서 따졌다. "내가 300만원을 너 주려고 가져 왔는데, 너 사는 거 보니 진즉부터 도망가려는 생각을 한 것 같구나. 발칙한 것들. 언제부터 도망갈 예산을 세웠냐? 고얀 것들!"

나는 아무 말대꾸도 하지 않았다. 두렵고 무서워서 벌벌 떨면서 혼이 나간 듯 했지만 그래도 이제 다시는 찾아오지 않을 은사님과 사숙님을 생각하면 한편으로는 안심이 되기도 했다. 참으로 순수한 시절이었다.

그리고 또 하나 짚고 넘어가자면, 전화장부는 뭐지? 숟가락 몽둥이 하나 가지고 나오지 않았으니 나 자신은 아주 떳떳했다. 그렇지만 그때의 억울함은 나의 마음을 한동안 화병에서 벗어나지 못하게 만들었다. 아마도 나는 마지막까지 은사님으로부터 노여움 보다는 지지를 받고 싶었던 마음이 더 컸던 것은 아니었을까?

나는 지금도 그 시절 함께했던 도반에게 매우 고마운 마음을 가지고 있다. 그들은 나의 억울함을 증명해주는 증인이기 때문이다. 둘도 아닌 셋이나...

은사님과 사숙님이 다녀가시고 난 후, 화가 나고 분한 마음을 추스르기 위해서 나는 기도에 전념했다. 이런 기도 때문일까, 다행스럽게도 좁은 집에는 매일 50명이 넘는 신도들이 몰려왔고, 제사는 물론 하루 7~9건의 천도재를 함께 지내기도 했다. 처음 이사 와서 나는 사글세 걱정에 구겨진 천 원짜리도 곱게 펴서 책갈피에 넣어두었다. 후 일 그 돈은 잊어진 채 남겨져 저축처럼 유용하게 사용한 적도 있었다. 그렇게 5평 남짓 법당은 조금도 쉴 틈 없이 훌륭한 법음으로 퍼졌다.

그 당시 내가 힘듦을 이겨낼 수 있었던 것은 유일한 꿈이 있었기 때문이다. 그 꿈 이야기, 나의 꿈 얘기가 하고 싶다. 어쩌면 지금 내가 이렇게 편히 살고 있는 것은 돌아가신 내 어머니의 보살핌이라 생각되기 때문이다. 그 당시 나는 꿈속에서 어머니가 주시는 누런 두루마리 문서를 받았다.

"이 문서는 네가 받아야 할 증서이니 내가 다 받아쓰라는 것이었다. 그것도 모자라 국민은행 창고에 네 앞으로 쌀 100가마를 저축해 놓았으

노출하라 영상관법과 화병 당당히 자신과 마주하라

니 걱정하지 말고 배 곯지 말고 다 쓰라는 것이었다."

90년대 초 우리는 그런대로 모든 아픔을 잊고 조용하게 아주 열심히 살아갔다. 하지만 2년이 지난 어느 날, 또다시 거센 불덩이가 나를 향해 숨도 쉬지 못하도록 압박을 가해왔다. 다시 나의 마음은 불타는 집으로 변했고, 그 불기운은 생각보다 거세고 감당하기 힘들었다. 진정 우리가 살고 있는 이곳이 화택임을 부인할 수가 없었다.

법화경의 화택에 비유한 "불난 집" 이야기가 생각났다.

"불타는 집에서 놀이에만 정신이 팔려 있는 아이들을 구해내기 위해서 아이들이 좋아하는 온갖 수레를 준다고 해서 밖으로 끌어낸다는 비유다."

🌀 다시 길바닥에 내동댕이쳐지고

어느 더운 여름날 U경찰서에서 출두하라는 공문서를 받았다. 지금 생각해도 처음 있는 일이라 지은 죄도 없이 얼마나 무서웠던지 기억이 새롭다. 내용인즉 내가 이사 오고 3년차, 2층에 새로 이사 온 기독교 젊은 전도사가 시끄러워 못살겠다는 진정서를 동사무소, 시청, 경찰서에 두루 제출했다는 것이었다. 경찰서 순경 앞에서 오전 9시부터 정오를 지난 낮 시간까지 우리의 증언 조서는 계속되었다. 1990년대는 컴퓨터가 없었다. 그래서 나의 담당 경찰은 가운데 손가락으로 꾸며지는 조서는 느린 타자기로 긴 시간이 소요되었다. 경찰의 심문 조서를 끝내고 걸어오는 길은 뜨거운 여름 한낮 내리 쬐는 뙤약볕에 성질 급한 나를 몹시 화나게 했고 분통 터지게 만들었다. 정말 한 순간 많은 생각을 할 수 있도록 만들었다.

'어떻게 하지? 전도사를 죽여 버리나? 같이 따지고 싸워야 하나? 아니면 이사를 해야 하나?'

다행히 순간 생각은 명료했다. 그래 선지식의 말씀에 한 사람이 싫어해도 하지 말라는 생각이 떠올랐다. 이사였다. 그러나 생각보다 이사는 어려웠다. 돈도 없었지만 부처님을 모시고 이사를 한다는 것이 쉽지 않았다. 1980년 후반 1990년대 그 시절은 모두 가난하고 어렵던 시절이었다. 어느 누구에게도 돈을 빌리기 위해 도움을 요청하는 것은 어려웠다. 그해 여름은 집을 구하기 위해 모든 힘을 다했다. 그리고 가을이 되자 마침 건너편 2층짜리 슈퍼마켓이 매매로 나왔다. 집을 구하기에 혈안이 되어있던 급한 성격의 나는 망설일 시간도 없이 무작정 계약을 했다. 지금도 나는 그 집에서 살고 있다. 아마 최고로 집값이 상승했을 그 무렵 8,500만원으로 3억짜리 집을 매입했다.

그때 집을 사고 진 빚은 3억! 헌 집이라서 집값보다 고치는 데 훨씬 많은 돈이 들어갔다. 그때 고맙게도 여러분들이 돈을 빌려주었다. 아무 조건도 없이. 그분들은 지금도 나의 힘이 되고 있다. 내가 집을 구입하고

노출하라 영상관법과 화병 당당히 자신과 마주하라

2년 후쯤 재개발지구로 결정되었지만 지금까지 살 거라고는 생각하지 못했다. 아마도 나는 10년 정도 새로운 사찰 부지를 구입하기 위해서 동분서주했지만 그때마다 실패였다. 터를 잘 보시는 수월 노스님께서 "너 정말 이곳에서 기도 많이 했구나! 여기가 명당이니 아무 데도 이사할 생각 말거라" 하시던 말씀은 지금도 생생하고 아직도 유효하다.

🌑 새로운 집을 구성하고 희망을 발견하다

당시 나는 은행 대출과 사채를 끌어모아 집값을 치렀다. 그 당시 감사한 분들에게 지금도 역시 고마움 마음을 전하고 싶다. 그중 지인 한 분은 새벽 2~3시면 매일 전화를 걸어 이자를 달라고 보챘다. 전철 요금 단돈 500원이 없어 마장동 도반 집도 못 갈 정도인데 어떻게 갑자기 몇십만 원의 이자를! 참으로 산다는 것은 쉽지 않았다. 이자를 못 갚은 수치심과 미안함으로 분심이 솟구쳤다. 이 분심은 공부도 공부지만 빚을 갚아야 하는 현실적인 절박함으로 기도했다. 정말 지긋지긋하게 기도를 했다. 내가 할 수 있는 방법이라고는 기도밖에 없었다.

"부처님! 부처님! 신장님! 신장님! 돈 주세요. 제가 잘 살려고 집 산 것 아니고 부처님 모실려고 집을 샀습니다. 그러니 돈 좀 주세요!"

라고 외쳤다. 처절하게 외쳤다. 그리고 앉아서 잠을 잤고 기도에 일념이었다.

어렵사리 그 빚을 다 갚고 나니 시력은 약해져서 눈이 침침해졌고 잇몸이 솟아서 치아가 다 빠지는 힘겨운 경험을 하게 되었다. 안과를 찾아갔더니 이건 웬일 노안이라는 진단을 받았다. 42세 노안 기막힌 사실이었다. 그 시절 5분 자고 기도, 10분 자고 기도, 아마도 평생해도 할 수 없는 기도를 그때 다 해버린 느낌이다. 아니 정말 그렇게 기도를 했다. 지금 새삼 생각하니 사글세 살던 집에서 우리를 시끄럽다고 고발했던 그 전도사가 고맙기도 하다. 아주 가끔씩 나는 그 전도사가 어디서 잘 사나 궁금하던 차에 어느 날 우연히 텔레비전에 나온 전도사는 암에 걸려서 충청도로 내려가 부모님이 농사짓는 과수원에서 요양 차 살고 있다고 방송되었고 나는 할 말을 잃었다.

나는 기도라는 힘을 빌려 1년 만에 빚을 다 갚았다. 그 후에도 여전히 기도는 하루의 일과가 되었다. 하지만 나는 새로운 도전을 시도했다.

그전에는 어쩔 수 없는 현실적인 선택이었지만, 이번에는 내 스스로 원해서 이루어진 결정이었다.

일상에 쫓기면서 나 자신을 돌아볼 기약도 없었던 하루하루에서 탈출!

그 선택은 학문이었다. 2002년 이화여대 사회복지학 석사를 마쳤지만 더는 시간을 할애 할 수 없었다. 나의 마음 깊은 곳에는 공부를 계속해야만 하는 갈망도 있었다. 그러나 우선 건강상의 문제와 몰려드는 많은 기도를 감당할 수 없었고, 또한 함께 살고 있는 나의 도반이 만성신부전증으로 혈액 투석을 시작했기 때문이었다.

26

그 시절 나는 바쁜 일상을 생각지도 못한 채 마음 가득 공부에 집중하지 못하는 삶에 원망도 있었다.

"왜 나는 무슨 팔자가 가만히 앉아서 공부할 시간도 없느냐"며 신경질을 부렸다. 아마도 내 마음 속에는 도반스님이 나의 역할을 담당해 주었으면 하는 은근한 바람이 있었던 모양이다. 그러나 나의 도반은 이렇게 나를 구박했다. "지금 스님 나이가 편안하게 공부할 처지냐고"

지금 생각해도 우스운 이야기지만 아마도 내가 머리 좋은 학생들 사이에서 버텨내기가 어려웠던 모양이다. 2012년, 나는 10년 만에 다시 명상상담 심리학 박사과정에 입학, 쉽지 않은 만학도가 되었다. 나에게 명상은 신기루를 만났듯 행복이고 행운이었다. 그러나 박사 취득은 쉽지 않았다.

앉은 자리에서 일어나면 내 머릿속 이야기들이 지우개로 지운것처럼 사라질까봐 소변을 참아가며 글을 썼고, 도반이 차려준 간식들은 때를 지나 바싹 말라져버렸다. 그때마다 도반의 날카로운 목소리가 내 두귀를 때렸다. 그럴려면 학위 그만 두라는 엄명이었다. 나는 울음섞인 목소리로 "알았어요. 먹을거 먹으면 되잖아요"하며 큰 소리를 치기도 했다. 고마운 나의 도반! 그리고 학위취득 후 후유증도 심했다. 갑자기 두 무릎이 아파서 견디기가 어려워 병원을 찾았다. MRI 결과 의사의 진단은 좌측 무릎이 썩어가고 있다는 것이었다. 나는 계단을 오르는 것도 무리였지만 앉고 서는 단계는 더없이 힘들었다. 앉았다 일어서려는 순간 세 바퀴를 돌아야 했고, 의자가 없이는 생활하기에 몹시 힘들었음에도 불구하고 내게는 무모한 구석이 있다.

아플테면 아프라지 뭐, 나는 15일 동안 부탄을 거쳐 인도 다람살라 여행을 떠났다. 마침 2005년도에 시작 12년 만에 신묘장구 대다라니 300만 독 회향까지 겸해서...

부탄의 서북쪽 산중턱 절벽에 위치한 탁상사원이다. 불교의 정신적인 8세기 사원으로 파드마삼바바의 명상처를 거쳐, 달라이라마 존자 친견 법회였다. 나의 무릎은 기적처럼...

1개월 뒤 병원을 찾은 나에게 의사선생님은 이렇게 말했다.

"누가 뭐라 해도 본인이 아프지 않으면 병은 나은 거라고"

달라이라마 존자님을 생각하면 나는 감사한 마음을 표현하고 싶다.

2000년 나에게는 정말 기적 같은 사건이 있었다.

나는 환갑을 핑계로 꼭 존자님을 친견하고 싶었다. 60년 만에 혼자 떠나보는 여행이었다. 그 당시 나는 우측 손목 증후군을 무척 심하게 앓고 있었다. 아파본 사람은 알겠지만 지금 생각해도 그 통증은 아직도 무섭다. 오른손으로는 찻잔도 들어 올릴 수 없었고, 과일도 깎을 수 없었다. 작은 접시도 들어올리기만 하면 깨뜨렸다. 아니 아예 손목을 끈으로 매고 다닐 정도로 쓸 수가 없었다. 그래서 나의 여행도구는 옷가지 몇 개를 빼고는 모두 손목을 보호해야 하는 아대 뭉치로 여행 가방이 채워졌다.

이런 나의 상황을 알고 있던 지인들의 만류에도 불구하고, 나는 나의 도반이 그곳에 있다는 믿음 하나로 떠난 여행이었다.

　지금도 명진 스님은 그곳 달람살라에 살고 있다. 머나먼 타국 땅에 기댈 수 있는 도반이 있다는 것은 우리들의 든든한 버팀목이기도 하다. 나는 그날도 법회를 마치고 명진 스님의 안내로 짧은 시간 존자님을 뵙고 나왔다. 특별 우대 같은 느낌은 지금 생각해도 황홀한 감정이다. 그리고 여행지에서 만난 백양사 조실 스님과 함께 했던 다섯 명 일행은 한국인의 방으로 안내되었고 차를 대접받았다. 그날을 기억하자면, 밖에는 세찬 비가 내렸고 번개까지 쿠당탕 우리는 "웬 비기 이렇게 내리느냐"며 다과를 함께하는 사소한 자리였다. 찻잔을 전달하는 사이 무슨 일인지 모르지만, 내 손이 상대방 손과 살짝 접촉이 되면서 두 사람에게는 전기가 감전된 것처럼 찌르르 전해왔다. 분명 번개 같은 전류의 흐름이었다. 우리는 돌아가면서 서로 서로 아예 손을 잡았다. 동일한 현상이 일어났다. 그 순간 나의 손목 통증은 씻은 듯 사라졌다. 달라이라마 존자님의 한국인을 위한 금강경 법회를 마치고 20명의 스님들은 나닥으로 떠난 여행지에서도, 집으로 돌아온 다음에도 나는 손목 통증을 느끼지 못했다. 나는 5년이나 묵혀둔 다시마를 자르고, 백포기김치도 담갔다. 그날 이후 나의 손목은 오늘까지도 건재하다. 가끔 성인들을 뵙고 환희심을 내는 것만으로도 우리가 가지고 있는 통증을 자연 치유할 수 있다는 나의 생각은 변함이 없다.

　나는 과거를 생각하면 지금 이 순간이 가장 행복하다. 나 스스로 마음 그릇에 먹물을 담지 않는 한 고요함을 유지할 수 있기 때문이다.

🌀 다시 이야기하기

처음엔 나 자신의 이야기를 쓰려고 하니 많이 부끄러웠다. 더구나 출가자이기 때문에 부담스러웠지만, 이야기를 하다 보니 참 많은 말을 하게 되었다. 시원하다. 또한 나의 화병은 여성노인들과 함께하면서 이미 어디론가 사라져버렸다. 그 힘은 드러냄의 노출과 나 자신과 마주할 수 있었던 소중한 시간이었다. 또한 나의 위대함은 그 속 깊숙한 곳에서 만날 수 있었다.

화병치유 명약!

70억 인구 중 90% 이상이 앓고 있는 분노, 우울, 불안 역시 자기의 내면에 가두어 두지 말고 용기 있게 노출하고 자신을 만나는 순간 누구에게나 치유는 가능할 것이다.

나의 이야기를 다시 하고, 또한 다른 사람의 화병 경험을 들으면서 나의 화병이 사라지는 경험은 매우 놀랍기도 하고 인상 깊었다. 자신의 이야기를 한다는 것, 그것은 무엇을 의미하고, 어떻게 치유적 변화가 이루어지는지를 좀 더 깊게 들어보자. 특히 상처투성이 화병을 가진 여성 노인들은 나이 들면서 오히려 더욱 선명하게 자신의 살아온 삶을 한탄하고, 후회하면서 말하지 못한 채로 가슴에 묻고 살아간다. 이 자체가 고통일 것이다. 동화속의 이야기처럼, 임금님의 귀는 당나귀 귀라는 말을 못했다면, 아마도 그 이발사는 정신질환자가 되지 않았을까? 숨겨진 이야기를 다시 했기 때문에 이발사는 다시 자신의 삶을 살아가는 것이 아닐까? 살아간다고 하는 것은 이야기하는 것이고, 이야기를 하면서 우리는

30

새롭게 자신의 정체성을 확립하는 것이 아닌가 한다.

부끄럽지만 출가자로서 나의 이야기를 하면서, 그리고 다른 이들의 화병이야기를 들으면서 치유적 변화는 나에게 매우 중요한 경험이었다. 이런 작은 통찰이 본 이야기의 주제가 되고 삶을 새롭게 가꾸는 희망이고, 꿈이 되기를 바란다.

나는 나의 은사님과 나의 사숙님을 아직도 변함없이 존경한다. 그리고 좋아하는 것도 예전과 다르지 않다. 철없이 치대고 응석부리던 그 때와 동일하게... 아니 어쩌면 지금 나는 나의 은사님이 더 보고 싶고 더 많이 보고 싶고 더 가까이 가고 싶은 마음이 나의 진한 진실이리라.

영상관법은 유식불교의 수행론

　지금 여성노인들과 비슷한 환경에서 살아가고 있는 사람들은 우리 주위에서 심심찮게 찾아 볼 수 있다.

　그러나 그들은 나의 내담자들처럼 자신을 노출하지 않고, 자신과 만나기를 두려워한다. 이유를 말하면 이야기를 하면서 다시 또 아프고 싶지 않아서이다.

　단지 자기자신의 이야기를 마음 속 깊이 비밀리에 혼자 간직한 채 살아갈 뿐이다. 왜냐하면 더는 자신의 부끄러움과 아픔을 자신으로부터 더 묻어두어서 지금보다 더는 아프거나 마음을 후벼 파는 상처를 받고 싶지 않기 때문이다.

　하나의 사례를 예로 들어보려 한다. 나는 그녀와 아주 친하게 지내고 있었다. 그녀는 대기업에 다니는 임원진 남자와 춘천에서 살고 있었다. 물론 그 남자는 본 부인이 있는 숨겨진 비밀스러운 사랑이었다. 나는 우연한 기회에 그녀의 집을 방문하게 되었고 그날의 놀라움을 아직도 잊지 못하고 있다. 나의 생각은 그랬다. 적어도 비밀스럽고 낭만적인 숨겨진 사랑이라면 경제적 삶을 유지하는데 윤택할 수 있어야 할 것이다. 그런데 그녀의 집안은 달랐다. 거실에 놓여 진 장롱문은 떨어져 나간 채였고, 세탁기 역시 말이 아니었다. 그녀는 내심 부끄럽고 숨기고 싶은 사생활을 가장 친한 나에게도 간곡히 지켜지기를 부탁했다.

지금 그녀는 나와 함께하고 있지 않다. 그 친구가 아직도 살아있다면 나는 그녀에게 짓눌린 화병으로부터 노출을 권했을 것이다. 그러나 지금이라도 그녀 자신이 얼마나 사랑스럽고 대단한 사람인지 말해주고 싶다. 당신은 대단히 위대합니다.

다시금 함께하지 못하는 그녀에게 참 미안하고 아쉬운 마음을 전하고 싶다.

나의 여성노인들 화병 치유이야기는 내러티브와 영산관법으로 가능했다.

영상관법이란 살아오는 동안 마음속에서 아직도 해결되지 않은 사건을 이미지화시켜 다시 경험하고 관찰하고 이야기함으로써 자유로워질 수 있다.

다시 말해서 영상은, 범어로 'pratibimba'인데, prati는 '~에 관한', bimba는 '본질'이란 뜻이다. pratibimba는 '본질의 사물에 관한 것'이란 뜻으로, 한역에서는 '영상(影像)', '경상(鏡像)' 등으로 번역되었다. 예를 들면 자기 얼굴이 거울에 비칠 때, 자기 얼굴은 본질(bimba)이고, 거울에 비친 이미지는 영상(pratibimba)이 된다. 우리가 아침에 일어나서 거울을 보면서 자신을 다시 보는 것과 같다.

2.
나의 심장을 훔쳐 간
백구두 남자
-황토 이야기-

"태어나 처음으로 왜 그리도
그 남자를 보자마자 가슴이 터져버릴 것 같았는지
지금 생각해도 모르겠어요.
나의 온 마음을 빼앗겨 버린 남자예요."

"순간 사랑에 눈이 멀어버린 여자, 철저한 사랑꾼"

황토의 순수했던 사랑은 고통과 절망 속에서 고문과 균형을 나란히 하고 있었다. 그만큼 그녀의 화병 치유결과도 만족스러웠다.

황토의 이야기는 어느 날 홀연히 오토바이를 타고 흰머리 결을 휘날리며 백 바지 백구두를 신고 나타난 중년남자를 만나면서 시작된다.

황토는 그 당시 사랑과 배신을 톡톡하게 경험하면서 심한 우울증으로 죽음의 길에 놓여 있었다. 먹을 수도 없고 잠도 잘 수 없었다. 모든 것을 놓아버리고 죽음을 선택하려 했었다. 이렇게 절망의 순간, 그때 하나뿐인 누나의 이런 모습을 보다 못한 남동생이 D시에 소일거리로 조그만 다방을 차려줬다. 아무런 의욕도 없는 상태여서 무엇인가에 관심을 가지기에도 힘겨웠던 그녀에게 조금씩 몸과 마음의 휴식을 견디어 낼 수 있을 만큼 여유로워졌다.

그즈음 햇살 가득한 어느 봄날에 황토의 곁으로 비추어진 백구두 남자의 등장은 그녀의 가슴에 불을 지피기에 충분한 조건을 가지고 있었다. 황토는 그 남자를 보자마자 태어나서 처음으로 가슴이 두 방망이질하는 설레임으로 마음 가득 행복의 진동을 느꼈다고 말했다. 그 남자는 자신을 홀아비라고 속이면서 황토에게 다가왔고, 두 사람의 사랑은 만나는 첫날 이미 약속이나 한 듯 오토바이에 몸을 실은 채 외떨어진 그 남자의 농장으로 갔다. 그것이 훗날 고통의 시작임을 어찌 알았으랴! 이제 황토는 아내가 있는 남자와 33년 동거하면서 경험했던 외롭고, 부끄럽고, 후회 막급한 파란만장한 동거를 시작했다.

　　나는 아직도 황토와 각별한 인연을 가지고 있다. 어쩌면 나처럼 황토의 모든 것을 이해하고 공감할 수 있는 사람이 그녀의 곁에는 없기 때문에 가능했을지도 모른다. 황토는 항상 피해의식에 사로잡혀 누군가가 자기를 속이려 한다는 생각을 가지고 있다. 이는 황토 자신이 33년을 첩이라는 명분 아래 스스로 떳떳하지 못하다는 주홍 글씨를 등판에 걸고 다니는 감정에서 그 원인을 찾아볼 수 있다. 황토는 나와 이야기를 시작하기 전에 나타난 화병과 분노의 감정은 95%였다. 특히 되돌려주고 싶다는 앙갚음 감정은 68%, 그녀 스스로 죽이고 싶은 마음으로 몹시 괴로워했고 죽음을 당할 것 같은 공포와 두려움에 황토 자신이 숨어 다니는 상황이었다. 대인관계에서 소극적이며 모든 삶을 회피하거나 포기하고 살았고, 나는 죄책감을 가질 때가 많다는 대답은 80점 만점에 76점으로 나타났다. 그러나 상대방의 의견에 맞추려고 노력하며, 내가 먼저 말을 걸

노출하라 영상관법과 화병 **당당히 자신과 마주하라**

지 못하거나, 마음속에 나쁜 감정을 오래 쌓아놓고 있는 편으로 대답했다. 또한 화병 증상 척도에서는 나는 불행하게 살았다는 생각을 가지고 있으며, 억울하고, 분하고, 서럽고, 한스럽다고 생각하며 신경쇠약과 손발이 떨리며, 소화가 안 되고 몹시 피곤하며, 무언가 아래에서 위로 치미는 것 같은 느낌을 자주 느낀다고 대답했다.

이미 자신을 던져버린 그녀에게 이제부터 독자들의 공감과 지지를 희망하며 이야기를 시작하려 한다.

◉ 나는 33년 동안 그 남자의 두 번째 여자였어요

황토는 평소 말이 전혀 없었다. 언제나 구석 자리에서 빙그레 웃을 뿐 자신을 나타내려 하지 않았다. 그녀는 나의 내담자 가운데 유일하게 저항하면서 다시 이야기하기를 24회나 멈추기를 반복했던 어려운 화병 환자였다.

내가 황토와 이야기를 나누면서 발견한 고통의 뿌리는 쉽게 사랑의 상처를 받으며, 스스로 억압의 사슬에 강박적이라는 사실이었다. 황토의 머릿속에는 하나 가득 33년의 사랑에 얽매어 주홍 글씨 같은 쇠사슬에 꽁꽁 묶여있었다.

황토는 매회기 때마다 그 남자가 죽기 얼마 전 "글쎄 저 아까운 것을 어떻게 놓고 죽나!"라고 말한 것을 항상 되새김하고 있었다. 아마도 그 말은 33년 억울함에 대한 유일하게 보상받을 수 있는 이야기임을 나 또한 부정할 수 없다.

나는 감히 그녀에게 왜 "글쎄 저 아까운 것을 어떻게 놓고 죽나!"라는 그 이야기를 계속하는지 다시 묻기를 스스로 포기하기로 했다. 왜냐하면 나는 황토의 거친 삶 속에서 유일하게 위로받았던 희망의 끝을 잘라버리기라도 하면 어쩌나하는 두려움에서 였다. 그리고 매몰차리만큼 황토가 스스로 자기 처지를 비관하는 이유는 따로 있었다. 그것은 황토의 어린 시절 엄마의 가슴을 아프게 한 사건에서 비롯되었다.

황토의 가족은 1·4후퇴 시절 고모가 살고 있는 ○○으로 피난을 갔다. 그 당시 아버지는 발병을 얻어 걸음을 걷지 못했고 엄마 혼자서 시어머니와 3명의 아이들을 책임지는 피난길이었다. 그곳에서 한겨울을 나는 동안 아버지는 이웃에 사는 엄마의 친한 친구와 바람을 피웠던 기억이다. 그 시절 엄마는 아버지를 용서하고 받아들였다. 딸인 황토가 아내가 있는 남자와 동거한다는 소식은 엄마의 가슴을 찢어지게 하였고, 그녀의 기억 속에는 항상 그녀를 만류 하던 엄마의 목소리가 들려왔었기 때문이라고 털어놓았다. 나도 순간 아득하게 멀어진 나의 엄마의 목소리를 더듬어 보았다. 물론 황토처럼 가슴 아픈 추억은 아니었지만 그 소리는 엄마를 향한 그리움이었다. 더운 여름날 보리밥에 갓 뽑은 열무를 넣고 고추장과 비벼서 입 까다로운 나에게 먹이려고 애쓰셨던 모습에 눈물이 솟아오르는 진한 그리움이었다.

황토는 시원시원한 키에 당당한 체구를 가진 70대 여성이다. 그녀는 어린 시절 '예삐'라는 별명을 가질 만큼 싹싹하고, 상냥하며, 천성적으로 마음이 착한 아이였다. 어려서 부터 큰 키가 마음에 들지 않았고 엄마한

노출하라 영상관법과 화병 **당당히 자신과 마주하라**

테 왜 나를 이렇게 크게 낳아 남자에게 사랑받지 못하는지 원망했고, 지금도 작은 몸짓과 아담한 모습을 가진 여자가 부럽다고 말한다. 그녀는 나이 보다 훨씬 늙어 보이는데, 그 원인은 아마도 40~50대에 돼지를 키우느라 장시간 햇볕에 노출된 피부가 잔주름이 많이 생긴 요인이 아닐까 생각된다.

평소 꽃무늬 옷차림이나 화장이 화려하며 우아하다. 황토의 첫 인상은 온화하고 편안한 외할머니 같다. 그러나 예상외로 수줍어하고, 부끄럼을 타는 황토의 성격 이면에는 온화함과 반대로 앙칼지고, '에라! 모르겠다'는 식의 막가려는 성품도 느낄 수 있었다. 나는 이런 황토의 모습에서 외로움과 쓸쓸함이 공존하는 세월에 무상함을 발견하기도 했다.

황토와 함께 준비한 여행은 왠지 장엄한 연극에서 비련의 여주인공처럼 애석하고 애달픈 느낌이 감돌았다. 황토는 익숙한 수식관 명상을 통해 쉽게 안정을 찾을 수 있었지만, 난생처음 접하는 상담이라서 그런지 수줍게 고개를 숙이고 긴장한 듯 손에 쥔 손수건을 만지작거렸다. 그리고 뽀얗고 하얀 얼굴에서 땀방울이 송골송골 맺혀있었다.

황토의 10대, 어린 시절은 온통 피난시절과 아버지의 병고로 인해서 온 집안이 풍비박산되는 기억만 남아있다고 했다.

황토의 고향은 S시다. 나는 황토와 함께 할 추억의 여행을 위해서 어린 시절로 돌아감에 새로운 기대를 가지고 출발했다.

황토의 가족은 총 여섯 식구, 그녀를 중심으로 할머니, 부모님, 남동생 둘, 황토는 2남 1녀의 장녀다. 위로 오빠가 있었지만 감기에 걸려 아기 때 죽었고, 아래로 여동생은 복막염으로 초등학교 6학년 때 죽었다.

황토는 아빠와 엄마하고 가까우면서도 먼 사이였고, 아빠는 큰아들만 바라보았다. 엄마는 아빠를 향한 해바라기 인생, 바람둥이 아버지는 엄마의 마음을 전혀 모른 채 엄마의 친한 친구와 바람을 피웠다. 그래서인지 엄마의 인생은 혼돈과 불행 그 자체였다. 엄마는 시집와서 부터 돌아가시는 날까지 아버지는 아팠고 아픈 아버지를 간호하는 지극한 정성은 눈물겹도록 애처로웠다. 황토의 어린 시절은 전쟁으로 피난을 가서 춥고, 배고팠던 기억이 지배하고 있지만 무엇보다 무섭고 두려웠던 기억은 고모 집으로 피난을 했던 기억이다. 그 당시 밤이면 미군들이 마을로 건너와서 젊은 엄마들을 잡아가려했다. 그 시절 황토 엄마는 젊고 예뻐서 밤이면 미군들에게 잡혀갈까 무서웠다. 황토네 집은 밤이면 장농을 방 가운데로 잡아당기고 장농 뒤에서 잠을 잤다. 그러나 낮에 일이 많았던 엄마는 장농 뒤에 숨어 자면서도 코를 곤다고 할머니한테 꾸중 듣던 기억이 난다.

"저년이 잡혀가서 죽을지도 모르고 코를 곤다고"

지금은 웃으면서 말하지만 황토의 이런 기억은 70살이 넘었어도 밤이 되면 지금도 혼자있는 집에서 잠을 잘 수 없는 트라우마를 가지고 있다.

◉ 아버지의 병마로 힘들었던 어린 시절

황토는 어린 시절 유난히도 아버지의 사랑을 독차지했다. 황토는 2남

노출하라 영상관법과 화병 당당히 자신과 마주하라

1녀 중 맏딸이다. 황토는 어려서부터 순하고 착했으며, 성격은 밝고 명랑했고, 유난히도 흰 피부를 가진 키가 큰 아이였다. 외삼촌을 따라 다니며 극단의 공연을 즐겼지만 공부하는 것이 싫어서 사방팔방으로 뛰어다녔다.

10대는 8·15해방, 한국전쟁과 1·4후퇴를 거쳤다. 1·4후퇴는 한국전쟁이 일어나고 겨울 즈음 북진하던 한국군이 중공군의 개입으로 다시 남쪽으로 후퇴한 사건이다. 1·4후퇴로 생겨난 피난민들이 부산으로 몰리는 통에 1951년 3월 부산 인구는 120만을 넘었다고 한다. 당시의 참상을 그린 가요로 〈굳세어라 금순아〉는 크게 유행했고 지금도 국민 애창곡으로 불리고 있다. 이 곡은 흥남 철수를 배경으로 한 곡이다.

황토의 가족은 1·4후퇴로 안성 고모네 집에서 한겨울을 나고, 고향으로 다시 돌아온 그녀의 고향집 앞마당은 노란 야생 국화꽃이 만발, 꽃밭이며 풀밭으로 변해 있었다. 어린 마음에 국화밭으로 변한 집도 황토에게는 마냥 좋기만 했는데 어른들은 대뜸 들어가지 못하도록 말렸다. 아마도 오래 비어두었던 집안에 많은 쥐, 뱀이나 독사들이 있어 황토가 물릴 수도 있기 때문이었다.

황토가 집으로 돌아온 그해, 열 살에 다시 초등학교 3학년으로 들어갔다. 겨우 겨우 초등학교를 마치고, 중학교에 입학을 했다. 그렇지만 공부하는 것이 죽기보다 싫었고 수업 시간에는 책상에 머리를 박고 졸기만 했다.

황토는 급기야 중학교 2학년때 중퇴를 하고 말았다.

"아마도 저 한테는 어릴적 부터 놀기를 좋아하는 끼와 역마살이 좀 있었는 가봐요. 스님! 하라는 공부는 않고 부모님 말씀을 어기면서 내 마음대로 자유롭게 악극단이 좋아서 작은 아버지를 따라 밤낮으로 구경을 다녔어요."

이런 황토에게 어린시절 좋은 기억은 남아 있지 않았다. 다만 아버지가 병들어 돌아가신 기억과 엄마의 힘들었던 기억밖에 생각나지 않는다고 했다.

1·4후퇴, 아버지는 걷지 못하는 발병이라는 병으로 혼자서 겨우 몸을 지탱했다.

지금 생각하면 몸을 겨우 지탱한 것도 참 다행이었다.

그래서 엄마는 혼자의 힘으로 시어머니와 남편, 아이들까지 거두어 가며 젊은 짐꾼이 되어 피난길을 떠났다.

서울 한강을 건너 안양천 폭격을 피해 잠시 머물었던 피난길, 엄마에게는 힘겨움 그 자체였다. 무거운 짐 보따리와 양식을 이고, 지고, 막내 남동생을 업고 둘째는 손을 잡고 참으로 길고 긴 여정이었다.

여섯 식구가 며칠을 걸어서 도착한 그 곳은 고모가 살다가 역시 피난을 떠나고 비어있는 집이었다. 황토는 그 시절을 이렇게 기억하고 있었다.

"고모네 집이었어요. 엄마 혼자서 그 큰집 청소를 다하고 얼마나 힘이 들었겠어요? 게다가 개울 건너 개울가 언덕 위에는 미군들이 텐트를 치고 있었는데 밤이 되면 동네 젊은 여자들을 다 잡아갔어요. 궁리 끝에 할머니는 엄마를 장롱 뒤에서 자게 했지요. 그리고 하루종일 일에 시달린 엄마는 밤에 코를 심하게 골았어요. 이런 엄마를 할머니는 이해하지 못하고 엄마에게 욕을 막 하는 거예요. 저년은 미군이 잡아가는 줄도 모르고 저렇게 코를 곤다고 했어요. 그런 엄마를 보면서 나는 커서 절대로 시집을 가지 않기로 마음먹기도 했지만 생각 뿐 이었나 봐요. 지금 이렇게 살고 있으니. 그리고 여름이 되자 장마로 인한 큰 비로 미군들이 다 철수를 해버렸어요."

그렇게 소름 끼치는 한 여름이 지나갔지만, 더는 그곳에 머무를 수도 없었다. 장마가 오면서 미군들이 물러갔다는 소식을 전해들은 '아주 매몰찬 고모'가 집으로 돌아왔기 때문이었다. 황토의 가족들은 하는 수 없이 다시 서울로 돌아왔다. 집으로 돌아와 보니 집 앞마당에는 샛노란 자연 야생국화가 밭으로 변해있었다.

"얼마나 예쁘던지 그 노랑국화가 지금도 눈에 선해요. 그 후로 나는 노란색을 좋아하게 되었고, 국화 향을 맡으면 엄마 아빠 모습이 떠올라요. 그래서 또 더 보고 싶고"

피난길에서 돌아온 황토네 식구를 보자 반가움에 동네사람은 빠른 속도로 집안을 말끔하게 청소를 해 주었다. 그때 황토의 나이는 10살이었고 할머니는 61세였다. 엄마는 다시 가족들을 먹여 살리기 위해 ○○ 시장에서 식당을 했다.

그리고 예년 보다 혹독하게 추웠던 그 해 겨울 할머니의 환갑은 주먹밥 하나로 벌벌 떨면서 배고픔을 달래던 모습을 아직도 잊을 수가 없다고 말했다.

　엄마의 고생은 시간이 흐르고 세월이 갈수록 어떤 말로도 형용할 수가 없었다. 아버지는 여기저기 줄을 놓아 마침내 ○○구청에 취직을 했다. 그리고 어찌어찌 땅을 사서 새 집을 짓고 이사도 들어갔지만 갑작스런 아버지의 건강악화는 황토의 가족을 전셋집으로 내 몰았다.

　아버지의 병은 할머니를 화병으로 만들었고 겨우 환갑을 넘기자 한 많은 세상을 떠났다.

　그 후로도 황토의 아버지는 평생 많은 병을 앓았다. 1·4후퇴 때는 걷지 못하는 병으로 몸을 겨우 지탱하더니, 다시 속앓이 병, 그 병이 겨우 완쾌되니 다시 황달에 걸렸다. 그런 아버지를 향한 엄마의 병 수발은 혼자서 생활을 이어가는 가난에도 눈물겹도록 지성이었다.

　엄마는 아버지를 위해 한의사 지시에 따라 참외꼭지를 말려서 가루로 만들어 먹이면서 점점 병세는 나아졌다. 나는 지금같이 의학의 혜택을 누리는 시절이었다면 황달을 참외꼭지로 병세를 완화시킬 수 있었을까? 하는 의심이 들었다.

　나는 의료원 중환자실에서 4개월 실습을 하는 동안 수없이 많은 노숙자들이 황달에 걸려 입원한 것을 보았다. 현재의 의학에도 황달은 치유되기 어려운 병인데 한 의사의 지시에 따라 엄마는 아버지의 황달을 치유할 수 있었다고 한다. 지금이야 누가 그 이야기를 들을 자도 없겠지만 혹시나 하는 마음에 나는 그녀의 이야기를 지면을 통해서 소개하려한다.

의사의 말에 따르면 어차피 약은 써도 죽고 안 써도 죽으니까 원이나 없게 한번 써보라는 한의사의 권고였다. 엄마는 마지막이라 생각하고 정성을 다해 약을 만들었고 검고 노랗던 피부는 제 빛깔을 되찾을 수 있었다.

"참외 꼭지를 불에다 타지 않게 말리래요. 양철 판을 구공탄 위에 올려놓고 참외꼭지를 말려서 곱게 갈아 코에다 대고 들이마셨어요. 만약 이게 폐로 들어가면 죽는대요. 그래서 성냥개비에 꽂아 조심스럽게 들어마셔야 하는데 시간은 한 일 이분인가 그리고 십분 인가, 십오인가 지나면 그 때 쯤에 노란 물이 코에서 막 떨어지는 거예요. 그리고 시간이 가면 효과가 나타나는데 이때는 손톱도 노랗고 눈도 노랗고 소변도 누래요. 팔 주무르면 팔에서도 노랗게 물이 들었어요. 지금은 의학이 발전됐으니까 그런 걸 안 쓰지만 그때는 그게 최고의 약이었어요. 황달은 이제 간에서 오는 거잖아요. 고치지 못하면 까만 게 흑달이 돼서 죽는대요. 근데 그 약을 쓰고 나서 황달은 점점 **빠지더라고요.**"

황토 엄마는 아버지를 살리기 위해서 모든 정성을 다 기울였다.

지금처럼 냉장고가 없던 시절, 기력을 잃어가는 아버지를 위해 없던 살림에도 소꼬리를 고아 항아리에 담아 보자기로 묶어 우물에 넣어두고 하루 세 번씩 보약으로 사용했다. 아버지를 향한 엄마의 마음은 무엇과도 바꿀 수 없는 극진한 사랑이었다.

그러나 황토는 이런 엄마의 모습을 보면서 괜히 엄마가 미웠고 엄마의 이런 행동도 이해할 수 없었다. 왜 엄마가 그렇게까지 하고 살아야만 하는지...

황토는 엄마처럼 그렇게 불쌍한 인생을 살지 않겠다는 각오했다. 그러나 오히려 삶은 이미 정해져 있기라도 한 듯 황토의 인생은 엄마를 능가하는 고통 속에서 신음하듯이 살아가야만 했다.

그 시작은 20대부터 황토에게 쓰나미가 밀려오듯 서서히 다가왔다.

🌀 동거와 배신으로 잠시 스쳐간 두 남자

황토는 24살에 동네 어른의 중매로 첫 번째 결혼을 했다.

그러나 2년이 지나도 아이가 생기지 않자 황토를 바라보는 시부모의 눈초리는 따가워 졌다. 더욱 남편의 잦은 외박은 그녀의 마음을 고달프게 만들었다. 외박은 그렇다 치더라도 술을 마시고 들어오면 어른들이 있는데서 큰 소리로 욕설을 퍼부었고, 폭력에 더는 견딜 수가 없었다. 드디어 황토는 3년 만에 남자의 집에서 도망쳐 나왔다.

"온통 마음은 벌거벗은 몸처럼 춥고 서러웠어요."

그때 오다가다 아주 멋진 남자를 만났다. 그 남자는 참 상냥하고 친절하고 황토를 향한 눈빛이 따사로웠다. 황토는 잠시도 머뭇거릴 사이도 없이 30대에 그 두번째 남자를 만나서 동거를 시작했다. 천만다행으로 황토는 임신을 했다. 얼마나 기다리고 소망했던 일인가! 하루하루가 행복한 황토는 조촐한 혼수를 준비하기에 신이 났다.

이 광경을 보다 못한 그 남자의 친한 후배가 비밀스럽게 알려준 청천

노출하라 영상관법과 화병 **당당히 자신과 마주하라**

벽력 같은 말, 그 남자에게 세 아이와 부인이 있다는 것이었다. 도저히 믿으려 하지않는 그녀에게 남자가 살고 있는 집도 알려주었다. 황토가 살고 있는 곳에서 멀지 않은 곳, 설마 설마 하는 심정이지만 그래도 직접 확인을 하고 싶었다.

모퉁이를 돌아 멀지 않은 곳이 황토에게는 10리나 걸어온 것처럼 발걸음이 무겁게 느껴졌으나 쉽게 찾을 수 있었다. 황토가 그 집 앞에 도착하자마자 마침 그 남자는 부인과 함께 아이들 손을 잡고 웃으면서 나오는 것을 목격했다. 정말 남자는 아이들이 세 명이나 있는 유부남이었다.

황토는 그 길로 돌아와 이내 아이를 낙태를 했고 그 남자에게서 도망치듯 헤어졌지만 이내 심한 우울증에 시달리게 되었다. 그리고 더는 살고 싶지 않은 마음에 자살을 선택했지만 거듭 실패였다. 식구들 감시는 자신의 삶까지도 포기하기 어려웠다. 큰 남동생이 하나밖에 없는 누나를 위해서 소일거리 삼아 D시에 작고 아담한 다방을 차려주었다. 황토는 그곳에서 6~7년 다방을 운영하면서 그럭저럭 세월을 보냈고 그러던 40대 어느 날 황토는 세 번째 남자를 만났다. 나도 그 남자를 잘 안다. 작은 키에 뚱뚱한 체구, 까만 피부에 굳게 담은 입, 웃음기 없는 싸늘한 표정과 눈초리, 만날 적마다 투박한 언행은 나를 당황하게 했다.

그런데 황토는? 그래서 인연은 따로 있는 것 같다.

⦿ 나의 심장을 훔쳐간 오토바이를 탄 백구두 남자

　1980년 초가을 황토가 운영하고 있던 다방 손님으로 세 번째 그 남자는 모습을 드러냈다. 그리고 황토에게 스스로 홀아비라고 자신을 소개하는 그 남자에게 그녀는 첫눈에 반했고 이미 마음은 그 남자에게로 달려가고 있었다. 그리고 봄볕처럼 따사로운 사랑은 시작되었다. 그렇게 설레임으로 시작된 만남은 황토의 운명을 33년이란 긴 세월 기구한 여자로 살게 할 줄을 그때는 알지 못했다. 부인 있는 남자, 첩의 신세로 그녀의 인생은 그렇게 다가왔다. 그럼에도 불구하고 그렇게 힘들었던 마음고생 몸 고생으로 지쳐있는 황토에게 지금도 가슴을 쿵쾅거리게 하는 세 번째 백구두 남자는 멋지고 호감이 가는 사랑스런 남자라며 활짝 웃으며 고백했다. 정말 못 말리는 사랑쟁이 이다.

　"태어나 처음으로 왜 그리도 그 남자를 보자마자 가슴이 터져버릴 것 같았는지 지금 생각해도 모르겠어요. 나의 온 마음을 빼앗겨 버린 남자예요."

라며 황토의 입가에는 환한 미소가 번져 있었다. 남자의 첫 인상은 작은 키, 흰 머리칼에 흰 구두와 흰바지를 입고 있었는데 왜 그리도 멋들어지게 보였는지 그때를 생각하면 지금도 심장이 뛰고 행복한 웃음이 난다고 그녀는 말한다. 첫 만남 몇 시간 만에 황토는 그 남자를 따라나섰다. 오토바이를 타고 구경 가는 줄 알고 함께 한 그 곳은 깊고 깊은 산골 돼지

키우는 농장이었다.

　지금 생각해도 그 행동은 잠시 이성을 잃어버리면서 생겨난 사고였다. 버스도 없는 산골에서 그들은 그렇게 신혼으로 시작되었다. 꿈같이 달콤한 시간이었다. 그녀의 행복과 편안함은 굳이 그 남자와 결혼을 하려는 생각도 없었다. 1년 후 이런 사실을 알게 된 부모님의 성화에 못 이겨 서둘러 혼인 준비를 하였다. 그 남자는 이 광경을 목격하자 그때서야 본부인과 아이들이 있다고 털어 놓았다. 물론 본부인과는 정이 없고 아이들 때문에 호적에만 올리고 살았을 뿐이라는 변명도 덧붙였다. 이유 불문 이 사실을 알게 된 황토의 생각은 완고했다. 더는 이 남자와 함께 살고 싶은 생각도 없었지만 엄마의 강력한 반대 또한 거절할 수 없었다. 황토는 그 길로 두 말없이 엄마 집으로 들어갔다. 그렇다고 그것이 끝은 아니었다. 그 남자는 날마다 술에 취해 황토가 살고 있는 집으로 찾아와 온 식구를 괴롭혔다. 심지어는 대문 앞에 드러누워 몇 날 며칠 잠을 잤고 허락하지 않으면 그곳에서 죽겠다고 했다. 보다 못한 황토의 어머니와 남자의 이모들은 "이러다가 사람 잡겠다."면서 두 사람이 합치는 것으로 황토는 설득을 당했다. 무엇보다 황토 자신이 정말 그 남자를 좋아했고, 더는 잊고 실수가 없었기 때문이었다. 그것이 허락의 이유였다. 황토는 모든 것을 포기한 채 오로지 돼지 30마리를 인생에 반려자로 생각하고 살아왔다. 그래서 황토의 40대는 늘 돼지와 함께였고 한없이 행복했다.

　덕분에 황토는 돼지 박사가 되었고, 수많은 밤을 새우며 사랑과 애정으로 보살핀 돼지는 30마리, 6년 만에 1,000마리의 돼지 엄마로… 돼지를 생각하면 가슴 가득 뿌듯함이 자리 잡고 있다고 그녀는 말했다. 황토를 웃게 해주는 추억은 오로지 돼지와 함께할 수 있었던 연륜과 공간, 그리고 시간이었다. 돼지를 생각하면 행복했고 저절로 얼굴에는 미소가 나온다. 돼지 똥 치우고, 밥도 주고, 돼지가 불안해하면 노래도 불러주면서 돼지를 끔찍하게도 사랑하게 되었다.

황토와 함께한 돼지는 똥 돼지, 족보가 있는 순종이다. 순종 돼지들은 처음 태어나 먹었던 젖만 먹고, 똥 돼지는 새끼를 낳자마자 퍽 쓰러져서 새끼들을 깔려 죽게 한다. 돼지는 새끼를 꼭 밤에 낳고, 방구도 뿡뿡 끼고, 자면서 코도 골고, 밥 주는 사람도 알아본다. 목소리도 기억하고, 쓰다듬거나 노래를 불러주면 안정을 찾는다는 이야기 속에는 동물박사보다도 더한 앎이 있었다. 체험은 그렇게도 사실적이고 현실적이어서 이야기를 하는 그녀도 이야기를 듣고 있는 나에게도 같이 공감할 수 있었다. 무엇보다 이야기를 통해 마냥 행복해하는 황토의 모습에서 상담자인 나도 함께 행복한 시간이었다.

"네 이 순종은요. 관리를 얼마나 잘하는지 몰라요. 이제 여기가 벽이고 돼지막이 있잖아요. 그러면 새끼들이 막 다른 짐승들은 젖을 아무 때나 빨면 나오잖아요. 순종은 안 그래요. 처음 배속에서 떨어져 나와 물었죠. 그것만 먹어요. 우리가 모르고 그 젖을 두 번째 낳은 애를 주죠. 그럼 이걸 가지고 첫 번째하고 싸워요. 그래서 강한 놈만 이기는 거야. 돼지들이 사람 목소리 다 알아듣고요. 나 그렇게 돼지한테 빠져보기는 처음이었어요. 새끼들은 하얗게 걸어 다니고 수도꼭지에서 물을 빨아먹고 그런 거 보면 아주 신기해요. 맨 처음에 가둬나요. 그리고 한 시간 마다 젖을 줘요. 새끼들이 나오면 엄마가 벌떡 일어나가지고 준비해요. 등을 내주면서. 이렇게 기대가지고 새끼들을 다 밀어요. 밀어가지고 이렇게, 이렇게 앉아요. 그리고 이제 새끼들이 젖꼭지를 다 물었죠? 그러면 소리가 나요. 나오는 게 한 이 삼분? 그것뿐이 안나와요. 그때 못 먹으면 죽으니까 아주 죽어라고 빨아요. 근데 똥 돼지 같은 돼지들은 벌써 새끼 낳으면 퍼뜩 쓰러져요. 커다란 어미 돼지의 쓰러짐 거기에 새끼들이 깔려 죽어요."

황토에게 돼지는 사랑스런 자식이었고 황량한 삶을 이어갈 수 있게 해준 유일한 가족이었다. 돼지들은 무럭무럭 자라면서 식구가 늘어났고 날마다 돼지 똥을 치우고 잔일을 도맡아 하면서도 그녀는 행복했다. 황토의 사랑을 듬뿍 받은 돼지들은 황토를 부자로 만들어 주었다. 덕분에 정들었던 돼지 농장을 팔고, 3,000평짜리 ○○ 과수원농장을 사서 이사를 하였다.

이제 좀 편해지려니 했더니 황토 앞에 나타난 일은 산더미처럼 쌓여갔다. 봄이면 넓은 농장을 트랙터를 타고 다니면서 거름도 뿌려주고, 여름이면 아침에 제거한 잡초가 저녁이면 고개를 들고 일어나는 반복적인 생활은 살충제와 힘겨움의 전쟁을 벌였고 가을이면 과일도 수확하는 일을 혼자서 도맡아 해야만 했다. 너무 넓은 농장을 다 관리할 수 없어 분할해서 도지(땅을 100평정도 1년을 빌려주고 그 땅값을 받는 것)를 주었지만 그 사람들까지 하루 세끼 밥을 해주었다. 그 또한 남자의 명령이었다.

그리고 수확하는 배, 사과를 지하에 저장하고 판매하는 일까지 그녀는 도맡아 할 수 밖에 없었다. 왜냐하면 그 남자는 단지 농장의 주인일 뿐 모든 관리는 황토의 책임 하에 이루어졌기 때문이었다. 그녀는 과일을 관리하는 것도 힘겨웠지만 철따라 나오는 채소 관리는 더더욱 쉽지 않았다. 아침에 수확한 채소는 오후만 되어도 시들어서 쓸모없이 버려졌다. 그러나 무엇보다도 힘들었던 것은 도지를 준 관리인 마져 황토의 처지를 무시하고 함부로 하려는 태도에서 자존심이 상하는 상황이었다. 황토가 일이 힘겨워 지쳐있을 그 무렵 급기야 황토에게는 농장을 나갈 수 밖에 없는 또 다른 사건이 일어났다.

그 사건의 전모에는 본처 소생의 딸이 있었다.

"우리 아버지가 한 밑천 잡으면 아줌마 보낼 거라던데 기분 어때? 하며 비아냥 거리는 모습에 머리끝까지 화가 난 황토는 낮잠을 자고 있는 남편을 깨워 확인을 했다. 남편은 황토의 말을 듣자마자 힘들게 일해서 대학공부까지 가르치고 나니 이제 와서 한다는 소리가 뭐라고? 하면서 딸의 뺨을 때리고 야단을 쳐서 본가로 보냈다."

하지만 황토는 그 길로 농장을 나왔다. 1년을 헤어져있는 동안 그 남자는 자주 황토의 집을 드나들었고 어느 사이 자연스럽게 황토는 다시 농장으로 들어가 안주인으로 살림을 맡아서 하게 되었다. 그러나 그 남자는 죽는 날까지 한 번도 황토에게 현금을 준 적이 없다. 남자는 평소 황토에게 경제권을 주면 멀리 도망쳐버릴 것 같다면서 현금도 주지 않았다.

"노냥 그랬죠. 경제권도 안 주고, 뭐든지 산다고 그러면 하라고 해요. 그러나 장을 보러가도 계산하려면 사람이 없어요. 창피하게 그냥 서 있다가 계산을 하던가, 나한테 돈을 주던가, 맨 날 싸우고 그게 항상 불만인 거죠. 내가 힘들어서 사람들에게 땅을 도지로 줬으니까, 식구들하고 어떤 때는 밥을 내 마음에서 우러나서 해주는 거지 하라고 하면 이제 속상하죠. 그렇게 몇 십 년을 그렇게 살았지. 이제 모르는 사람들은 나보고 딴 주머니를 차라고 하는데 그게 그렇게 되요? 뭘 줘야지 차죠."

황토의 나이 60대 중반 변두리 땅 값이 오르면서 그 남자는 농장을 팔았다. 그녀는 힘겨웠던 농장과 이별을 하고 시내로 아파트를 사서 이사를 했다.

그러나 그녀에게는 현금통장도 한 채의 집도 돌아오지 않았다. 그 남자는 다시 땅을 사서 과자 공장을 차렸지만 경험이 없는 사업은 공장주인에게로 돌아갔다. 아파트를 사고팔던 사업도 그 남자에게는 무리수였다. 그 남자는 남겨진 조금의 돈으로 살아갔고 결국은 만성 신부전으로 일주일에 3번씩 투석에 목숨을 연명할 수밖에 없었다. 그리고 7년 투석후 당료 합병증으로 그 남자는 황토와 사별을 했다.

🌀 세 번째 남자의 죽음

33년을 함께했던 남자의 죽음은 황토를 한없이 서글프고 무상하게 만들었다. 입원한지 일주일이 되던 날 그녀의 손을 잡은 채 숨을 거둔 남편과는 살아서는 마지막 모습이었다.

장례식에도 참석하지 못하고 먼발치에 숨어서 남자가 떠나는 행사를 지켜보며 한없이 울어야했던 황토는 가슴을 후벼 내는 아픈 기억은 이야기하는 내내 몸부림을 쳤다. 남자이야기 속에는 황토의 눈물이 수문을 연 댐의 물처럼 흘러서 분홍색 꽃무늬가 그려진 손수건과 휴지 한통을 다 쓰고도 모자랐다. 아마도 운명하기 직전 남편의 온기가 마지막 무언으로 남겨준 행동이 황토에게 감동으로 남아있는 것처럼 보였다.

"지금은 좀 가라앉았죠. 참 힘들었어요. 참 어디다 내 몸을 부딪치고 싶고, 남편은 말 한마디 못했어요. 눈길도 눈을 꼭 감아서 모르고요. 다들 나갔는데 내가 이제 손을 잡으니까 손을 있는 대로 그냥 꼭 쥐더라고요. 그냥 부르르 떨면서 그래서 내가 하는 말이 ○○아버지 이 기회로 기운내서 이겨냅시다. 그랬더니 고개를 끄덕 끄덕 하더라고요. 그게 마지막이었어요."

본가 가족들만 참석했던 남편의 장례식, 마지막을 함께하지 못하는 마음은 황야에 홀로 서있는 휑한 기분이었다. 황토는 그렇게 먼발치에서 남편을 보내고 혼자 돌아온 허탈한 마음을 이렇게 털어놓았다.

노출하라 영상관법과 화병 **당당히 자신과 마주하라**

"사람이 운명을 하고 났는데 얼굴이 어쩜 그렇게 편안했는지 몰라요. 그래서 내가 그랬어요. 진즉에 좀 이렇게 얼굴 좀 피고 살지. 그냥 세상 만사 다 고통을 짊어진 거 마냥 얼굴을 찡그리고 소리소리 지르고 살더니 지금은 한 푼도 손에 쥔 것도 없이 얼굴이 얼마나 편해요? 나 이렇게 혼자 있기 싫어요. 못 먹고 간 게 마음이 너무 아프고, 먹는 것에 그렇게 욕심이 많고 그러더니 못 먹고 불쌍해라.(울음) 그렇게 힘들어서 삼십년을 살았는데 그 고생한 것을 남한테 다 돌리니 아유 억울해서 어떻게 살아(울음) 미안해, 나 때문에 미안해, 이럴 줄 알았으면 더 잘해줄걸"

황토는 남편과 사별 후 공포와 두려움에 많이 울었다. 본 처의 아들은 사망한 아버지가 황토에게 모든 재산을 물려준 것으로 알고, 자기한테 나누어주지 않는다고 섭섭해 하고 있다. 지인이 전해주는 말로는, 본 처 아들이 흉기(칼)를 몸속에 숨기고 다닌다고 했다. 돌아가신 아버지의 유산을 찾으려고 혈안이 되어 황토를 찾고 있다고도 했다. 세 번째 남자는 살아생전 모든 토지와 예금을 지인 여사장 장애아들에게 위임을 했다. 단 돈 100만원도 찾아 쓸 수가 없다. 황토가 더 분한 것은 부동산 여사장이 황토에게 약속한 한 달 생활비도 아예 주지 않는 것이다. 분통이 터진다. 그래서 황토는 입만 열면 지인 여사장을 향해 자연스럽게 욕설이 막 튀어나온다.

황토는 요즘 자다가도 억울해서 눈이 번쩍 뜨인다. 평생 돼지 키워 번 돈을 정작 본인은 쓰기는커녕, 만져보지도 못한 자신의 꼴이 한심스럽다.

그 남자는 이미 죽었으니 말이 없고!

남편은 사망 전까지 황토 앞으로 된 문서는 한건도 만들어주지 않았다. 황토는 그것이 분하고, 억울해서 견딜 수가 없다. 나오느니 한숨이요 참으려니 분통이 터진다. 황토가 가지고 있는 화병행동은 지나치게 공격적인 태도로 돌변하는 것이다. 돼지 농장에서 부당한 일을 당하면 그녀는 특히 남편을 향해서 지나친 공격태세를 가지고 대처하는 수밖에 다른 방법이 없었다. 이런 행동이 자주 나타나는 것은 아니지만 황토의 남편은 처절하리만큼 얼굴과 목에 핏 자국이 상처로 남겨졌다. 현금을 쓸 수 없는 황토는 남편을 향한 시위로 다단계에서 불필요한 물건을 집으로 배달을 시킨다.

"○○아빠가 현금을 주지 않아요. 그런데 내가 산다는 물건은 다 사주지요. 그래서 물건을 집으로 배달하면 값을 치뤄 줘요."

미래를 위해서 대비할 수 없는 황토로서는 몸에 좋다는 물건을 빈 방과 거실을 채우기에도 모자라서 인심을 쓰듯 친구들에게 선물하기도 한다. 황토가 할 수 있는 화병행동은 오로지 먹고 즐기는 일에 관심이 있다. 황토가 입고 다니는 옷은 화려한 꽃무늬와 자수가 그려진 예쁜 옷이다. 맛있는 음식을 좋아하고, 연말행사로 공연하는 가수 이○○, 김○○, 장○○의 공연은 빠뜨리지 않고 참석한다. 이런 분들을 위해서 나는 일 년에 두서너 번 정도 이들과 함께 공연이나 2박 3일 여행도 계속해서 하고 있다.

노출하라 영상관법과 화병 **당당히 자신과 마주하라**

황토의 화병성격 척도는 사전검사 결과 '항상 같은 길로 간다, 나쁜 감정을 오래 쌓아 놓지 않는다' 중간정도를 체크한 것을 제외하고 모든 문항을 완전 그렇다로 표시하였다. 대인관계에서 소극적이며, 모든 삶을 회피하거나 포기하고 살았고, 나는 죄책감을 가질 때가 많다는 대답은 80점 만점에 76점으로 나타났다. 그러나 상대방의 의견에 맞추려고 노력하며, 내가 먼저 말을 걸지 못하거나, 마음속에 나쁜 감정을 오래 쌓아놓고 있는 편으로 대답했다. 화병증상 척도에서 나는 불행하게 살았다는 생각을 지고 있으며, 억울하고, 분하고, 서럽고, 한스럽다. 그리고 신경쇠약과 손발이 떨리며, 소화가 안 되고 몹시 피곤하며, 무언가 아래에서 위로 치미는 것을 자주 느낀다고 대답했다. 분노사고 일차 사전 검사에서 황토의 대답은 문항 전체가 '완전 그렇다'로 대답했다. 배신감은 믿었던 친구가 나에게 공격적인 행동을 할 때, 아끼던 사람이 뒤에서 나를 비난할 때, 나에게 거짓말을 하고도 사과하지 않거나, 약속을 어기고 미안하다고 사과를 안 하는 경우, 내 말을 들어보지도 않고 화부터 내거나, 친한 사람이 내 말이나 행동을 받아주지 않는 경우 무시당했다는 생각을 한다고 대답했다. 그리고 다른 사람을 비난하거나 남의 탓으로 돌리려는 경향도 있었다. 이차적 분노사고에서는, 감정적으로 미안하다의 감정과 뭐 이런 인간이 다 있어 등 받은 만큼 되돌려주고 싶은 앙갚음의 대답이 대부분이었다.

　사후 검사 결과 화병 성격척도, 나는 모든 것을 포기하고 살았다. 문제 상황을 오래 생각하지 않고, 상대방의 기분을 맞추며, 죄책감을 가지고 있다고 대답했다. 화병증상척도는 그렇지 않다는 대답으로 손발이 저리거나, 얼굴에 열이 차오른다거나, 신경이 약하고 내 자신에게 실망한다는 수치는 낮아졌다. 특히 무언가 아랫배에서 가슴위로 치밀어 오르는 것을 자주 느낀다는 질문에서 '그렇지 않은 편이다'라는 변화를 가져왔다.

분노는 배신감, 무시당함, 인정받지 못한다는 사고에서 모든 것을 남의 탓으로 돌리는 원망하는 마음과, 자기도 어려운 일을 남에게 시키는 사람을 보면 다른 사람을 배려할 줄 모른다는 대답과, 받았던 만큼 돌려주고 싶다는 분노의 감정은 여전히 느끼고 있었다. 또한 상대가 염치없는 행동에 분노 하고, 미안하다는 감정에만 변화를 가져오지 못했다. 그러나 영상관법 이후 얼굴에 열기가 사라지고 무언가 가슴으로 차오르는 것이 없어졌다는 대답은 신체반응에서 땀이 흐르지 않는 상황과 같아서 황토의 화병증상이 확실하게 치유 변화되었음을 확인할 수 있었다.

나는 황토의 사전 사후 화병에 대한 검사지를 사용하였다. 사전검사는 2013년 12월 24일, 사후검사 2014년 2월 11일 실시하였다. 그 결과 황토의 변화는 환희스러웠다.

황토의 화병성격척도, 사전 화병증상 척도 94%, 사후 47% 로 47% 감소되었다.

일차 분노사고 척도 사전 97%, 사후 72% 는 25% 감소되었다.

이차 분노사고 척도는 사전 85%, 사후 42%로 43% 감소되었다.

🌀 애증 그리고 그리움과 애틋함

황토는 엄마의 힘들었던 모습을 이렇게 기억하고 있었다. 16살에 대가족이 살고 있는 집으로 시집을 온 엄마는 항상 일속에서 헤어나지를 못했다. 어린 자식이 둘이나 죽었는데도 시어머니 앞에서 크게 울어보지도 못했다는 소리를 황토는 자라면서 많이 들었다고 했다. 아버지는 엄마의 친한 친구와 바람이 나서 도망을 가고 엄마는 그런 아버지를 용서하고 갖가지 병에 걸려 죽을 것 같은 아버지를 간병 하면서 정작 본인의 몸은 엉망이었다. 이렇게 엄마의 힘든 모습을 보면서 자란 황토는 '엄마는 왜 항상 저렇게 살지?' 나는 저렇게 살지 말아야지' 하면서 자유스럽게 살려고 마음먹었다.

"우리 엄마는 16세에 시집을 왔어요. 그리고 66세에 심장병으로 돌아가셨어요. 나는 엄마를 닮아서 키가 크고 통통해요. 그래서 불만을 말했어요. 엄마 닮아서 이렇다고. 우리 엄마는 항상 일에 묻혀서 살았어요. 그 추운 겨울에 피난가면서 옷이 어디 있어요. 아버지가 걸음을 못 걸으니까 엄마가 이불을 머리에 이고 가는데 글쎄 젖이 다 나와요. 막내는 그 젖을 먹고 아이고 우리 엄마 참 고생 많이도 했지요 뭐, 또 춥기는 얼마나 추운지"

황토가 엄마를 향한 미운 감정은 엄마가 싫어서가 아니었다. 젊은 시절 그 예뻤던 엄마의 모습이 점점 추하게 변해가는 그것이 싫었을 뿐이었다.

엄마는 어느 날 부터 친구들과 만나지 않았고, 경로당에도 가지 않았으며, 혼자 집에서 소주와 막걸리로 하루하루를 소일했다. 또한 줄담배를 피워대는 모습이 황토에게는 우리 엄마의 그런 모습이 싫어서였다. 아버지가 엄마의 친한 친구와 바람났을 때를 회상하면서, 엄마는 황토의 행동을 끝까지 말려가며 힘들어하시던 모습이 가슴에 맺혀, 황토는 엄마에 대한 양가감정이 엄마를 미워하는 증오심이라 상담자는 짐작할 수 있었다.

황토의 이런 행동은 세월이 흘러 자신도 엄마의 나이가 되어 생각하니 후회스럽다. 평소 정신적 지주였던 엄마가 돌아가신 후 엄마에 대한 사랑은 연민과 그리움으로 변화되었다. 그래서 황토는 엄마를 향한 그리움 미안함 보고픔으로 주체할 수 없이 눈물이 흐른다. 왜 여자들은 엄마에 대한 집착에서 벗어날 수 없을까? 항상 별것도 아닌 옷, 그릇, 가구, 신발, 그리고 음식 어느 것 하나에도 그리움과 사연이 묻어있다. 막내로 사랑을 독차지 하면서도 언제나 아들만 생각한다고 투덜대고, 시시한 일에도 고집을 꺾지 않았던 나는 이 지면을 통해 진심으로 나의 어머니를 향해서 말하고 싶다. 당신을 정말 사랑했다고, 죄송하다고, 나는 왜 정말 착한 딸이 되지 못 했을까? 후회하고 있다고…

비록 우리 딸들이 엄마의 나이가 되어서야 비로소 엄마를 이해할 수 있다는 건 아마도 엄마만큼이나 늙었다는 뜻일까? 나는 엄마인가? 딸인가?

황토의 엄마는 아버지와 일부종사 했지만 황토는 아내가 있는 남자의 여자로 33년을 살아온데 대한 깊은 회한도 남았다. 이 감정을 엄마는 알지 못했겠지? 자신이 좋아서 선택한 길이지만 차마 입 밖으로 말하지 못하면서 얼마나 처참하고 부끄러운 행동인지를 지금에서야 황토 자신을 모질게 학대하고 있었다.

"엄마 인생이 불쌍한 거죠. 생각하면 내가 참 냉정했어요. 나도 우리 엄마가 돌아가시기 전에 가게 했을 때 오셨었어요. 오셨는데 내가 뭐라고 했는지 아세요? 어쩜 엄마 딸 하나 있는 거 팔자를 이렇게 해 났수. 아유, 왜 이렇게 이야기 했는지. 그 소리가 아직도 마음이 아파요. 내가 이제 나이 먹고 보니까, 왜 한 번도 다정하게 안 해드렸나. 좀 말 상대라도 해주고 그랬으면 좋았을 걸, 그런 생각을 해요. 잊으려고 애를 썼어요. 지금도. 내 팔자가 사주를 보면 산 속에 외로운 소나무 한 그루래요. 신랑이 없대요. 진즉에 삭발을 했어야 하는데, 그걸 살려고 하니까 이렇게 곤욕이 많은 거죠. 그 소나무 밑에서 얼마나 많은 사람들이 쉬어갈 수 있었을 텐데"

황토의 또 다른 애착은 남편을 향한 그리움과 애틋함이다. 황토에게는 단 하나의 사랑이고 순정이었다. 남편으로부터 경제적 능력을 박탈당한 속박에서도 크게 원망하는 마음 없이 오롯이 사랑하고 그리워하는 한마음이었다. 황토에게 남편은 태어나서 처음으로 가슴 설레게 한 단 한사람이었다. 남편을 향한 집착은 힘들었던 고된 시절도, 타인들이 무시하는 따가운 눈초리도, 부인이 있는 남자와 살고 있는 부끄러움도, 경제적 박탈도 문제되지 않았다. 그저 옆에 함께 있는 것만으로도 만족하고 행복했다.

"밉다는 생각 보다는 항상 애틋한 그리움으로 보고 싶어요."

황토의 세 번째 증오의 대상자는 남편이 전 재산(현금, 부동산, 일체)을 다 맡기고 떠난 지인 여사장과 그녀의 장애아들이다. 황토가 견딜 수 없이 밉고 죽이고 싶은 증오심은 시시때때로 황토를 지옥으로 떨어뜨린다. 나는 황토의 증오심은 아마도 마지막까지 남편을 향한 믿음으로부터 배신당한 처절함이 아닐까 생각한다. 그래도 죽음 뒤에 남겨질 재산의 일부는 분명 황토의 몫 이였으니까. 여사장은 죽은 남편과 황토의 한 달 생활비를 매달 지급하기로 약속했지만 남편이 사망 후 한 번도 받은 적이 없다. 이로 인해 황토는 경제적으로 힘들어지면서 부동산 여사장을 죽이고 싶고 어떻게 죽여야 잘 죽였다는 소리를 듣느냐며 화를 참지 못하고 있었다.

"난 정말 그 여자를 그렇게 안 봤어요. 하긴 ○○아빠가 살아 있을 적에도 앞에서는 회장님! 화장님 하면서 핸드폰에다가는 흰머리 영감이라고 했어요. 고게 그렇게 앙큼하다니까요. 글쎄 네 참 죽일 년, 어떻게 죽이나"

황토의 거친 음성은 온 몸을 부들부들 떨면서 안정을 찾지 못했다. 몹시 흥분한 손동작으로 정말 여사장을 죽이려는 시늉을 했다. 그리고 입에서는 침이 튀어나왔고, 입가 주름 사이로 버블이 고인 채 인상은 험상궂게 변하고 있었다. 나는 안정을 찾기 위해 다시 그녀를 수식관 명상으로 안내했다. 조금 평온을 찾은 그녀는 쉴 새 없이 다시 입을 열었다.

황토의 입은 연신 씰룩거리면서 아직도 분이 다 풀리지 않았는지 주름진 하얀 얼굴은 발그레 달아올랐고, 고인 땀을 손수건으로 훔쳐 내리고 있었다. 황토는 엄마에 대한 그리움, 남편에 대한 보고픔과 애틋함, 그리고 지인 여사장에 대한 증오심을 걸림없이 노출하고 나니 마음이 좀 후련하다고 말했다.

그녀의 화병 원인은 누군가를 죽이고 싶은 심한 공격성과 수치심 배신감이다. 이때 몸의 반응은 억울함에서 나타나는 '욱'하는 땀으로, 얼굴에서 송골송골 시작한 땀방울은 양쪽 겨드랑과 등줄기를 타고 아주 기분 나쁘게 끈적끈적한 땀으로 속옷에 배어나는 것처럼 흐른다고 했다. 그리고 이런 상황이 되면 불현 듯 헛웃음이 일어난다. 이런 모습이 나에게는 자신의 감정을 숨긴 채 참으려고 애쓰는 것처럼 보여지기도 했다. 황토는 대중생활 속에서 별 무리가 없지만 대중 속으로 뛰어들지 않고 멀리 떨어져 혼자 웃고 있다. 황토는 그렇게 혼자서 웃을 수밖에 없는 자신이 밉고 싫다고 말했다. 나는 황토를 화병증상에서 조금이라도 편안함으로 이끌어내기 위해서 영상관법으로 접근했다. 그러나 삶 자체를 포기한 듯 황토의 저항은 쉽지 않았다. 그녀의 저항은 나도 포기하고 싶을 만큼 힘들었다. 모든 일에서 쉽게 포기하고 지쳐있는 황토의 저항은 '아유, 스님 이제 그만 하고 싶어요.'라며 이미지 속에 빠져들지 못했다. 내가 황토의 저항에서 헤어날 수 있는 방법은 단지 황토의 저항을 수용하고 밀어붙이는 형식을 고수할 수밖에 없었다. 반복적으로 직면하고, 자신을 수용하고 지지하는 긍정적인 방법으로 이끌어가는 방법밖에는 다른 방법을 찾을 엄두도 자신도 나에게는 없었다. 나는 영상관법을 실패하지 않으려고 '다시 이야기하기'를 시도했다. 우리가 살아가는 동안 정말 힘든 고비를 넘기고 나면 다음 일이 쉬워지듯, 황토는 어려운 고비를 넘기자 생각 외로 잘 따라와 주었다. 떠올리는 이미지와 회피하지 않고 직면하고 통찰하면서, 20회 이상 반복적 이야기와 강렬한 시도를 통해 쉽지 않은 치유 변화를 이끌어낼 수 있었다.

🌀 남편 만나기

영상 떠올리기에서 격렬한 감정과 만날 때, 황토는 무척 긴장을 하고 있었다. 심장수술 이후 배로 호흡을 하는 것이 아니라 어깨를 올리면서 쇄골호흡을 하고 있었다. 두 손에는 손수건을 잡은 채 만지작거리면서 웃기도하고, 때로는 눈물을 흘리기도 했다. 너무 조용한 분위기에 압도된 듯 황토는 연신 몸을 위 아래로 자세를 바로잡기도 했고, 억지로 호흡에 열중하다보니 얼굴에서는 진땀을 흘리면서 그녀의 손은 연신 땀을 닦으려 오르락 거렸다.

3회기 황토는 치유라는 행복을 경험할 수 있었다. 수치심의 노출은

노출하라 영상관법과 화병 **당당히 자신과 마주하라**

심장의 압박으로 통증을 감싸 안으면서 어렵사리 이야기를 이어갈 수 있었고, 가슴의 돌덩이가 사라지는 통쾌함도 있었다. 황토의 평소 생각은 남편 그늘을 벗어나면 마음이 좀 편안할 것 같았다. 그런데 남편이 사망한 후 지금 생각하니 그 그늘이 그래도 편안한 곳이고, 믿을 수 있는 유일한 대상이었다고 말했다. 1년 전 남편과 사별 후 그녀의 건강은 더욱 악화되고 있었다. 함께할 때는 몰랐던 불안은 70%~80%, 외로움, 허무함, 가슴 답답, 머리는 멍한 상태, 가슴은 빽적지근하고 뜨거운 기운이 올라온다고 호소했다.

황토의 남편을 향한 마음은 그녀의 삶의 전부였다. 또한 황토는 온통 남편의 마지막 유언에 빠져 있었다. 살아오는 동안 얼마나 남편의 따뜻한 말과 미소가 그리웠으면 하는 생각에 나는 코끝이 찡해왔다. 죽기 얼마 전 병원에서 남편은 황토에게 유언처럼 이렇게 말했다.

"돌아가시기 며칠 전에 물끄러미 누워서 날 쳐다보더라고요. 그래서 왜 날 그렇게 쳐다보냐고 하니까 불쌍하다고, 불쌍하다고 그러면서 "저 아까운 것 내가 아까워 저걸 두고 어떻게 죽나." 하더군요."

이 말을 들은 후부터 황토는 지난 세월 남편 때문에 힘들었던 기억은 한 순간 어디론가 날아가 버렸다. 본처와, 아이들 놔두고 황토에게 그렇게 말해준 남편에 대해 원망과 미움보다 이해하고 후회하는 마음으로 변해버렸다. 그리고 삶이 힘들었던 33년의 세월은 편안하고 행복하게 웃을 수 있는 치유변화를 가져왔다.

그렇지만 남편과 관련하여 여전히 황토는 힘들어했다. 그래서 사망한 남편을 다시 만나기로 했다. 황토는 돌아가신 남편이 꿈에서 미안하다고 했단다. 우리는 잠시 차를 마시고 휴식을 취한 뒤 영상관법을 준비했다.

나의 마음은 바쁘기만 했지만 여성노인 할머니들은 전혀 힘든 기색 없이 서로 얼굴을 보면서 이 상황을 즐기는 듯 서로를 보고 웃어주었다.

우리는 모두 하나가 되어 생생한 이미지를 떠올리기 위해 호흡을 가다듬었다. "자, 자세를 바로하시고 호흡에 집중하겠습니다. 눈을 감고 수식관합니다.

하나, 둘, 셋, 넷, 다섯, 여섯... 황토님, 남편을 생각하시면 어떠세요?"

황토는 앞가슴을 가리키면서

"여기가 뜨거워져요."라고 대답했다. 나는 그녀의 표정을 살펴보았다. 살포시 감은 두 속 눈썹은 얇게 떨렸고, 얼굴은 새초롬하게 변해있었다. 나는 계속해서 뜨거움의 열기가 1~10가운데 얼마나 되는지를 물었다. 서슴없이 10이요라고 대답했다. 그리고 연이어 묻지도 않는 말에

"10이요, 아직도 ○○ 아부지 생각하면 가슴이 막 뛰어요"

"좋아요. 아주 잘 해주셨어요."

"생각만 해도 좋고, 가슴 뛰고, 그리운 남편에게 그동안 많은 이야기를 했지요? 오늘은 황토님이 그동안 못해본 이야기를 해보는 시간을 드

리겠습니다. 살아서 못해본 이야기들을 속 시원하게 해 보세요. 자 시작합니다."

황토는 남편이라는 소리에 수줍게 웃으면서 대뜸

"○○ 아부지, 왜 나한테 돈 한 푼 안주고 가는 마당에 왜 재산을 ○○ 엄마 앞으로 다 놓고 죽었어, 왜 그랬어? 나 지금 거지잖어. 아무것도 없이 ○○ 엄마가 생활비도 안주고 얼마나 힘든지 알우? 왜 말이 없어. 옛날이나 지금이나 왜 그래 사람이 말야. 뭐라고 해봐요. 할 말 있으면, 어쩜 사람이 그러냐? 말로는 "이 불쌍한 것 어떻게 놓고 죽나고 하더니." 전부 말 뿐이야. 어유, 내가 미쳤지. 누구를 원망하나?"

황토가 말을 할 때마다 그녀의 입에서는 가느다란 침이 쉴 사이 없이 튀겨 나왔고 입술은 바르르 떨렸다. 아마도 70이 넘은 나이 탓이리라.

황토는 지금 하고 있는 말들을 헤아릴 수 없이 마음속에서 아주 자주 몇 백번이고 반복해서 했을 것이다. 돼지 키우면서 고생해서 돈은 벌었지만, 몽땅 다른 여자에게 주고 간 남자가 얼마나 미웠을지 이해가 되었다. 그러나 죽은 사람이 무슨 말을 할까. 그 이유라도 알게 되면 그 남자를 용서라기보다는 이해할 수 있을지도 모르련만...

"대답이 없어요. 스님 말을 안 해."
"좋아요. 지금 눈앞에 처사님이 계신다 생각하고 하세요."

"안되는데"

믿고 사랑했던 살뜰한 남편은 아직도 입을 열지 않았다. 속이 터지는 황토는 이미 지쳐 버린 듯 맥을 놓아버렸다. 그리고 영상 떠올리기를 거부했다. 나는 다시 그녀에게 주문을 이어 나갔다.

"황토님 다시 처사님 얼굴 떠올리세요. 보이세요?"

그녀는 겨우 남편의 이미지를 노출시키면서 다시 얼굴에는 엷은 미소가 감돌기 시작했다.

"눈을 흘겨요. 왜 눈을 흘겨. 내가 뭘 잘못했다고, 말을 해봐요. 좀 왜 돈은 내가 벌었는데 쓰고 다니는 년은 다른 년이냐고, 응? 도대체 나한테 왜 그랬어? 말 좀 해 주어 봐. ○○ 아부지!!

황토가 갑자기 울부짖었다. 옆에 있으면 쥐어뜯기라도 할 기세였다. 우리는 또 같이 울었다. 새벽을 가르는 황토의 울음소리는 상담자의 거실을 통과해서 옆집까지 들릴 정도로 큰 통곡이었다. 지난 번 상담에도 울곤 했지만, 이런 모습은 처음이었다. 그런데 그다지 길지 않은 시간 통곡을 마친 황토는 이렇게 말했다.

"○○ 아부지가 미워서 그런 것이 아니래요. 나한테 주고가면 ○○이

노출하라 영상관법과 화병 **당당히 자신과 마주하라**

가 나를 해칠까봐서 그랬데요."

"좋아요 잘 했어요. 지금 감정 어떠세요?"

"슬퍼요 ○○ 아부지가 좀 더 살았어야 했는데, 갑자기 너무 빨리 죽어서."

다시 황토의 마음은 남편에게서 머물러버렸다. 그리고 너무 빨리 죽었다며 주름진 얼굴이 수심으로 그늘져 버렸다. 어찌 생각하면 시원 섭섭도 하련만 그런 그녀의 마음은 아직도 변함없이 남편을 절절하게 사랑할 수 있는지? 나의 눈에는 황토가 사랑하는 순정 만화 여주인공 같이 비쳤다.

"처사님한테 미운 감정은?"

"밉지요. 어쩌면 지가 일찍 죽을지도 모르고... 그 많은 재산을 다 남 좋은 일 시키고 갔지요. 뭐. ○○ 엄마(본처)도 그럴 줄 몰랐을 거예요. 살아서는 죽는 시늉 다 했으니까.

"미운감정은 몇%나 되세요?"

"생각하면 100%지만 그 양반도 불쌍해요. 어려서 부모님 잃고 사느라고 고생했는데, 나같이 억센 여자 만나가지고, 애교가 있나. 이쁘기를 하나. 키가 아담하나, 살아서 마음고생 많이 했어요. ○○ 엄마도 불쌍하고"

"그래요 잘하셨습니다. 남편에게 하고 싶은 말을 해보세요. 진심으로 하고 싶은 말..."

"거기 가서 잘 사시유. 행복하게 나 같은 여자 말고."

"그럼 황토님은 처사님 용서하시는 건가요?"

"할 수 없지요. 뭐 다 내가 전생에 죄가 많아서 그런 걸."

"지금 어떠세요?"

"마음이 좀 가라앉았어요. 한번 보고 싶었는데 스님 때문에 지 아부지를 만나네요. 웃음"

"좋아요 자 호흡으로 돌아오셔서 들이쉬고 내쉬고 1에서 6까지 세세요."

영상관법을 끝내고, "어떠셨어요?" 라는 물음에 황토는 하고 싶은 말 하고 나니 앓던 이가 빠진 것처럼 시원하다고 했다. 분한 감정을 토해내는 것도 그렇지만 아마도 그냥 그렇게 갈 수밖에 없는 사연에 대한 답을 얻었기 때문이 아닐까 한다. 다시 보고 싶은 남편을 만날 수 있었던 것이 그녀에게는 분노의 마음도 편안하게 된 것 같아서 나도 흡족했다.

황토에게서 꿈틀거리던 화병의 원인은 33년 동안을 부인이 있는 남자와 함께한 부끄러움과 수치심, 그리고 본 부인에 대한 미안함이었다.

이런 황토에게 배신감은 두 가지 의미를 가지고 있다. 하나는 황토가 33년 동안 돼지를 키워 부자가 되었는데도 황토 앞으로 현금과 부동산 문서를 물러 받지 못했다는 것이다.

하지만 남편에 대한 원망의 배신감은 별 큰 의미를 갖고 있지 않다. 두 번째 배신감은 남편이 사망하면서 같은 동네 사는 지인 여사장 장애인 아들에게 현금통장과 부동산 일체의 명의를 돌려놓았고 더욱 기가 찰

노릇은 지인 여인이 남편과 황토에게 약속한 한 달 생활비를 전혀 주지 않는데서 오는 배신감이다. 이 배신감은 황토가 분해서 뒤로 넘어져 죽을 것 같은 상황에 놓여있었다.

🌀 지인 여사장 만나기

황토의 인생에서 제일 원망하고 미운사람은 남편이 살아있을 당시 지인이었던 여사장이다. 황토는 여사장이란 소리만 들어도 화가 나는지, 하얀 얼굴 표정이 험악하게 변하면서 주름이 굵어지도록 인상을 썼다. 그리고 시종일관 욕을 하기 시작하면서 쉽게 지인 여사장과 만났다.

"황토님 여사장 생각하면 무슨 생각이 떠오르세요?"

"여사장은 무슨 여사장! 사기꾼이지 천하에 사기꾼!"

"여사장 얼굴을 보세요. 어때요?"

"웃지요. 뭐 항상 웃어요."

"여사장 보는 지금 기분 어떠세요?"

"더러워요. 죽이고 싶어요. 아 유 저걸 그냥!!"

"좋아요. 죽이고 싶은 마음은 몇%나 되는 것 같아요. 1에서 10까지"

"100% 죽이고 싶어요. 할 수만 있다면 소리 안 나는 총으로 쏴 죽이고 싶은데, 그게 말뿐이지 내 손만 더럽지! 아이고, 죽일 년!!"

황토의 화병증상은 여기서 유래한다. 견딜 수가 없다. 누군가를 죽여 버리고 싶은 분노의 충동을 여기서 느낀다. 이것이 황토의 핵심감정이라 판단하고, 나는 이런 충동을 충분하게 경험하고, 관찰하고 알아차릴 수 있는 영상관법을 시작했다.

"자, 황토님 호흡을 깊게 들이쉬고 내쉬고 코끝에 여사장을 죽이고 싶은 마음을 올려놓으시고, 바라만 보세요. 지금 이 순간 아무것도 생각 하지 말고 그냥 바라만 보세요. 조용히 바라만 보세요. 호흡과 함께 … 좋아요 잘 하셨어요… (잠시 멈추었다가)지금은 죽이고 싶은 생각이 어 떠세요?"

"마음이 가라앉았어요."

"얼마나 몇%나?"

"30%정도 남아있어요."

"그래요. 1분 더 드릴게요. 죽이고 싶은 생각 코끝에 올려놓고 호흡 과 함께 바라만 보세요. 그저 아무 생각도 하지 않고 호흡에 집중하면서 고요하게….

(1분이 지난 후) 지금 어떠세요?"

"네, 스님 다 가라앉았어요."

"그래요 좋아요. 황토님 그 죽이고 싶은 마음 색깔은 무슨 색이지 요?"

"검정색"

"모양은 어떤 모양인가요?"

"창살처럼 긴 꼬챙이요."

"좋아요. 그 창살 크기는 어느 정도 돼지요?"

"아주 길쭉해요. 무겁고, 쇠꼬챙이처럼"

"좋아요. 그 창살을 바라보세요. 코끝과 나란히 놓고 호흡에 집중하면서 그저 아무 생각도 하지 말고 조요히 호흡과 함께 바라만 보세요. 호흡과 함께 어떠세요? 창의 길이가 작아졌나요?"

"없어졌어요. 안 보여요."

분노로 말미암아서 죽이고 싶은 감정은 심한 배신감과 아픈 상처를 가진 여성노인에게 나타날 수가 있다. 이런 감정은 충분하게 경험하고 그것을 인정하고 수용하게 하는 것이 영상관법의 접근방법이다. 여기서 핵심은 생각을 멈추는 것이다. 느낌을 느낌 자체로 경험하는 것이 중요하다. 충분하게 경험한 느낌이 소멸되면 그 느낌을 불러일으킨 대상에 대한 접촉을 다시 시도하여 변화를 점검한다. 나는 가끔씩 영상관법을 통해 신기한 경험을 한다. 얼마 전 나의 목 상태가 정말 좋지 않았을 때 초보자인 어떤 스님과 상담을 하게 되었다. 나는 내담자가 되었고, 염 지관에 의해서 바로 치유되었다. 영상관법이나 염지관은 초보자가 응용한 사례임에도 충분하게 치유될 수 있다는 확신이다. 그리고 숙달된 상담자라면 혼자서도 충분하게 자기를 자가 치유할 수 있다는 자신감도 권장하고 싶다.

"좋아요. 아주 잘 하셨습니다. 황토님 부동산 아줌마 얼굴 떠올려 보세요. 맑은 정신으로 하고 싶은 말 천천히 해 보세요. 욕을 하셔도 됩니다."

"욕은 욕하는 내 입만 더러워지지. 아유! 야! 그것 갖고 잘 먹고 잘 살아라! 너도 자식이 있는데, 마음 곱게 쓰고 앞으로 잘 살아라. 응!"

"더 하고 싶은 말은 없으세요?"

"아이고, 스님 왜 마음이 이렇게 고요하지요? 밤중이라서 그러나? 스님 지금 편안해요."

"그래요 참 다행이세요. 이 마음으로 앞으로는 부동산 여사장 미워하지 맙시다. 그리고 먹을 거 없으면 절에 오셔서 우리 같이 삽시다. 아셨지요. 자 호흡으로 돌아오세요, 수식관 같이 합시다. 하나, 둘, 셋, 넷, 다섯, 여섯... 눈뜨시고 손 싹싹 비벼서 눈에 대시고..."

여기서 중요한 관점은 처음의 분노와 적개심이 용서와 수용의 감정으로 바뀐 것이다. 충분하게 감정을 경험한 후, 그리고 그것을 형상화시킨 영상을 호흡과 함께 관찰한 다음에, 스스로도 마음이 고요한 게 이상할 만큼 오랜 분노의 화병이 급격하게 가라앉는 것이다. 이것은 황토에게 새로운 경험이며 또 다른 황토의 내러티브가 아닌가 한다.

🌀 그리운 엄마 만나기

엄마에 대한 애증은 그녀가 평생 가슴에 묻어둔 아픔이기도 했다.

정말 바람 난 아버지를 향한 엄마의 마음은 무엇과도 바꿀 수 없는 극진한 사랑이었다. 아버지는 위암으로 돌아가셨다. 엄마는 아버지와 사별하면서 담배와 술로 외로움을 달래었다. 황토는 그런 엄마의 모습이 보기 싫고, 그래서 퉁퉁거리며 쌀쌀 맞게 굴었던 것이 후회되었다. 황토는 영상관법을 통해 엄마를 만나 무릎을 꿇고 앉아 반성과 후회의 눈물을 흘렸다.

참으로 이상한 것은 나의 이미지 영상 멘트가 없이도 혼자서 하고 싶은 말을 아주 잘 토해내고 있었다는 점이었다. 그만큼 엄마에게 하고 싶은 말이 간절해서였을까?

"엄마 죄송해요. 엄마 아픈 가슴을 내가 보듬어 드리지 못하고 꽥 꽥거리고 그래서 엄마 미안해요. 용서해 주세요. 내가 밤 낮 그 돼지농장만 있을 때, 엄마가 장마 져서 버선에 고무신을 신고 오셨는데 빠질까봐 내가 엄마를 업고 건넜는데 지푸라기처럼 엄마가 가벼웠어요. 그때 왜 못 깨달고, 엄마한테 너무 미안하고 전화 걸어서 그래도 자주 찾아뵙고 그랬을 걸, 그리고 엄마가 원망스러운 게 뭐냐면 엄마가 자꾸 술 잡숫지 말고 노인정에 가서 외로움을 달래면 될 텐데, 빈 집에 혼자 술을 벗을 삼아서 그렇게 계시니까 나는 그게 너무 미웠어, 엄마 아휴 미안해... 엄마 좀 잘해드릴걸!! 죄송하고, 그저 좋은데 가져가지고 편히 지내세요. 그리고 엄마 나 좀 도와줘요. 엄마 좀 제발 그저 마음 편히 사세요. 아버지 만나셨죠? 아버지하고 그저 그냥 살아생전에 못 다한 거 다 누리고 사세요. 처음으로 엄마한테 사죄하는 거예요. 엄마 말은 한 번도 못했지만 진짜 엄마 사랑해요. 사랑한다고 하니까 엄마 모습이 환해요. 엄마 아픈 가슴 내가 보듬어 드리지 못해 죄송해요 미안해요 용서해 주세요. 엄마, 사랑해요."

평소 엄마처럼, 살지 않겠다고 굳게 마음을 다져 먹기도 했지만, 결국은 황토도 엄마와 똑같이 한 남자를 위해 희생하면서 살아온 삶이 아닌가 한다. 영상관법을 통해 엄마를 만나서 화해를 한 이후로 다행스럽게 황토는 엄마를 생각하면 조금 덜 미안한 마음으로 바뀌었다고 말했다.

◉ 자기 자신 만나기

엄마를 닮은 황토는 자기 자신에 대해서 몹시 부정적인 이미지를 가지고 있다. 그녀는 평소 작고 아담한 여자를 보면 한없이 부러운 듯 물끄러미 바라보는 버릇을 가지고 있다.

그러고는 혼자 말처럼 "아유 예쁘기도 해라. 어쩜 저렇게 아담하고 예쁠까? 나는 모든 것이 다 커서 원"이라고 되뇌곤 한다. 나이 들어 다시 되돌아보는 삶이 너무나 한스럽고 힘들고, 왜 그렇게 밝게 살지 못했나, 회한이 찾아온다. 나의 입장에서 보면, 돌아가신 남편과 엄마도 중요하지만 무엇보다도 자신을 재정립해서 일으켜 세워야 그나마 남은 삶이 좀 더 편안해지리라 생각한다. 나이 들어 자기를 거울 앞에서 바라본다는 것은 누구에게나 쉽지는 않은 일이다. 그럼에도 우리는 자주 거울 앞에 서서 자기를 바라본다는 작업은 살아야만 하는 삶의 어느 부분보다도 중요한 작업이 아닌가 생각된다.

• 자기 이미지 찾기

나는 이제 황토가 가지고 있는 이미지를 직접 만나보도록 권해 보려 한다. 과연 그녀 자신이 바라보는 황토는 어떤 모습을 자신의 이미지에 담고 살아 왔을까? 하는 기대감은 밤새 지쳐있는 나에게 새로운 에너지를 선물했다. 나는 다시 혼미해진 몸과 마음을 추스르고 그녀의 곁으로 다가갔다. 그리고 수치스럽고 부끄러웠던 자기 자신을 거짓 없이 노출하며 이별하고 치유되는 과정까지 숨 막히듯 이끌고 내려갔다. 동이 트는 새벽까지 지칠 줄 모르고 그냥 시간은 그렇게 지나갔다.

"황토님 자신을 생각하면 어떠세요?"

"바보지요 가엽고, 천치처럼 일만하고. 후회스럽고."

"나를 무엇에 비유하고 싶으세요? 짐승이나 꽃이나 등등?"

"나는 꼭 황소 같아요."

"왜 황소라고 생각하세요?"

"평생 일만하고 살았으니까요."

"그 황소를 생각하면 어떤 생각 드세요?"

"안 됐어요. 일만하고 두들겨 맞고, 대접도 못 받고... 내가 꼭 그 꼴이지요. 뭐 일만해서 얼마나 힘이 들었겠어요. 나처럼."

• 몸 느낌 찾아내서 관찰하기

황토는 몸 느낌관찰에서 머리의 무게가 허리까지 타고 내려온 무게감을 짐작할 수 있었다. 30년을 넘어 오늘까지 함께했던 수치심의 무게는 걸음을 옮겨놓기에도 힘겨웠으리라, 벽돌 두 세장을 몸의 일부분으로 달고 살아온 힘겨움을 이제 소멸시키려한다. 그래서 그녀의 몸과 마음이 가볍고, 상쾌하고, 편안하기를 기원하면서...

"황토님 그 힘들다는 생각은 어디에 있나요? 가슴, 어깨, 머리, 다리?"

"머리에서 허리까지 묵직해요."

"무게는 1에서10까지 얼마나 되지요? 10인가요?"

"10도 더 되는 것 같아요. 머리에서 어깨, 허리까지 짓눌러요. 세면 벽돌을 두서너 장 올려놓은 것 같아요. 스님."

"그래요. 잘했어요. 그 벽돌을 코앞에 놓고 바라보세요. 호흡을 깊게 들이쉬고 내쉬면서 바라보세요. 숨을 깊게 들이쉬고 내쉬면서 느낌에 집중하세요. 다른 생각을 다 멈추고 단지 짓눌리는 느낌만을 바라보기만 하시고 고요한 마음으로."

"스님 사라졌어요. 없어졌어요."

뜻밖에 너무 빨리 찾아온 황토의 치유는 앞으로 얼마나 많은 시간 지속할 수 있을까? 나는 그것이 걱정도 되었지만 그래도 지금 그 상태에서 멈추어 보기로 생각했다. 그리고 그녀의 생각을 다시 되돌려 주려는 의미에서 다시 이야기하기를 이어갔다.

• 다시 이야기하기

"잘 하셨습니다. 황토님 평소에 왜 그렇게 부끄럽다는 생각을 하세요?"

"스님 내가 사는 처지가 부끄럽지요 떳떳하지 못하고 어디다 내 놓고 말도 못하고 그래요. 무슨 나 같은 팔자가 다 있는지. 세상천지에."

"황토님, 지금부터 5분을 드릴테니 내 앞에 앉아있는 황토에게 하고 싶은 말은 다 하세요. 앞으로는 절대 부끄러운 나를 잊어버리고 살도록 하고 싶은 말 다 해주세요."

나는 황토의 입을 통해 들려지는 음성에 온 신경을 집중하려 했다. 며 칠 밤을 새운 새벽이 오면서 나의 몸은 점점 힘을 잃어갔다. 금세 떨어지려는 꽃송이처럼.

"그래 황토야! 그동안 애썼다. 나는 살아오면서 남자 하나 사랑으로 살았지만, 끝내는 이 모양이 됐다 야! 근데 나처럼 사는 사람도... 사람이지. 누가 이렇게 살고 싶어서 사냐고. 팔자가 사나워서. 그렇지... 이 다음 세상에서 남자를 만나면 절대로 부인 있는 남자하고는 안 살 테니. 걱정 말아라. 황토야! 그리고 야, 황토야! 너무 부끄럽게 생각하지 말자! 이제는 너도 ○○ 아부지가 없는데? 왜 그래? 너도 이제 자유롭게 살아!! 바보야! 지 아부지 살아서 첩이지 지금도 첩이냐? 어그 바보 천치!... 제발 좀 당당하게 기피고 살자. 황토야! 고생했다. 그 수모 받고 사느라고."

• 과거의 자기와 작별

"잘 가라! 나의 절친 황토야! 이제 다시는 만나지 말자. 안녕. 사랑해! 잘가. 스님 갔어요. 웃으면서 갔어요."

"아이고! 황토님, 지금 심정 어떠세요?"

"개운해졌어요. 이제는 나쁜 생각 안하고 살려고요."

"예 그럼요. 그동안 황토님 잘 사셨잖아요. 저도 그 은혜를 많이 입었고요. 모든 야채 부식 다 갔다 먹고... 우리가 감사합니다. 처사님도 감사합니다."

"자 이제 호흡으로 돌아오세요. 수식관, 하나, 둘, 셋, 넷, 다섯, 여섯. 눈 뜨고 손 비벼서 얼굴에 대시고 어깨도 털어내고 무릎도 털어내고. 이제 황토님 건강하세요."

"예 스님 수고하셨습니다."

나는 황토가 다른 사람에게 농장을 넘길 때 까지 그곳에서 가져온 부식으로 한해를 살곤 했다. 배추, 무, 열무, 감자, 오이, 과일 모두 다 그녀의 농장에서 나오는 식자재였다. 그 감사의 마음을 나도 그녀에게 전했다.

황토는 상담을 끝내고 아주 기분이 시원하고 무거웠던 짐을 내려놓은 것처럼 가볍다고 소감을 말했다. 갑작스레 비유적으로 자기 이미지를 발견한 것도 재미있었고, 그것이 주는 고통을 충분하게 느끼고, 영상으로 그것을 그대로 관찰하여 마음이 고요해진 다음에, 과거의 아픈 자신을 위로하고 그대로 수용하면서, 작별하는 과정으로 새로운 내러티브이면서도 또한 새로운 자아 정체성을 확립하는 것이다. 나를 믿고 너무나 잘 따라와 준 황토에게 고마움을 전한다.

황토의 대인관계는 소극적이다. 그러나 항상 호탕하게 웃는 모습으로 주의 시선을 끌었다. 황토가 뼈 빠지게 일했지만 현금을 주지 않는 남편의 배신으로 가슴이 답답하고 울화통이 터지는 증상은 오히려 지인 여사장의 영상을 떠올려 만나서, 욕설과 삿대질을 하면서 분노를 노출하고, 수용하면서 치유변화를 가져왔다. 무엇보다 누군가를 죽이고 싶었던 공격적인 수치심은 사라졌다.

남편과의 관계에서는 "저 아까운 것 내가 아까워 저걸 두고 어떻게 죽나."하는 이야기는 움츠리고만 살았던 황토에게는 더할 나위 없는 큰 행복이었다. 그래서 본처와 아이들 놔두고 자신을 향해 말해준 죽은 남편에게 미움보다는 이해하고 화해의 마음으로 남겨 두려했다. 늘 미안한 엄마를 만나서 보고 싶고 낳아주어서 감사하다는 화해도, 분노에 떨고 있는 지인 아줌마와도 좋은 결과의 화해를 이끌어 낼 수 있었다. 특히 남편의 살아생전 화난 모습도 환한 미소와 마주할 수 있었던 것은 영상관법의 커다란 효과였다. 그녀의 화병 치유 변화는 몸에서 일어났던 반응으로 '욱'하는 충동과 억울함으로 흐르던 양쪽 겨드랑이와 등줄기의 끈적끈적한 기분 나쁜 땀이 사라졌다는 것이다. 나는 앞으로도 쭈욱 그녀의 몸을 타고 흐르는 지긋지긋한 땀의 치유를 기원한다.

🔘 수용하기

황토의 70대, 일주일에 3번씩 투석을 받는 남편 뒷바라지로 그녀는 지쳐 있었지만 남편과 사별 후 긴장을 놓아서인지 건강이 하루가 다르게 악화되었다. 그래도 항상 황토는 웃고 있었다. 남편이 죽기 전 황토는 인생에서 가장 행복하고 편안하며 자신만의 공간을 처음으로 가져보는 뭐라고 표현할 수 없는 흐뭇한 시기였다. 농장을 팔고 D시로 이사를 나왔다.

"나에게도 쉼터가 생기다니." 그녀는 생각하지도 못했던 호강이라고 했다. 비록 아파트가 남편 앞으로 저당 잡혀 온전하게 황토의 것은 아니지만 황토에게는 더 바랄게 없는 새로운 보금자리였다. 가구를 비롯해서 살림이 새것으로 준비되었다. 무엇보다 남편은 생전 처음으로 화장대 서랍장에 현금 100만원씩 넣어주었다. "아껴서 써"라는 말과 함께, 돈을 다 쓰고 나면 용케도 알아차리고 다시 100만원을 서랍장에 넣어둔다. 역시 "아껴 써"라는 말과 함께, 황토의 소원이 이루어졌다. 평생 처음으로 혼자서 물건도 사고 값을 치르기도 하는 호사를 누렸다. 그래서 그녀는 행복했다. 모든 여자들이 다해보고 살아가는 그 보통의 느낌, 그것을 60이 넘어서야 실감하면서도 투정부리지 않고 마냥 좋기만 했다. 황토는 그렇게 순진하고 긍정적인 여인이었다.

그러나 70대 들어서면서 황토는 심한 우울증에 빠졌다. 게다가 심장 수술과 질병으로 시달리고 있다. 아마도 40대 50대에 지나치게 온몸을 부려먹은 결과이며, 한 번도 웃어주지 않는 남편과 살면서 온 몸이 스트레스로 경직된 결과라고 황토는 말했다.

"막 몸이 경직이 돼요. 가만히 있으면 터지는 거 같아요. 몸이 어느 순간, 내 마음을 내가 달랬어요. 내가 이러면 어려워지니까 이거를 이겨 내자, 이겨내자, 그러기를 한 6개월은 그렇게 했나 봐요. 그래도 병원에 안 갔어요. 그냥 한밤중에 그래요. 자다가 이제 심장에서 오는 거겠죠. 그러다가 어느 순간에 막 다듬어 지더라고요. 이제 스스로 자꾸 최면을 걸게 되더라고요. 그런데 그게 없어지고 또 어느 순간에 또 오고 또 오고 그래요. 영상관법을 하고 난 후 그녀는 이제는 괜찮아졌어요."라고 말했다.

황토의 건강은 말이 아니었다. 허리 꼬리뼈에 17만 원짜리 주사를 맞고 머리카락은 다 빠졌다. 황토의 표현을 빌리면, 70대는 남편과 사별했고, 1년이라는 시간이 감개무량하게 지나갔다. 살아오는 동안 말할 수 없는 큰 풍파도 많았다. 책으로 써도 몇 권은 쓸 수 있다고 한다. 70대 황토는 오늘도 내일도 지속적으로 비움을 준비하는 시기라고 했다. 그리고 가끔씩 돼지 이야기에 몰입했다. 오로지 삶의 일부를 돼지를 자식처럼 일념으로 사랑하면서 키워온 황토에게 돼지는 유일한 행복을 맛보게 한 의미의 존재였기 때문이라 생각된다. 이제 그녀는 의도적으로 웃는 연습을 하고 있다. 항상 웃으려고 노력하는 황토의 모습은 참으로 성스러운 노보살의 화현처럼 느껴졌다.

⊙ 미래의 꿈

나는 그녀에게 미래의 꿈을 물어 보았다. 황토는 서슴없이 내가 과거로 돌아갈 수 있다면 엄마와 시간을 함께하고 싶다고 했다.

"정말 엄마가 보고 싶어요. 아버지도"

그녀의 답은 아주 짧고 단순했지만 나는 그 마음을 공감할 수 있었다. 나에게도 지금 이 순간 누가 묻는다면 틀림없이 황토와 같은 대답이 나왔을 것이기 때문이었다.

나이가 들수록 왜 어린 시절이 그립고 그 시절로 돌아가고 싶을까? 엄마가 보고 싶다. 절실하게 간절하게, 엄마의 파자마 속에 들어가서 찬 몸을 녹여주던 엄마의 품이 그립다. 황토 역시 그랬다. 그녀는 더 이상 미련이 없다. 무엇이든 비우고 준비하는 새로운 경험을 직접 참여하고 싶다고 했다. 나는 18회 반복적 시도에도 회피하지 않고 직면하면서 어린 황토로 돌아가, 이야기를 충분하게 표현하고, 경험할 수 있는 시간을 갖도록 했다. 어린아이 황토가 엄마에게 의지해 사랑받고 싶은 간절한 진짜 이야기가 거기 있었음을 나는 발견할 수 있었다. 그 말은 "엄마 나를 낳아줘서 고마워"였다. 황토가 경험한 영상관법은 통쾌하고, 후련하고, 시원함이라고 말했다.

노출하라 영상관법과 화병 **당당히 자신과 마주하라**

"아버지 엄마 사랑해요! 만날 때까지 안녕히 계세요. 엄마 아버지 고마워요. 날 낳아주시고 고마워요 옛날에 했던 말 취소할게요. 아이고, 아주 후련하네요. 옛말로 진짜, 앓던 이 빠진 거 같아요. 시원해요 그냥. 스님한테 창피하기도 하고, 그렇게 가슴에 이만한 돌멩이가 있었고 여기를 헤어나지를 못하겠더라고요. 남편이 떠나고 나서, 그래도 내가 가장 하고 싶은 게 엄마 아빠 만나는 거였으니까, 만나고 나니 오늘 이 힘으로 지금 이 힘으로 앓던 이 빠진 것처럼 시원하게 앞으로 살 것 같아요."

마지막으로 황토는 나에게 "앞으로 노인들을 위한 좋은 프로그램을 만들어주세요. 심심하지 않게요." 간절하게 부탁을 해 왔다. 나는 삶의 막바지에 선 여성노인들을 위해 가장 유익하고 마음 가득 행복할 수 있는 보람된 프로그램을 고민해 보겠다고 약속했다.

3.
환영에 쫓기는
공포와 두려움
-바다의 이야기-

"난 여기로 오는 동안에도 ○○엄마가 나를 등 뒤에서 뒷덜미를
잡아당기는 것 같아서 온 몸에 땀이 고였어요.
제발 어떻게 좀 살려 주세요"
평생 끌려 다니던 죄책감이 그만큼 그 무게가 얼마나 힘겨웠음을
연구자는 직감할 수 있었다.

사막은 아름다워,
사막이 아름다운 건
어디엔가 우물이 숨어있기 때문이야.
눈으로 찾을 수 없어, 마음으로 찾아야 해.

－쌩떽쥐베리 어린왕자 중에서

바다는 흔하지 않은 사투리를 써가면서 처음부터 나를 웃겼다. 구수한 ○○도 사투리는 우리 두 사람의 연결고리라도 되듯 쉽게 우리는 가까워졌고 그녀 또한 쉴 틈 없이 자기의 속내를 털어놓기 시작했다.

바다가 의뢰한 상담은 환영에 시달리는 공포와 두려움 때문이었다.

그리고 바다와 환영에 대한 이야기를 나누는 사이 나는 그녀의 이야기 속에 빠져들어 빙의라도 된 듯 두려운 공포를 느꼈다. 누구나 한번쯤은 두려움의 공포에 시달려 본 적이 있을 것이다. 어쩌면 나 자신이 많은 빚을 지고 갚지 못할 경우 길을 가다가 비슷한 사람만 만나도 깜짝 놀라 숨어버리거나 심할 경우, 빚쟁이가 갑자기 등 뒤에 나타나 목덜미를 잡아채는 환영을 느낀다면 우리는 어떻게 대처할 수 있을까?

나도 환영에 대한 두려운 공포를 경험해본 적이 있다.

그것은 내 나이 25살, 엄마를 극락세계로 보내드리면서 시작되었다. 누구나 그렇겠지만 나도 나의 엄마가 저 세상으로 가실 거라는 생각은 한 번도 해 본적이 없다. 영원히 나와 함께 할 수 있을 거라는 생각을 의

심하지 않았다. 그러던 어느 날 직장으로 날아온 비보에도 나는 실감이 나지 않았다. 장례식 절정인 장지 하관식에서 나는 비로소 엄마의 죽음을 직감했는지 그제서야 나는 엄마를 보내지 않겠다며 땅 속으로 들어가는 관을 따라 무덤 속으로 들어가려했다.

7월 여름날의 뜨거운 햇볕에서 엄마와 헤어지지 않으려는 나의 몸부림은 지켜보는 모두에게도 통곡의 울음바다였다. 그 후 나는 많은 시간 동안 엄마의 환영에 시달렸고 결국은 다니던 은행을 그만두게 되었다.

나는 항상 엄마와 단짝이었다. 언제나 함께 웃고, 슬퍼하고 즐거웠으며, 고통의 아픔들도 함께했다. 초등학교 시절 추운 겨울 학교에서 돌아오면 엄마는 나의 차가운 몸을 당신의 몸속에 넣고 녹여주셨고, 여름날의 더위도 차가운 냉수마찰로 더위를 식혀주셨다. 이런 엄마도 끝까지 나의 삶을 책임져주지 못했다. 그 뿐이랴 나와 생사의 갈림길에서는 무서운 공포로 내게 다가와 나를 두려움에 떨게 했다. 나의 이런 기억은 바다와 충분하게 빙의될 수 있었음을 부인하지 못한 채 상담자의 자책을 나 스스로에게 위로한다. 물론 바다는 나의 이런 사실을 눈치 채지 못했지만 나의 경험은 바다를 이해하고 공감하는데 상담자로서 충분하게 활용할 수 있었다.

바다가 빗쟁이에게 시달리면서 공포의 환영에 시달렸던 이유는 1980년 전두환 정권의 "사설학원 폐지" 명령으로부터 시작된다.

노출하라 영상관법과 화병 **당당히 자신과 마주하라**

● 나는 빚을 갚지 못한 도망자야

처음 바다를 만났을 때 겉으로 드러나 보이는 바다의 모습은 유머가 있으면서 달빛을 머금고 갓 피어난 박꽃처럼 함초롬한 매력을 지닌 여인이었다. 큰 키와 하얀 피부, 둥글고 큰 눈 무엇 하나 모자람이 없는 미인이었다. 그러나 바다의 아름다운 모습과는 달리 표정은 무거웠으며 행동은 머뭇거리는 듯 그녀는 좀처럼 나와 얼굴을 마주보지 못할 만큼 무엇인가에 쫓기는 분위기였다.

"난 여기로 오는 동안에도 ○○엄마가 나를 등 뒤에서 뒷덜미를 잡아당기는 것 같아서 온 몸에 땀이 고였어요. 제발 어떻게 좀 살려 주세요"

바다는 어린 시절 앓았던 폐렴 후유증으로 호흡은 거칠었고 떨리는 음성은 촉촉한 느낌이었다. 초등학교 저학년부터 고학년이 될 때까지 바다는 자신이 앓고 있는 병이 어떤 병인지 알지 못했다. 한국전쟁 이후 태어난 바다는 의료혜택을 받지 못했고, 고학년에야 비로소 폐병임을 알게되었다. 그 사이 바다는 병명을 알지 못해 독한 약을 복용해서 한 여름에도 약 먹은 닭처럼 따뜻한 담벼락을 찾았고 밤이면 솜이불에 의지해 잠을 잤다. 기력이 없는 바다는 반은 결석으로 그나마 아버지의 자전거를 의지해서 학교를 졸업했다. 그녀의 병세는 여고 1학년까지 계속되어 결국은 1년을 휴학하는 상태로 겨우 고등학교를 마칠 수 있었다.

그리고 30년이 지난 현재까지도 스트레스로 몸이 힘들라치면 여전히

거친 호흡과 기침으로 고질병을 앓고 있었다. 바다는 이런 자신이 생각만 해도 기가막힌지,

"도대체 나는 왜 이렇게 마음이 불편하고 고단한지 모르겠어요. 등 따시고 배부르면 더욱더 내 신세가 겁이나니 나 원 참"

바다는 한동안 그렇게 숨을 거칠게 들이쉬고 내 쉬곤 했다.

바다는 30년이 넘는 세월동안 빚쟁이에게 시달리는 환영으로 불안과 우울, 초조, 쫓기는 기분으로 가슴이 멍한 증세를 가지고 있다.

바다의 어린 시절은 제법 부유한 편이었다. 아버지는 지방도시 유지로 작은 은행을 운영하였고 어머니는 쌀가게를 했다. 그러나 전쟁이 남긴 후유증은 어린 바다에게 결핵에 걸려서 여름에도 명주 이불을 덮어야 할 만큼 추위를 견딜 수 없었던 아픈 상처로 남아있다. 바다는 잦은 병으로 힘들게 여고를 졸업했고 예쁜 미모로 23살의 빠른 나이에 결혼을 했다. 그러나 결혼과 함께 시작된 불행은 2번의 이혼과 1번의 동거 또한 실패로 끝났다.

첫 번째 남편은 바다의 미모와 걸맞는 미남이면서 괜찮은 직장을 가진 신랑감이었다. 하지만 결혼 후 남편은 직장을 여기 저기 갈아타기 시작했고 급기야는 사업을 시작했다. 그러나 그때 마다 사업은 실패로 돌아갔다.

1978년 대한민국을 사로잡은 사설학원으로 바다는 성공을 했다. 하루 대학생 선생님만 50~60명을 쓸 정도로 학원은 번창했고, 산동네 돈

을 쓸어 모았다. 집도 사고 학원도 넓혀 갔다.

그러나 1980년 전두환 정부가 들어오면서 "사설학원 폐지"명령은 바다의 가족들을 맨 땅으로 내 몰아 버렸다. 하지만 돈의 위력을 알게 된 남편은 사채와 집 담보, 은행융자로 가방공장을 시작했으나 모두 실패였다. 덕분에 바다와 두 아들은 길거리로 나 앉았다. 그리고 남편은 여행용 가방에 옷가지를 챙겨 부산으로 도망을 갔다. 남편의 부재를 알아차린 빚쟁이들은 소주에 쥐약을 타고 칼을 들고 와서 바다에게 들이댔다. 남편이 있는 곳을 알려주지 않으면 차라리 약을 먹고 죽던지 아니면 칼로 죽이겠다는 협박이었다.

바다가 이렇게 빚쟁이들에게 추궁 당하는 광경은 초등학교 3학년, 2학년 두 아들이 지켜보는 앞이었다. 바다는 아이들을 보기가 수치스러웠다. 아마도 부모로서 자식에게 보이고 싶지 않은 모습을 보인 것이라 생각된다. 그러나 이 수치심은 후일 장한 엄마로 두 아들을 마지막 까지 지킬 수 있었던 원동력은 아니었을까? 나는 생각한다. 한바탕 곤욕을 치르고 난 바다의 인생은 완전히 다 털려버린 밑바닥 만신창이가 되어 있었다. 더 이상 희망이 없었다. 울타리가 무너지면서 삶을 포기하고 싶었지만 두 아들 때문에 죽을 수도 없었다. 바다의 나이 30대 초반, 차마 어린 것들을 두고 혼자서 잘 살아 보겠다고 도망을 갈 수도 목숨을 버릴 수도 없었다. 하는 수 없이 바다는 두 아들을 데리고 마포 홀트 아동복지센터를 찾아갔다. 그 곳에 잠시 맡겨두려는 생각이었다. 그러나 두 아들은 혹시라도 엄마가 자기들을 버리고 떠날까봐 눈만 멀뚱멀뚱 아무 말 없이 엄마와 눈을 마주치며 불안해했다. 두 아들의 이런 모습을 보니 차마 발

길이 떨어지지 않았다. 그래도 바다 생각은 남편이 일주일 정도면 머리 식히고 돌아와서 빚 청산과 가족을 돌보리라는 기대를 하고 있었지만, 연이은 사건들은 바다를 기막힌 인생으로 몰아넣었다. 1년 반 만에 남편이 나타났다. 남편은 그동안 어떻게 살았느냐? 두 아들은 건강하냐? 안부는 묻지 않고 대뜸 하는 말이 부산에 함께 살고 있는 술집마담과 음식 장사를 하면 바다의 솜씨가 좋으니 돈을 많이 벌 것이라는 제안이었다. 참 기막히고 코가 막히는 상황이었다고 바다는 피식 웃으며 고백했다. 이런 상황에서도 두 아들은 오랜만에 아빠를 만났는데도 아빠라고 부르지도 않고 뒷걸음질을 치면서 엄마의 바지를 잡고 뒤로 숨어들었다. 바다는 두 아들의 이런 모습이 더 가슴이 미어 터지도록 아팠다고 말했다. 바다가 아이들에게

"왜 아빠를 오랜만에 만났는데 아빠에게 달려들지 않느냐고"

물었더니 아빠와 함께 살다보면 미래가 불투명, 앞으로 어떤 상황이 올지 몰라서 그랬다고 했단다. 그것으로 첫 번째 남자와는 영영 소식이 두절되었다.

노출하라 영상관법과 화병 **당당히 자신과 마주하라**

🌀 잠시 스쳐간 두 번째 남자

　무일푼이 된 바다는 두 아들과 6개월 정도 여관을 전전하면서 살았다. 일자리를 구하는 중이었다. 그때 구세주처럼 한 남자가 나타났다. 바로 김 사장이었다. 그 남자는 아무런 조건 없이 30만원을 주면서

"젊은 여자가 왜 이러고 사느냐고 방이라도 하나 얻으라는 것"이었다.

　친척과 형제들까지도 박대했던 그녀에게 김 사장은 은인 중에서도 은인이었다. 바다의 나이 32살, 모르는 남자에게 도움을 받는 것이 두려운 일이기도 했지만 어떻게 이 은혜를 갚아야 할까만 생각했다. 물론 아이들도 아빠하고 살면 또 빚쟁이들이 언제 몰려와 엄마를 죽일지도 모르고 오직 엄마를 지켜줄 수 있는 사람이라고 생각했다. 자상하고 친절한 아저씨는 아버지보다 훨씬 믿을 수 있었고 이야기도 잘 들어주어서 무척 좋아했다.

　바다는 '아무도 모르는 먼 곳으로 떠나라'는 큰오빠의 무서운 말을 기억하면서 북으로 북으로 갔다. 다행히 기어들어가고 기어나가는 전세 10만 원짜리 집은, 두 아들과 함께 살 수 있는 유일하고 행복한 보금자리였다. 그리고 가장 먼저 두 아들을 초등학교에 전학을 시켰다. 그 남자는 보름이나 한 달에 한 번씩 찾아와서 돈 몇 푼 던져주고 갔다. 길지 않은 새로운 삶이 1년도 채 되지 않아 낯선 여자가 바다를 찾아왔다. 그 여자는 바다를 보자마자 이렇다 저렇다 말도 없이 바다의 머리채를 잡아 흔

들었다. 왜 남의 남편을 가로채어 살림을 하느냐는 것이었다. 어이없이 당한 바다는 침착하게 그녀에게 연유를 물었다.

　참으로 기막힌 사연은 그곳에도 있었다. 바다와 처지가 비슷한 그 여자 역시 김 사장에게 도움을 받고 살아가는 처지로 바다가 살고 있는 집 건너편에 또 다른 바다가 살고 있었다. 바다는 김 사장 짐을 싸서 나가기를 권유했다. 그러나 김 사장은 바다의 생각을 거부했다. 물론 김 사장 의견도 중요하지만 두 아이들은 김 사장의 다리를 붙들고 제발 가지 말라고, 우리와 함께 살자고 울고 불며 매달렸다. 아빠의 사랑을 받아보지 못했던 두 아이들은 김 사장에게 받았던 사랑이 기쁨이고 희망이었다. 바다는 그때 상황을 이렇게 회상했다.

"조선 천지에 나 같은 여자들이 깔렸거든요. 정말 자기 친 아빠보다 두 아들이 좋아했는데"

잠깐 스쳐간 두 번째 남자 김 사장과 그렇게 이별을 했다. 아직도 바다는 그녀가 만났던 세 남자 가운데 가장 책임감이 있었던 남자로 기억하고 있다. 두 아들도 그 고마운 남자가 친 아빠였으면 좋겠다며 따르기도 했다. 바다는 그렇게 믿었던 김 사장을 보내고 나니 참으로 자신의 처지가 막막하고 의지할 곳이 없어 앞이 보이지 않았다.

　이런 상황에서도 빚쟁이들은 두 아들의 학교주소를 보고 공부하는 아들을 앞세워 집으로 찾아왔다. 소문으로 바다가 어떤 젊은 서방을 숨겨 두고 잘 사는 줄 알았던 빚쟁이들은 생각할 수도 없을 만큼 허름하고 좁

노을하라 영상관법과 화병 당당히 자신과 마주하라

은 방 한 칸에서 늙은 김 사장과 사는 것을 보고 가더니 더는 오지 않았다. 그러나 이미 바다의 마음은 쫓김에 대한 두려움과 아이들을 보호해야만 한다는 생각뿐이었다. 바다는 궁리 끝에 아이들 담임선생님을 찾아가서 사정이야기를 했다. 6개월을 휴학했던 아이들은 학교에서 전학을 꺼려했다. 그러나 오자마자 수학 경시대회 과학경시대회에서 1등을 하고 있던 상황이라 선생님께서는 공부 잘하고 똑똑한 수재들을 놓쳐 아쉽기는 하지만 아이들의 장래를 위해서 흔쾌히 문서 전학을 해주었다. 바다는 전학 문서를 들고 이웃 지방으로 아이들과 야반도주를 결심했다.

◉ 또 떠나버린 세 번째 남자

두 아들의 전학은 바다의 삶을 바꾸어 놓았다. 새로운 도전이 필요했다. 부끄러움과 창피함은 사치일 뿐, 바다는 7평짜리 가게에서 술장사를 시작했다. 낮에는 커피, 피자, 밤에는 아가씨를 두고 하는 술장사였다. 7년의 술장사로 아이들을 가르치고 먹고사는데 온 정신을 기울였다. 그리고 조금의 여유 돈도 생겼다. 바다는 이제 좀 쉬고 싶어졌다. 물론 장사가 힘들기도 했지만 바다의 건강이 말을 듣지 않았다. 어린 시절 결핵으로 약해진 몸은 불규칙한 생활로 스트레스와 과로가 겹치면서 엉망이 되어 더는 버틸 수가 없었다. 그리고 3년 동안 끈질기게 쫓아다닌 남자와 3번째 결혼을 했다.

"이제 7년을 혼자서 애를 썼으니까 나도 남자한테 밥 좀 얻어먹고 산다고 누가 욕 안하겠지. 그래서 김 이사와 결혼을 한 거예요. 7년 만에 만나서 3년을 사귀고 거의 10년 무렵 됐을 때 결혼을 했어요."

바다의 3번째 남자는 큰 회사 이사였다. 그동안 혼자서 열심히 살았고 또한 이 남자라면 온 가족이 밥은 굶지 않고 살 수 있겠지 라는 생각에서였다.

40이 넘어서 만난 남자는 작은 키에 다부지면서도 참으로 다정다감했고 무엇보다도 경제적으로 넉넉한 편이었다. 바다에게 늦은 재혼은 어떤 조건 보다 우선순위는 경제적 안정이었다. 다행스럽게도 남자에게는 딸린 자식이 없었고 홀어머니를 모시고 살 수 있다는 자신감도 그 남자와 함께할 수 있다는 용기로 충분한 조건이 되었다.

바다에게 살아오는 동안 가장 행복했던 시간을 물었을 때 주저함이 없이 그 남자와 결혼해서 10일 동안 포드자동차를 타고 한국을 일주했던 기억이라고 했다. 그 남자와 만나서 딱 3년, 참으로 꿈같은 세월이었다. 왜 우리 인생은 감정과 생각과 갈망 속에서 무한히 변화되는 것일까? 만족하고 잠시 쉬려하면 틀림없이 끼어드는 장애를 피해갈 수는 없는 것일까?

바다는 다시 그 남자와의 힘겨루기에서 이기지 못했고, 그 남자는 결국 회사를 퇴직하고 사업을 시작했다. 퇴직을 아무리 말려도 소용이 없었다. 퇴직을 말리는 바다를 향해서 그 남자는 눈에 불을 켜고 싸우려고 대들었다. 바다는 하는 수 없이 퇴직 이유를 물었더니 그 남자는 밑에서

노출하라 영상관법과 화병 당당히 자신과 마주하라

어린 것들이 치고 올라오고 위에서 누르는 억압을 견딜 수 없다는 것이었다. 바다는 결국 고집을 꺾었고 그 남자는 그 좋은 직장을 그만두었다. 처음 사업은 침대사업이었다. 좋은 인맥을 활용하면서 사업은 마른 가지에 불이 붙듯 걸림 없이 탄탄대로였다. 변두리 땅 천 평도 3억에 경매를 받아 침대를 직접 제작하는 공장 부지도 마련하였다. 그렇지만 2년 뒤 1998년 IMF로 백화점으로 납품하던 침대사업은 끝이 났다. 남자는 당당했다. 한 치의 망설임도 없었다. 그리고 두 번째 사업도 이 남자는 두려움 없이 도전했다. 산본이 본토인 남편은 선후배를 통해 은행에서 돈을 빌리고 사채를 얻어 땅을 샀고, 그 땅은 금세 불어나서 땅 부자가 된 듯 했다. 남편은 신바람이 나서 땅을 사고팔기를 거듭하더니 급기야는 집을 지어 분양을 시작했다. 3번째로 건축사업을 시작했던 것이다. 풍선처럼 부풀던 집장사는 4년 만에 다시 경제적 불황으로 빚쟁이들에게 넘어갔다.

"빚만 남았더라고 그거를 팔고 정리를 다 해가지고 이 사람도 도망을 간 거야. 그렇게 보니까 또 10년을 살았더라고"

세 번째 남자도 결국 연로한 어머니와 가족을 외면한 채 사라졌다. 바다는 생각할 여유도 없이 은행 빚과 사채를 끌어안았다. 바다는 그 남자와 이혼도 아닌 채 헤어지고 말았다. 그 남자가 도망친 곳도 부산이라고 했다. 바다는 어이가 없다는 표정으로 맥없이 피식 웃으면서 이렇게 말했다.

"왜 남자들은 사업이 망하면 부산으로 도망을 가는지 모르겠어요."

🌀 홀로서기

세 번째 남자가 빚을 남겨두고 도망 친 후 바다의 절박함은 무어라 표현할 수 없었다. 머릿속은 하얗고 눈앞은 캄캄했다. 연로한 시어머니, 아픈 친정엄마, 두 아들과 먹고 살아야하는 부담감은 두 번째 남자를 버렸던 상황보다, 세 번째 남자에게서 버려진 당시의 현실이 훨씬 더 막막했고, 무어라 감당할 수 없을 만큼 막연함 그 자체였다. 바다의 건강도 건강이지만 아들이 집을 나가 버린 것도 알지 못하는 연로한 시어머니는 치매에 걸려 벽에 똥칠을 했다.

아들 집으로 가고 싶지 않아서 꾀병 앓는 친정엄마, 그리고 한창 먹성 좋은 두 아들, 바다에게는 죽을 힘도 없었다며 힘겨웠던 기억을 더듬어냈다.

바다는 하는 수 없이 또 다시 술장사를 시작했다. 두 아들의 마지막 학업을 중단하는 일 보다는 엄마의 힘으로 마무리를 해 주고 싶었다. 그녀는 비참하고 씁쓸한 표정을 지으며 그 때 상황을 담담하게 털어내 놓았다.

"눈물도 나지 않았어요. 그저 한숨만 나올 뿐 참 세상에서 기구한 팔

노출하라 영상관법과 화병 **당당히 자신과 마주하라**

자가 나로구나 생각했어요. 그리고 앞으로 나에게 다가올 일들이 두렵기도 했어요."

바다는 400만원 보증금에 월 30만 원짜리 가게를 얻었다. 바다에게 술장사는 가장 손쉬우면서도 밑천이 적게 들었고, 무엇보다 그녀의 타고난 음식솜씨가 예전부터 손님들에게 인정을 받았던 터라 겁도 나지 않았다. 그러나 자신이 감당할 수 있을 것이라 생각했던 술장사도 50대 바다에게는 무리였다.

그 당시 무일푼이었던 바다는 날마다 돈을 갚을 수 있는 일수를 얻어 장사를 했다. 그리고 일수로 빌린 돈을 찍기 위해 손님 한 사람이 새벽까지 술을 마셔도 한 푼을 벌기위해 밤을 새웠던 바다는 오래지 않아 수면 부족으로 건강이 악화되었다. 바다는 하는 수 없이 술장사를 그만 두고 취직을 했다. 그 당시 바다에게 몸이 아프다는 핑계는 사치스런 허세라고 생각되었다. 두 아들을 교육시키기 위해서 그녀는 한시도 편안하게 쉴 수가 없었다. 가진 돈도 없었지만, 쉽사리 직장을 구할 수 없었던 바다는 목구멍이 포도청이라 보험판매사원으로 취직을 했다. 두 아들의 교육을 위해서 도둑질 말고는 무엇이든 겁나지 않았다. 장사하는 집에 가서는 보험소리도 하지 않고 가게를 도왔다. 손님이 많으면 손님이 없을 때까지 설거지를 해주었다. 주인들이 그제서야 알고 말없이 보험을 들어 주었다. 바다의 꾸준한 성실과 끈기는 그녀를 보험 왕으로 만들었고 회사직원들은 바다가 누구인지 궁금해 했다. 그녀의 성격대로 "나는 외골수다." 한 가지 일에 언제나 목숨을 걸고 성의를 다했다.

두 아들을 공부시키는 것은 바다의 마지막 의무이고 희망이었기 때문이다. 그렇지만 힘든 생활은 감기가 걸려도 6개월씩 지속되었고 약을 먹어도 낫지 않았다. 바다는 하루하루 살아가는 것이 힘에 부치면서 어린 시절 폐렴이 다시 재발한 듯 고통스러웠다. 그동안 두 아들은 빚쟁이들을 피해 옮겨 다니면서 학교를 다녔고 공부는 전교에서 항상 1등이었다. 사춘기를 무리 없이 넘겨준 큰 아들은 ○○대학교, 둘째 아들은 ○○대학교를 졸업했다.

"큰 아들은 ○○대, 그 애는 세 군데나 합격을 했어요. 내가 집안 형편이 어려워져서 너는 등록금 없는 학교를 가라. 그러면 너 인생이 보장이 된다. 세무대학을 가라고 했더니. 걔는 세무대학 가고 싶은 마음이 요만큼도 없어요. 엄마가 원하니까 합격을 했는데 안 갔어. 그거 졸업하면 7급 공무원이에요. 둘째는 ○○대 나왔어요. 불어불문과. 부모가 있어서 진로를 정해주는 놈이 누가 있냐고, 나는 먹고 사느라 바쁘니까 스스로 후회하지 않게 알아서 가라. 다 맡겨 버린 거야."

지금도 바다에게는 두 남자들이 남겨주고 간 빚이 고스란히 남아있고, 여전히 신용불량자로 은행거래와 통장거래도 개설할 수 없는 상황에 처해있다.

🌀 바다의 화병원인

내가 바다와 상담을 시작하려던 무렵 그녀가 공포와 두려움에 떨던 모습은 아직도 잊을 수가 없다. 금세 빚쟁이가 등 뒤에서 목덜미를 잡아 당기는 것 같아서 얼굴은 새파랗게 변색되어 있었고 온 몸은 식은땀으로 범벅이 되어 보는 이로 하여금 안쓰러움을 자아내게 하였다. 나는 그 당시 바다에게 상담을 하려고 적극적으로 달려들기 보다는 바다의 가련한 분위기에 감정이 이입되어 정말 누가 쫓아오는 것 같아 바다를 어디에 숨겨주려던 상담자답지 않은 나의 행동에 스스로 놀라기도 했다. 바다는 상담 초기 내내 천식 후유증으로 거친 호흡과 큰 눈동자를 굴려가며 30년을 억압당한 공포의 경험담을 이야기 하며 현실 도피와 보호 받으려는 애달픔에 갇혀있었다. 바다는 모든 가족과 형제들을 미워하고 있었다. 특히 큰 오빠에 대한 증오는 한으로 남겨졌다.

"내가 망해서 오고 갈 곳이 없을 때 큰 오빠는 나보고 혹시라도 자기에게 무슨 불똥이라도 튈까봐서, 아무도 알지 못하는 북으로 북쪽으로 가라고 했어요. 그런데 하물며 친척도 멀리하는 그때 일면식도 없던 김 사장은 나를 도와주었는데"

바다는 원망석인 음성으로 힘없이 미소를 지어보였다.

나는 바다와 상담을 진행하면서 바다에게 해줄 수 있었던 것은 고작 그녀의 이야기를 들어주고 긍정하고 지지해주는 정도로, 그동안 얼마나 힘들었어요. 많이 고통스러웠지요? 어떻게 해야 하나였다. 만약 나에게 최후의 방법인 영상관법이 없었다면 나는 두려움과 공포로 무너져가는 바다를 보고만 있었을지도 모르겠다. 그래서 다시금 나의 스승이신 인경 스님께 감사의 인사를 올린다.

먼저 바다가 가지고 있는 두려움과 공포가 어떻게 화병과 연계되었는 지를 따져보고 그녀의 마음속에 얽힌 매듭을 풀어나가고자 심혈을 기울였다.

바다가 가지고 있는 화병의 원인은,

첫째 배신감이다. 여고를 졸업하고 기상청에 잠시 근무한 경험 외 아무런 사회경험도 없었다. 바다는 무작정 남자를 믿고 결혼했지만 두 번이나 남편에게 버림받은 배신과 혼자 힘으로는 도저히 갚을 능력이 없음에도 감당하기 어려운 많은 빚더미에 세 식구를 남겨두고 달아나 버린 상황을 그녀는 이해할 수 없었다. 그리고도 죄책감 없이 뻔뻔스럽게도 다른 여자와 희희낙락 살고 있는 남편의 삶 때문에 여자로서 최악의 화병을 경험한 것이다.

나는 바다의 배신감에 의아함을 느꼈다. 왜냐하면 첫 번째 남편에게서만 유독 배신감을 거론했기 때문이다. 내 생각으로 아마도 첫 번째 남편에게 자신을 믿고 맡겼던 애착과 집착에서 오는 양가감정에서 오는? 이직도 첫 번째 남편을 사랑하는 마음? 두 아들의 아버지 그 당시 바다에게 물어 보지 못했던 것이 후회스럽다.

두 번째는 수치심이다. 바다는 아이들 앞에서 엄마로서의 자존심이

노출하라 영상관법과 화병 **당당히 자신과 마주하라**

무너져 버렸다. 엄마로서 보이지 말아야 될 모습을 들켜버린 것이다. 아직은 너무 어려서 엄마의 수치심도 이해할 수 없는 나이였는데...

빚쟁이들이 소주에다 쥐약을 타가지고 와서 부엌칼을 목에 대고 남편의 행방을 묻는 협박에서 잘못 하면 두 아들을 남긴 채 죽을 수도 있는 절박했던 바다의 경험은 두려움, 불안, 초조, 쫓기는 기분은 바다의 일상을 오랫동안 그늘에서 움츠리게 했던 수치스러움이었다.

세 번째는 죄책감이다. 죄책감은 바다로 하여금 평생을 미안하고 죄스러운 마음으로 숨조차 자유롭게 쉴 수 없어 항상 자신을 움츠리며 숨어 살게 했던 경험이다. 바다는 때때로 두 아들이 주는 경제적 도움에도 두려움이 엄습했다. 빚쟁이에게 미안해서 '등 따시고 배부른' 자신을 보고 순간순간 깜짝 놀라 이래도 되는 것인지 자신에게 반문하기도 했다. 이 죄책감은 바다의 영혼을 병들게 한 치명적인 주범으로 삶의 부드러움과 안락함, 편안함을 앗아간 채 공포와 두려움이 자리하고 있었다. 그래서 그녀가 때때로 혼란 속에 빠져 환영이나 환상으로 두려움에 시달렸던 것도 빚쟁이들에게 빚을 갚지 못했다는데서 오는 죄책감 때문에 나타나는 화병의 증상이었다.

🌀 화병의 치유과정

　　바다의 화병치유 과정은 처음부터 눈물바다였다. 고등학교를 막 졸업한 철부지 예쁜 아가씨는 그 남자와 2년을 만나는 동안 행복하기만 했다. 남자의 겉모습은 어디에 내놔도 빠지지 않았고, 은행원인 직장 또한 그 정도면 친구들이나 가족들에게도 괜찮은 신랑감이었다. 그렇게 만족했던 남자는 겨우 10년을 채우고 자식과 아내를 버리고 떠났다. 그 남자를 바다는 아직도 이해할 수 없다. 한마디 의논도 없이 어느 날 돌연 사라져 버려 생각조차 떠올리고 싶지 않은 남자와 영상으로라도 다시 만난다는 그 자체가 고통이었다. 그래서인지 바다는 많이 긴장하고 있었다. 상담도 처음이지만 생각하고 싶지 않은 영상을 떠올려야하는 부담감 때문일까? 어릴 때부터 감기와 결핵으로 많이 아팠던 바다는 숨을 들이쉬고 내쉬는 호흡단계에서 '쐐'소리가 호흡과 함께 들려왔다. 신체 반응과 느낌에서도 거친 숨소리는 상담자가 듣기에도 힘들었지만 영상관법은 무리없이 진행할 수 있어서 나는 참으로 다행스럽게 생각했다.

　　바다는 스스로 외골수라는 대답 외에는 죄책감이나 회피에서 상당히 그렇다고 대답했다. 화병증상척도와 분노사고 척도 일차, 이차 척도에서도 비슷한 대답과 수치를 나타내고 있었다. 아마도 바다는 평소 소극적이고 회피하는 성격을 가지고 있지만 긍정적인 생각과 취미 생활을 한다.

　　바다는 배신감으로 아끼던 사람으로부터 믿음을 상실하는 경우에 분노를 일으킨다고 대답했다. 분노를 일으키는 요인은 미안한 마음과 잘못하고도 사과하지 않는 경우, 난 왜 이렇게 못났을까, 모든 것이 귀찮다. 에서 나타났다.

바다는 상담 후 화병에 대한 증상들이 신기하리만큼 변화를 가져온 것으로 확인할 수 있었다. 무엇보다 환영이나 환상에 대한 증상은 찾아 볼 수 없었다. 왜냐하면 나와 상담 후 한 번도 공포나 두려움에 대한 이 야기를 나눈 적이 없기 때문이다.

분노를 일으키는 증상으로 다른 사람을 심하게 비난하는 것을 보면 자기 감정밖에 모르는 이기적인 사람으로 생각될 경우와 화를 내면 나만 손해를 보니 좋게 어울리자는 대답에서 그 증상이 완화됨을 보여 주었다.

바다의 화병성격척도 사전 71%, 사후 70%로 1% 감소되었고, 화병증 상척도 사전 66%, 사후 32%로 34% 감소효과를 가져왔다.

분노사고 역시 일차척도 사전 67%, 사후 44%로 23% 감소효과로 나 타났으며, 이차척도 사전 42%, 사후 27%로 15% 감소 변화를 가져왔다.

🌀 남편 만나기

나는 바다의 영상관법 시작을 첫 남편으로 시도했다. 그녀의 내면에 자리한 화병의 원인은 배신감에서 발단되었기 때문이다.

'저녁은 드시고 오셨나요? 고맙습니다. 귀중한 시간을 내주셔서, 지 금 기분 어떠세요?'라는 나의 물음에 바다는 온 몸에서 나오는 열기로 두 눈이 30% 정도 뻑뻑하다고 했다.

"자! 지금부터 바다님을 버리고 떠난 남자를 만나러 갑시다."

"아이들의 아빠를 생각하면 어떤 기분이 드시나요?" 나는 그녀가 남편을 현재 어떻게 생각하는지를 물어 보았다.

"아유. 그냥 치사해서 생각하고 싶지도 않아요. 그래도 애들 아빠니까 나는 그런데 애들은 기억도 안 난대요." 그때 아이들이 얼마나 놀랐으면, 바다의 입에서는 연이어 길고 가는 한 숨이 흘러나왔다.

"그래요. 얼마나 아이들이 놀랐으면 그랬을까요?"

"그래요 스님 자기엄마가 아빠 때문에 죽을 고비를 넘겼으니 그것들이 그걸 봤으니"

나는 순간 두 아이들이 웅크리고 앉아서 두려움에 떨고 있는 모습을 떠올렸다. 그런데 참으로 싱겁게도 그 사이를 비집고 나의 어린 시절 어둠속에서 두려워 울던 영상이 스쳐지나갔다. 여름 어느 날 나의 엄마가 큰 집으로 제사를 모시러 간 사이 나는 잠에서 깨어났는데 사방이 어둡고 곁에 있어야할 엄마가 보이지 않아 엄마를 불렀지만 대답이 없었다. 그리고 나는 얼마나 크게 울었던지 옆집 아줌마가 달려와서 달래주던 기억이 났다. 그 후 나는 엄마의 옆을 철저히 지키는 엄마 바라기가 되었는지도 모르겠다.

"자 그때 처음 남편이 나를 버리고 떠났을 때, 당시로 가 볼게요. 괜찮겠어요? 무엇이 보여요?"

노출하라 영상관법과 화병 **당당히 자신과 마주하라**

나는 아주 조심스럽게 그리고 빠른 속도로 그녀에게 물었다.

"그 인간이 나를 데리고 명동 다방에서 커피를 마시고 있어요. 그게 처음이자 마지막이죠. 그리고 도망갔어요, 아주 갔어요."

바다는 다방 주위를 돌아보는 시늉을 하면서 손에 들고 있던 손수건으로 눈물을 닦아 내렸다.

"좋아요. 그 걸 알았을 때 기분은 어떠셨어요?"

"막막하고 어린 것들하고 어떻게 사나 생각하니 두려웠어요."

이 황당한 상황은 폭풍으로 변하여 두려움의 성난 파도처럼 바다의 마음을 엄습했다. 하지만 본능적으로 그녀는 앞으로 아이들과 살아가야만 하는 힘겨운 운명을 도저히 거역할 수는 없었다.

말문이 열린 바다에게 더 이상 망설임이나 주저함은 없었다. 이젠 뭐라도 다 쏟아 내버리고 싶어서였을까? 아니면 더 이상은 두려움이나 공포로 부터 주저앉고 싶지 않아서였을까?

나는 바다에게 그동안 힘겹게 살아온 인간관계 속에서 자유롭지 못했던 두려움과 공포에 대한 이야기를 듣고 싶었다. 하지만 무엇보다도 나는 바다가 하루하루 삶의 공포와 두려움에서 벗어날 수 있을지에 대한 고민이 더 강렬했다고 생각된다. 나는 바다에게 이미지 느낌명상에 대한 영상을 떠올리도록 안내했다. 바다는 내가 생각 했던 것 보다 훨씬 더 무거운 짐을 양 어깨에 짊어지고 있었다.

◎ 느낌 명상하기

나는 염지관을 통해 느낌명상을 시도했다. 생각보다 훨씬 더 강렬하고 무거운 짐꾼처럼 바다의 삶은 숨조차 쉴 수 없는 처지가 서서히 드러나기 시작했다.

"그 두려움은 몇%나 되는 것 같아요? 1에서 10까지" 바다는 그 무게가 10이 넘는 수치임에도 그저 10이라고 대답했다.
"그 순간 무섭고 두려움은 10이었어요. 정말 앞이 보이지를 않았으니까요."

나는 그 두려움을 원 없이 느껴 볼 수 있도록 안내했다. 그리고 지켜보았다. 바다의 숨소리는 점점 더 탁하게 느껴졌다.

"숨을 쉬기가 어려우신가요?"
"아니요. 감기가 들어서 그래요... 할 수 있어요."
"좋아요. 그 두려움을 느껴보세요."

나도 그녀와 함께 호흡에 집중했다. 왜냐하면 바다의 숨소리가 나를 힘들게 했고, 왠지 나도 숨을 쉴 수 없을 만큼 답답함을 느꼈기 때문이었다.

노출하라 영상관법과 화병 **당당히 자신과 마주하라**

"좋아요. 호흡에 집중하면서 호흡과 함께 두려움을 바라보세요. 아무 생각도 하지 마시고 그저 바라만 보세요... 숨 들이쉬고 내 쉬고 천천히 지켜보세요. 좋아요 잘하고 계세요. 무서운 기분 어떠세요? 좀 사라졌나요?"

"예 조금 많이 사라졌어요."

나는 나에게도 느껴졌던 두려움의 무게와 모양, 그리고 색깔에 대해서 물어 보았다. 그녀의 대답은 명료했다. 그리고 이렇게 대답했다.

"두 어깨를 눌러요. 세상살이가 왜 이렇게 힘이 드는지 아주 무거워요. 둥근 배구공만큼 큰 쇳덩어리가"

"색깔은?" "색깔은 짙은 회색이요."

"그래요 좋아요 그 배구공만 한 쇳덩이를 코끝에 올려놓고 바라보세요. 단지 바라보기만 하세요. 호흡과 함께 들이쉬고 내쉬고 아주 편안하게 그저 바라만 보세요. 좋아요 잘하고 계세요. 들이쉬고 내쉬고 아주 편안하게. 그래요. 잘하고 계세요... 지금 어떠세요. 공이 아직도 남아 있나요?"

바다는 넉넉하고 아주 담담한 음성으로 입가에 주름이 피어나듯 피식 웃으면서

"사라졌어요. 보이지 않아요."라고 대답했다.

바다가 짊어진 두려움의 무게가 무거웠던 것만큼 그녀는 두려움을 빠른 속도로 "쿵"하며 상담실 바닥에 내려놓았다. 그 순간 수도승이 도를 깨치듯 그녀의 두려움은 완벽하게 사라져버렸다. 정말 한 순간 호흡을 들이쉬고 내쉬고 바라보는 사이에...

나는 생각했다. 그동안 어떤 공감, 어떤 지지나 설득력에도 바다에게서 두려움이나 공포를 쉽게 벗어나게 할 수는 없었는데, 이건 뭐지! 바다의 이런 행동은 오히려 상담자인 나의 어깨가 무거워지는 느낌이 쉽게 지워지지 않았다. 아 이제 그녀가 보호하고 가두었던 두려움이나 공포들은 밖으로 뛰쳐나와 발가벗겨진 채 오히려 공포에 떨고 있는 모습을 발견할 수 있었다. 바다는 자유였다. 첫 번째 치유였다. 그러나 바다의 치유는 이제 시작이었다. 그 이후 나는 주체할 수 없는 희망과 기대감이 용솟음을 쳤다. 이어서 나는 바다에게 남편을 향해서 속 터지는 상황을 이야기할 수 있도록 도와주었다. 왜냐하면 바다는 남편에 대한 믿음이 사라진 후에도 단 한번 욕을 하거나 맞서 다투어본 적이 없었다고 말했기 때문이다.

어쩌면 그녀가 남편에게 묵혀두었던 사연을 말할 수 있게 된다면 그동안 살아오면서 억울하고 분했던 마음의 상처는 분명 치유할 수 있을 것으로 나는 믿어 의심하지 않았다. 그리고 우리는 살아온 삶의 고통보다 어쩔 수 없이 그렇게 또 살아가야만 할 시간의 편안함과 행복을 위해서 때로는 용기가 필요하다. 그것이 자의든 타의든 상관없이...

🌀 남편에게 하고 싶은 말

나는 공감과 지지를 아끼지 않으면서 간곡하게 그녀에게 이런 부탁을 했다. 참 잘하셨습니다. 이제 남편에게 꼭 하고 싶은 못다한 말을 해보세요.

바다는 한 치의 망설임도 없이 남편에게 이렇게 쏴붙였다.

"어떻게 그렇게 가냐! 그리고 갔으면 말지. 무슨 염치로 또 와서 그 꼬맹이들한테 인사도 없이 부산으로 가서 밥장사를 하자고... 야, 어떻게 그러냐? 사람이! 나는 빚쟁이들한테 그 곤욕을 다 치르고, 두 애들하고 살길이 막막한데, 1년 만에 나타나서... 기껏 한다는 소리가 글쎄... 사람의 탈을 쓰고 어떻게 생긴 것은 기생오라비처럼 못나기를 했나? 왜 그러고 살아!

나는 바다의 순하디 순한 음성에서 갑자기 화가 치밀어 올랐다.

"바다님, 그렇게 순하게 말고 큰 소리로 진짜 하고 싶은 말을 했으면 참 좋겠는데요?" 다시 바다의 음성은 톤을 높여가며 고함을 치듯 이어졌다.

"참 기가 차고. 코가 막혀서. 내가 너 하나 믿고, 시집와서 고생만 했는데 결국은 도망질이냐!! 그리고 또 술집 마담 등 쳐 먹고.... 내가 말을 말아야지. 인간도 아니야. 너는!"

"지금 기분 어떠세요?"

"평생 처음 욕도 하고, 하고 싶은 말을 했더니 시원합니다.

지금은 어디서 죽었는지 살았는지 소식을 몰라요. ○○이네 집에서
도 모른대요. 어디 가서 뒈졌는가, 원"

"그동안 남편에 대한 배신감은 어때요?"

"나는 혼자 살라는 팔자인가 봐요. 만나는 남자마다 왜 그런지. 김 ○
○이도 그 사람 때문에 아직도 나는 은행거래를 못하고 있어요. 모두 큰
아들 앞으로 하지. 이제 더는 오늘부로 모든 감정을 내려놓겠습니다. 스
님 걱정하시지 마세요."

"좋아요 그렇게 하세요. 정말 시원하시지요? 자 그럼 호흡으로 돌아
오세요."

나는 6회 수식관을 통해서 남편의 이야기를 끝을 맺었다. 내가 "지금
기분 어떠세요?"라는 질문에 그녀는 웃으면서 기분이 고소하다고 말했
다. 처음 그녀와 만났을 때는 남편에 대한 배신감과 원망으로 말문이 막
혀버려 꼼짝도 할 수 없이 끝이 났었다. 그 때 바다는 단 한마디로 내 운
명이고 내 팔자라는 쓸쓸한 미소를 남기면서 포기한 상태였다면 그래도
오늘은 빚만 남겨놓고 도망간 남편을 만나고 직면하면서, 깊게 잠재된
내면의 자아와 이야기를 할 수 있었다는 점에서 발전적이지 않았는가 생
각된다.

이제 바다 이야기는 중반으로 접어들고 있다. 아마도 바다의 일생에
서 가장 힘들고 고된 감정에서 탈출해야하는 부담을 안고 있기도 하다.

그것은 바다가 겪었던 화병이라는 감정의 중심이며, 화병을 일으키는 주범이라고 할 수 있다. 그리고 이제 시작되는 이야기는 바다가 환영에서 벗어날 수 있는 기회를 기다려 준 나의 독자들에게 드리는 보상이기도 하다. 그동안 내 글을 관심 있게 읽어준 독자들의 짜증과 곤욕스러움을 참고 읽어준 감정에 보답하고 싶은 선물 같은 이야기라고 생각된다. 이 과정은 바다의 한을 풀어주면서 화병을 치유할 수 있었던 통쾌함의 극치라고 단연코 나는 상담자로서 이 행복한 감정을 이야기하고 싶다.

◉ 빚진 H의 부모 만나기

나는 바다에게 기대하는 간절함이 있다. 그것은 그녀가 환영 속에서 빠져 나와야하는 바람이다. 이제 바다에게 두 번째 화병의 원인 죄책감을 떨쳐버리기 위한 그 작업을 시도하려 한다. 과연 그녀는 치유될 수 있을까? 내가 바다를 처음 만났을 때 바다에게 다가온 환영을 나마저도 그 환영을 보는 듯 전이되었던 상황 속으로 들어가려한다. 남편은 빚을 바다에게 남겨놓고 한 순간 사라져버렸다. 그러나 남겨진 빚을 갚지 못하고 매일 매일 가슴 조이던 그 죄책감으로 바다는 늘 빚쟁이에게 쫓기는 환영(幻影)의 시달림을 받았다. 나는 영상관법을 통해서 그들 가운데 대표적으로 빚진 H의 부모를 만나도록 안내했다. 아니 바다 스스로 더 빚쟁이와 만나고 싶어했을지도 모른다. 그녀는 자신도 모르는 사이 이미 두 무릎을 꿇은 채 죄인으로 돌아가 울고 있었다. 아마도 그 울음은 분노와 두려움, 억압 그리고 수치심으로부터 벗어나려는 몸부림에서 만감이 교차하는 통곡이었으리라. 그녀의 무릎은 이미 눈물과 콧물로 범벅이 되었고 촉촉하게 적셔져 있었다.

"죄송하고 정말 죄송한데 용서해 주시고 제가 살아서 돈을 만질 수 있는 기회가 된다면 아드님 그 자제분한테라도 돌려드릴 수 있게 그렇게 저를 좀 도와주세요. 진심으로 용서를 빌고 죄송하다는 말씀 드리고 제가 정말 자제분한테라도 꼭 되돌려줄 수 있는 그런 기회를 저한테 주셨으면 정말 감사하겠습니다. 정말 죄송합니다. 항상 제 마음에 남아 있습니다. 그 죄송한 것이, 이런 말로써 치유가 되고 용서가 되겠습니까마는 어찌됐든 저는 그런 마음을 가지고 살고 있습니다. 지금까지. 그러니 너무 미워하지 마시고 우리 아이들이 잘 되고 그러면 분명히 제가 그것을 해결하겠습니다. 약속해요. 죄송합니다."

"내가 이렇게 등 따시고 배부르게 살아도 되는 건가? 이건 아닌 것 같은데" 하면서 자다가도 벌떡 일어나서 쉬지 않고 그동안 일을 했다고 고백했다. 살아서 언젠가 돈을 만질 수 있다면 아드님 H를 잊지 않고 찾아 빚을 갚겠다고 맹세했다. 무엇보다도 영상관법을 통해서 H의 부모님을 뵙고 나니 마음속이 좀 편안해졌다고 했다. 그리고 언제나 진심으로 꼭 그분들의 빚을 갚아야 한다는 생각으로 숨이 가쁘도록 오늘까지 힘겹게 달려 왔다고 했다. 나는 바다에게 H부모와 만난 느낌을 물어보았다. 그녀는 눈을 감은 채 이렇게 대답했다.

노출하라 영상관법과 화병 **당당히 자신과 마주하라**

"뒷모습이 보이고요 돌아서 계시니까. 감사하고 제가 꼭 그렇게 했으면 좋겠어요. 스님 제가 꼭 돈을 벌든지 모으든지. 10분의 1이 됐든 그분 자제 분한테라도 이렇게 해 줄 수 있게 됐으면 진짜 죽기 전에 했으면 좋겠습니다."

비록 지금 빚을 다 갚지는 못했지만, 바다는 영상관법을 통해서 빚진 H의 부모님을 만나서 속 시원하게 그동안 사정들을 털어 놓고 용서를 빌었다. 여유가 생기면 TV에 나가서라도 H를 찾아 빚을 갚겠다는 약속을 했다. "직접 만나지는 못했지만 말로라도 약속을 하고나니 정말 속이 후련합니다"라고 그녀는 말했다.

바다는 영상관법 끝부분에서 환희스러워 했다. 평생 끌려 다니던 죄책감이 그만큼 그 무게가 얼마나 힘겨웠음을 상담자는 직감할 수 있었다.

바다는 H부모와 만남 이후에도 여전히 두 눈에서는 눈물이 그치지 못한 채 긴 시간 무릎을 꿇고 앉아 참회하고 또 참회하면서 쉽사리 본연의 자리로 돌아오지 못했다.

나는 그녀의 마음을 정리할 수 있도록 수식관으로 돌아왔다. 그 순간 우리는 하나가 되어 호흡으로 깊숙이 빠져들었다. 얼마나 시간이 흘렀을까? 나와 바다는 몸도 마음도 편안하고 가벼운 상태로 돌아올 수 있었다. 그녀는 가장 먼저 나에게 감사인사를 전했다. 예쁜 얼굴에 어울리는 예쁜 미소로, 나 또한 그녀의 마음을 이미 알아차리고 함께 화답하며 환하게 웃었다. 이 후 바다는 지긋지긋한 환영과 수시로 찾아온 환상과 분리될 수 있었고 죄책감에서 탈출할 수 있었다. 상담 결과 두 남자를 원망하던 배신감도 퇴색해 버렸다고 바다는 말했다.

실제로 이후 바다는 관계에서 힘들었던 회피나 숨어버림은 사라졌고 대신 열심히 기도하고 봉사하였다. 또한 남과 시비 붙지 않으려고 노력하면서 양심에 벗어난 행동을 하지 않고, 착한 일 하려고 노력하겠다고 다짐했다. 이런 바다의 종교적 의지는 절망에서 희망으로 나아가게 만들었다.

상담이 후반으로 접어들 무렵 바다는 애증관계에 놓여있는 엄마와 함께하는 여행을 떠나기로 마음먹었다. 어린 시절 바다는 엄마에게 애물단지였다. 아마도 바다의 빠른 결혼은 엄마로부터 벗어나려는 마음에서 비롯된 것은 아니었을까?

🌀 엄마 만나기

어린 시절 이름 모를 병에 시달리면서 양지쪽 벽에 기대어 약 먹은 병아리처럼 시들시들 졸고 있거나, 남달리 작은 키는 엄마가 만들어준 부대자루 가방이 자갈길에 끌려서 길바닥에 책과 필통을 버리고 올 때마다 엄마는 늘 상 그렇게 쏘아 붙이곤 했다. "야 이년아 그렇게 속 썩이려면 차라리 나가서 뒤져라" 엄마의 말속에는 바다를 향한 애잔함과 사랑이 묻어 있었지만 바다는 엄마가 던지는 말의 의미를 이해하지 못했다. 이제서야 바다는 엄마를 이해한다. 어린 시절 너무도 아파서 엄마의 애간장을 태운 것이 마냥 죄스럽다. 그러나 철부지 어린 시절 아프기만 했던 어린 바다에게 "야, 이년아! 나가서 차라리 뒈져라!" 라고 말하는 엄마의 음성은 무섭고 두려움이기도 했다. 바다는 두 아들을 키우면서 엄마의 그 절절했던 음성이 그리움으로 미안함으로 그리고 엄마를 향한 애잔함으로 다가오면서 많이도 울었다.

"엄마한테 하고 싶은 말을 해 보실까요? 어린 바다로 돌아가서 물어보세요, 왜 그렇게 나한테 죽으라고 했는지... 직접 물어보세요."
"엄마. 왜? 나한테 맨날 죽으라고 그랬어. 그게 그때는 그렇게 야속했는데 왜 그랬어요? 아무리 아프다고 어린 것한테 엄마가 맨날 나가 죽으라고 그 소리가 가슴에 맺혀서...
왜 나한테 그렇게 죽으라고 했어. 차라리 내다 버리지. 아빠는 나를 맨날 아파서 불쌍하다고 업어주고 자전거로 학교 데려다주고 했는데. 왜 엄마는 맨 날 죽으라고...
참 기도 안차네, 엄마 말 좀 해봐, 나는 시간이 없어 엄마 왜 그랬어, 어디서 주워 온 것도 아니고..."

기관지가 나쁜 바다는 어린 시절에 했던 그때처럼, 입가에 손바닥을 대고 연신 기침을 하면서 눈물을 흘렸다.
바다의 가슴 속에서 터져 나오는 울부짖음은 엄마의 말 한마디에 '미워한 것이 아니래요'와 동시에 평생 가슴에 맺힌 애증들이 녹아내렸다.

"엄마가 뭐라고 그러세요?"

"엄마도 울어요. 오죽 아팠으면 죽으라고 했겠느냐고, 미워서 그런 것이 아니고 하도 아프니까 안타까워서 그랬대요." 아마도 어린 바다가 엄마에게 듣고 싶은 말일 것이다. 엄마와의 화해는 바다를 더 많이 슬프게 했다. 물론 속은 후련하겠지만,

"그렇군요. 엄마와 손잡고 화해해보세요."

"엄마 죄송해요. 못 모신 것도 죄송하고, 우리 불쌍한 엄마 사랑해요. 애태워서 미안해. 엄마 다음에는 내가 건강하게 태어나서 엄마한테 꼭 그 은혜 갚을게. 그때까지 엄마 편안하게 계세요. 아빠하고"

영상관법은 바다에게 충분하게 말하고 표현하는, 정말 창피하고 자존심 상했던 이야기를 몽땅 털어놓게 만들었다. 바다는 엄마를 생각하면 가슴이 찡하다고 한다. 젊은 시절 그 당당하던 모습은 온데간데없이 너무 가슴 아프게 노후를 맞이한 까닭이다. 바다의 엄마는 영화배우처럼 정말 미인이고 키도 크며 요리도 잘했다. 엄마는 외할머니가 일찍 돌아가시고 계모의 손에서 자랐다. 바다의 엄마는 사랑하는 남편을 먼저 보내고 치매에 걸렸다. 오갈데 없는 천덕꾸러기가 되어 결국은 바다가 모시고 있다가 바다의 두 번째 결혼이 파국으로 가면서 아들집으로 옮겨가 돌아가셨다. 바다는 영상관법을 통해 "엄마 미안해. 내가 모시고 살 수 있었을 텐데… (도망 간 김서방)과 오래 살지 못할 것을 미리 알았다면, 이혼을 하고 엄마를 모셨으면 더 살수도 있었을 텐데 정말 미안해!" 라고 울부짖으며 어머니에게 하고 싶은 이야기를 장시간 토해냈다.

노을하라 영상관법과 화병 **당당히 자신과 마주하라**

"내가 대수술 한 번 하는 바람에 마흔 한 살 내가 잊지도 않지. 살았는지 죽었는지 딸 보러 온다고 보따리 하나 들고 엄마가 왔는데... (중략) 엄마가 와서 그렇게 몸이 안 좋은데 오늘도 갈란다. 또 보름을 있다가 내일은 갈란다. 그랬는데 엄마가 위경련이 일어났잖아. 그게 아들집으로 가기 싫어서 위경련이 일어난거야...

진짜 엄마가 꿈에도 안 보이고, 내가 엄마한테 효도도 못하고 가슴 아프게 산 거 알잖아, 입이 열 개라도 할 이야기가 없어, 끝까지 모셔야 했는데, 엄마 사랑하고 고마워!! 아버지한테도 딸 노릇 못했는데 엄마 아버지 사랑해요. 사랑하는 거 알지? 날 낳아줘서 고맙고 이렇게라도 살게 돌봐줘서 고마워요. 이제는 엄마 가슴 안 찢어지게 인간다운 삶을 나도 살게. 욕심 부리지 않고 내려놓고 비우고 그렇게 살게, 내가 엄마 사랑하는 거 알지? 엄마 정말 사랑해 엄마. 고마워."

바다는 엄마에게 원망과 미안함을 아프고 무너진 엄마를 지켜주지 못한 죄스러움으로 인한 화해를 이끌어 낼 수 있었다. 이제 나는 바다와의 마지막 여행을 떠나려한다. 그곳은 아들과의 애착을 버리는 종착역이 될 것이다. 바다는 아들에 대한 사랑 집착이 대단하다. 그것은 바다의 전부이고 목숨과도 같다고 말했다. 힘들고 어려운 시기에 아들의 존재는 바로 바다가 살아갈 최후의 보루였다. 아이들의 입장에서도 엄마가 자신들을 버리지 않고 키워준 것에 무척 감사해 한다. 하지만 성장한 아들들은 결혼하고 나서 바다는 엄마에 대한 아들의 태도 변화에 섭섭함을 표현했다.

⚫ 지독한 애착 아들 만나기(장가간 아들)

바다가 짊어진 세 번째 화병 원인인 수치심을 접근해 보려한다. 아마
도 수치심은 두 아들과 지금까지 바다가 살고 있었던 원동력이 아닐까
생각한다. 요사이 큰 아들과 조금은 소원해진 이유를 나는 알고 있다. 그
래서 바다에게 아들과의 근황을 물었다.

"아드님과 언제 만났어요? 요사이"
"한두 달 되어가네요. 전화는 가끔씩 와요. 장가가더니 마누라한테
목숨을 걸어요. 아주!"
"그런 아들이 밉나요?"

그녀는 얼굴을 들어 피식 웃었다. 아들의 이름만으로도 그녀의 얼굴
은 이미 행복으로 가득함이 어쩔 수 없는 바보 엄마였다.

"밉기 보다는 내 아들이 못나서 그런걸 뭐 어떡하겠습니까?"
"바다님 아들 생각하면 기분이 어떠세요? 아들에게 유난히도 특별하
신 거 같은데"
"그것들이 내가 빚쟁이들한테 당하는 것을 처음부터 다 봤잖아요. 그
때부터 옆에 노상 끼고 살아서, 지 엄마가 어떻게 될까봐 항상 전전긍긍하
더니, 그래도 장가가니까 좀 편해졌나 봐요. 요즘은 전화도 잘 안 해요."

어쩌면 한국의 엄마들은 하나같이 아들을 향한 짝사랑은 참으로 눈물 겹다. 나의 엄마 역시 외동아들을 향한 사랑은 남편이고 애인이면서 아들의 말 한마디는 법이라고 생각했던 것으로 기억된다. 그럼에도 불구하고 바다가 큰 아들을 향한 사랑은 온 몸을 다 주어도 아깝지 않은 사랑이었다. 바다에게 아들의 의미는 남다르다. 아마도 그 이유는 앞에서도 이야기 했듯이 두 아들 앞에서 당한 수치심과 관련이 있을 것이다. 그럼에도 불구하고 바다에게서 삶의 버팀목은 또한 수치심이었다.

• 아들의 의미

나는 바다의 마음속에 존재하는 아들의 의미가 궁금했다.

"그래요 그동안 애 많이 쓰셨습니다. 아들 생각하면 가슴이 벅차오르나요?"

"그건 아니고요, 아들을 생각하면 죽어도 괜찮다는 생각이 들어요."

"몇%나 되나요? 죽어도 괜찮다는 생각이?"

"스님 100%요. 저는 이제 살 만큼 살았고 지금까지 그것들 때문에 살았으니 내 목숨 뭐 두려울 게 없어요. 그 험한 술장사 밥장사해서 공부가르치고 이젠 여한이 없어요. 스님 그래도 며느리가 뭐라 하든지 마지막까지 내 편이 되어주면 좋겠다는 생각해요. 그런데 이제 내 말도 안 들어요. 지 마누라 말만 최고라 돈 벌어서 지 마누라한테 잘 보이려고, 썩어빠질 놈!"

바다는 입을 통해 욕을 하면서도 입가에는 미소가...생각만 해도 기분이 좋은 모양이었다.

"자 아들한테 하고 싶은 이야기 해 보세요. 나를 잊지 말라든지 잘 해 달라든지 뭐라도"

"큰놈은 그래도 알아서 잘 하는데 ○○이가 좀 아파서 걱정이 되요. 지난번에도 죽을 뻔했잖아요."

"두 아들 생각을 생각하면 무슨 색깔이 떠오르세요?"

"초록색 푸른 초원 같은 그래서 행복 하고 싶네요."

"좋아요. 그 푸른빛은 몸 어느 부분에서 살고 있는 것 같은 느낌이 들어요?"

"여기 가슴에 항상 있는 것 같아요 영원히 놓치지 않고 싶어서 그러나?

바다는 가슴을 둥글게 어루만지는 모습을 나에게 보여주었다.

"그 무게를 저울에 달아본다면?"

"스님 무게가 무거워요 나의 전부니까. 근수로는 달아낼 수가 없어요."

"좋아요 그래요 잘 하셨어요, 그런데 그 무게가 힘에 부치지는 않나요?"

"힘들지요. 노심초사 잘못될까봐."

바다의 표정은 아주 잠시 흔들리면서 그늘져 보였다. 나는 바다에게

노출하라 영상관법과 화병 **당당히 자신과 마주하라**

마지막으로 자신을 향한 집착을 정리하려는 의미에서 유언장을 써보기로 했다. 그녀의 유언장은 그동안 짊어지고 온 삶의 무게에 비하면 너무나 짧고 간결했다.

• 유언장쓰기

나는 두 아들에게 유난하게 집착된 바다의 감성을 건드리고 싶었다. 그래서 조금은 무겁다고 느껴질 수 있는 유언장을 써 보기로 했다. 바다는 예상외로 자기의 생각을 잘 써 내려 갔지만 끝내는 울음을 찔끔 찔끔 내 보이기도 했다.

"바다님 바다님이 이 영상을 끝내고 죽는다 생각하시고 유언을 남기실 수 있겠어요? 우리는 언제 죽을지 알 수 없으니까. 연습삼아 해 보세요. 정말 죽는다 생각하고 자 시작."

"○○야 ○○아 미안하다 너희 둘 때문에 지금까지 행복했다. 없는 살림에 공부도 잘해주고 다른 길로 어긋나지 않고 살아주어서 고맙다. 유언을 말하려니 남겨줄 재산도 없고 이제 엄마가 없어도 절에 잘 다니면서 스님 말씀 잘 듣고 의지하고 살길 바란다. 그동안 너무 억압해서 미안하다. 이제 두 형제 싸우지 말고,"

바다는 아쉬움의 눈물을 흘렸다. 아니 회한이라고 해야 하나?

"아이고, 스님. 헤어지는 것은 생각보다 쉽네요."

"아직도 두 아들이 목숨입니까? 목숨이면 같이 따라 죽어야 하는데 바다님 이젠 두 아들에게서 조금 멀리 바라보실 수 있겠어요? 조금 뒤에 서서 그 아이들이 살아가는 모습을 그렇게 보아주셨으면 좋겠는데요"

"그러네요. 내가 너무 아들한테 집착해서 더 불안하고 미안했네요."

"지금부터 그냥 기도만 하겠습니다. 스님 따라서"

"예 좋은 생각하셨습니다. 지금 아들생각 몇%?"

"아, 그래도 30%는 호호호"

"좋아요 다음에는 0%를 향해서 자 수고 하셨습니다."

"이제 호흡으로 돌아오세요."

무엇보다 아들에 대한 강한 집착에서 조금이라도 자유롭게 살아가기를 바랐던 나의 생각은 성과를 거두었다. 이 영상관법은 죽음을 미리 준비하는 단계도 되겠지만 무엇보다 아들과의 애착과 집착에도 많은 영향을 끼칠 수 있다는 결과 또한 희망적이었다. 아마도 바다 스스로 적극적인 행동이 수반되지 않았다면 나는 실패할 수도 있었을 것으로 바다의 그런 의지에 무척 고마웠다.

바다는 남편의 사업 실패와 도망, 빚쟁이에게 당했던 수모, 두 아들에게 보여진 수치심, 그리고 50대 불안, 긴장, 조급증은 참으로 힘에 겨운 두려운 시기였다. 바다는 조용히 참회의 마음으로 과거의 가물가물한 그러면서도 잊혀지지 않는 기억을 영상으로 담아내 놓았다. 그리고 그 영상관법을 통해 꿈에도 잊지 못했던 죄책감에서 분리되어 자유로울 수 있었다. "네 저는 그분들을 잊을 수가 없어요." 그녀는 하고 싶었던 이야

노출하라 영상관법과 화병 **당당히 자신과 마주하라**

기들을 분수처럼 마구 토해냈다. 울음 반 말반을 섞어가면서, 이런 경험은 바다를 공포와 두려움을 밖으로 노출시키면서 편안함과 자유로움의 치유를 경험할 수 있게 하였다. 대인관계에서는 바다의 자상함과 부드러운 미소가 모범적이며 열정적인 행동으로 변화되었고, 무엇보다 불편함에서 회피했던 방어기제는 화합과 융화의 태도로 당당함을 표현하는 자랑스런 모습으로 새롭게 태어났다.

🌀 수용하기

내 인생에서 가장 행복한 시기 60대 현재의 나이다. 바다는 생각지도 못했던 꿈처럼 아들에게 생활비를 받아가면서 살아가고 있다. 아마도 두 아들이 엄마가 우리를 버리고 가면 어쩌나 하는 두려운 생각으로부터 벗어나 끝까지 함께 자기들을 버리지 않고 지켜준 댓가라고 생각한다. 50대 최고로 절박한 시기에 스님을 만나 무사히 오늘에 왔다고 했다. 6개월 동안 큰아들의 법적 공방은 바다의 삶에 불어 닥친 또 하나의 고통이었다.

"나라가 망하면서 내 아들 S도 망하고 저런 일이 터져서 구치소까지 갔다 오고 결혼을 그때 아니면 못 할 거 같아서 그렇게 서둘렀던 가봐. 결혼을 할 상황이 아닌데 해 갖고 고무신을 거꾸로 신겠대. 3년을 사귀었는데 모르는 게 너무 많다고 면회도 안 가고 그러다가 제가 아들을 살려야 되지 않겠습니까? 구치소에 있는데, 희망이 지가 사랑해서 결혼 한 여자인데 상황이 이렇게 됐다고 해서 아들을 죽일 수는 없잖아요. 제가 봤을 땐 그 아이가 전부야"

어려서부터 명석하고 공부 잘했던 큰아들은 대학을 졸업하고 모 증권 주식회사에 특등으로 뽑혀갔다. 대학성적도 우수하지만, 키 크고 잘생긴 외모와 똑똑하고 상냥하며 매너 좋은 큰 아들은 회사에서 여러 사람들 큰 주식을 도맡아서 대행 업무 취급했다. 그러나 한 때 주식이 폭락하면서 법적 공방에 휩쓸렸다. 아들은 회사를 대표해서 감옥에 들어갈 신세였기에 바다는 정신이 없었다. 온 정성을 모아 기도한 결과 법적 문제는 잘 마무리 되었지만 아직도 후유증은 남아 있다. 그래도 요즘은 아들이 주는 돈으로 밥을 먹고 산다는 것이 바다에게는 기대 이상의 행복이다. 때때로 바다는 빚진 죄인으로 자신이 이렇게 행복해도 되는 것인지 반문하기도 한다.

🌀 미래를 꿈꾸며

"몇 살까지 살고 싶은가"라는 나의 질문에 바다는 우리 부모님이 80을 넘겼으니 자신도 80까지 살고 싶다고 했다.

"부모님들이 팔십을 다 넘기셨거든요. 제가 아는 아버지는 저 어려서

부터 좋은 것만 드시고 엄마도 그렇게 해드리고 우리가 엄마를 닮은 거 같아요. 저 같은 경우는 그러니까 하늘같이 여기고 찬밥을 안 드리고 그러고 아버지가 좋다는 건 스스로 당신도 잘 알아서 챙겨서 잡숫고 그런데 팔십이 넘어서도 머리는 빠져도 흰머리가 별로 없던 걸로 기억하는데 팔십 정확히 몇 살 이신지는 모르는데 약간 희끗 희끗한 거 우리가 봤어요. 우리가 아버지는 젊어서 그렇게 좋은 것만 드려서 흰머리도 안 난다고 그랬어요. 엄마는 일찍 흰머리가 났고 그런데 우리도 수명이 평균수명이 팔십이 넘잖아요. 기본적으로 그렇게 살 거 같아요. 그런데 부모님을 보나 뭐 특별히 운명적인 명이 짧은 게 아니라면 그냥 기본적으로 살면 팔십은 넘길 거 같은데 지금 막 백 몇 살도 살고 있잖아요. 그런 분들을 보면 야 지금부터 내가 사십년을 살아야 되네, 저 어르신 만큼 나이를 먹으려면 근데 짱짱하고 그런 거 보면 참 신기하고."

영상관법을 통해 바다는 미래의 모습을 만났다. 70대의 모습은 아주 편안하며, 감정은 평온, 편안 갈망은 건강이라고 말했고, 70대 신체반응 역시 편안하다고 상상했다. 바다 스스로에게 하고 싶은 말은 인간답게 살아가는 것이며, 지금까지 힘겹게 살아온 자신에게 칭찬해 주는 시간에는 "험한 세월 포기하지 않고 살아줘서 고맙고, 앞으로 바다의 인생은 행복할 것"이라는 희망의 메시지를 남겼다. 80대에 바다는 수행자처럼 가부좌를 틀고 앉아서 아주 예쁘고 깨끗하며 단정한 모습으로 기도하고 정진하면서 건강하게 늙고 싶은 꿈을 설계했다. 아마도 바다 인생에서 가장 멋지고 행복한 계획이 아닐까 나는 생각되었다.

"팔십대는 깨끗이 늙었습니다. 앉아 있는 모습이 머리도 이런 파마머리가 아니고 이렇게 단정하니 하얀 머리인데 커트를 친 얌전하고 쉐타 입고 치마 입고 앉아 있는데 아주 꼿꼿하고 깨끗한 베이지색 비슷한 거 같아요. 아이보리 색인지 그리고 치마도 엇비슷하게 무늬가 있거나 색깔이 있지는 않고 머리는 좌우지간 단정하니 하얀 머리에요. 그런데 굉장히 곱게 늙고 꼿꼿이 앉아 있는데요. 아무튼 뭐 보기 좋습니다. 얼굴은 지금 안 보여요. 뒷모습이 보입니다. 내 뒷모습이 단아하고 쉐타에 치마 입고 앉아있는 거 같은데 되게 단정하고 이렇게 반듯하게 앉아 있어요. 그 정도로 복을 받은 거 같습니다. 아프지도 않고 그 아픈 모습이 아니에요. 정정하고 딴딴해요. 그리고 많이 조금 작아졌네요. 단정하니 앉아 있어요. 머리도 얌전하고 나의 감정은 아주 인자스럽고 평온하고 세상바라 보는 눈은 부처님은 아니라도 인자스럽게 웃고 있네요. 욕심도 없고 어디 아픈데도 안 보이고 네 아주 편안해 보여요. 70대와 80대의 차이는 웃고 있고, 웃고 있는 모습이 얼굴이 보이는군요. 네 보이는데 엄마를 닮은 거 같으면서도 그 웃는 게 그냥 엄청 그 보살님 얼굴을 하고 계세요.

70대는 막 활동하고 이렇게 저하고 달라진 게 없어요. 옷도 그렇고 막 움직이는 현상인데 팔십은 딱 앉아서 뒷모습이 보이다가 앞에 얼굴이 보이는데 아주 예쁘게 웃고 있고 깨끗한 머리를 하고 있어요. 내가 그렇게 되기를 항상 희망하잖아요. 그런 모습이 있어요."

노출하라 영상관법과 화병 **당당히 자신과 마주하라**

🌀 아! 나의 80대에 하고 싶은 말.

"더 살 수 있다면 지금처럼 계속 유지하면서 내가 80이라는 나이를 어떻게 뭐를 하고 살았는지를 지금은 모를 일이지만 좋은 일을 하고 맑고 어린 아이 같은 미소를 지을 수 있다면 죽는 날 까지 그런 식으로 더 나아가기를 바랍니다. 제가 너무 평온해 보이고 그 고통스럽고 절망 하나 찾아볼 수 없어요. 너무 편안해보이고 70대는 바쁩니다. 지금 봐도. 네 절망이 없고 너무 좋습니다. 곱게 늙어가는 거 편안하게 이제 죽는 거 이런 걸 지금부터 마음을 비우고 해야 된다는 생각을 했었어요. 그것이 나이가 먹으면 치매로 연결이 된다고 마음을 비워야 치매도 예쁜 치매가 걸린다고 그런 이야기를 들었거든요. 그래서 자꾸 비우고 나눠주고 이렇게 살아야 되겠다고 생각하는 그 다음부터는 제 마음부터 편안하고 욕심을 버리게 됩니다. 그런데 제 미래의 모습이 너무 좋아요. 내가 나의 80대를 만날 수 있다니, 기가 막힙니다. 그 모습이 정말 그대로 제가 80대에 되어있기를 진심으로 기원합니다."

나는 미래의 바다와 이야기를 나누었다. 바다님의 고결하고 순수하고 해맑고 보살 같은 그 모습이 저에게도 있었으면 좋겠다는 이야기를 나누었다. 바다는 미래를 향해서 "건강하고 행복"할 것이라고 자신을 향해 메시지를 보냈다. 바다는 영상관법을 마친 소감을 이렇게 말했다. 과거를 돌아보면서 자신을 정리할 수 있었고 H의 부모를 만날 수 있어 행운이었으며, 다시 약속을 할 수 있었던 것도 꿈도 꿀 수 없을 만큼 행복해 했다. 또한 새로운 삶의 내러티브를 재구성할 수 있게 하였다. 그동안 참 우여곡절 인생살이를 꾸밈없이 이야기해준 바다에게 감사하며 다가올 내일이 건강하기를 기원한다.

나는 이제 바다이야기와 작별을 하고, 나 스스로 부족하지만 바다처럼 당당하게 다음 이야기를 시작하려한다.

노출하라 영상관법과 화병 **당당히 자신과 마주하라**

4.
이젠 행복하고
싶어요.
-옥잠 이야기-

나이 19살, 청천벽력 같은 이야기와 접해야만 했다. 그 순간 머리를 망치로 맞은 듯 현기증이 왔다고 했다. 시집을 가라는 것이었다. 남편감은 한의대를 졸업한 부자 집 큰 아들이었다. 중매가 들어온 것이었다. 겨우 쌀 3가마, 그것으로 옥잠의 남아있는 식구들이 얼마나 배부르게 먹을 수 있을까? 그 이유는 "새 아빠가 노름을 해서 빚을 졌는데 쌀 3가마란다" 결혼 전 한 번도 만나보지 못했던 한의사 그 부잣집 남자는 장애를 가지고 있었다. 6살에 소아마비로 한쪽 다리가 짧은 장애를 가지고 있었다. 그래서 쌀 3가마를 주고 아가씨를 사들여 온 것이었다.

이혼을 결심하고 남편과 합의를 하고 있었다. 마침 그때 마루를 지나가던 큰 딸아이가 아빠와 엄마의 이혼이야기를 듣고 문을 벌컥 열고 하는 말 "내가 언제 너희들한테 나를 낳아 달라고 사정한적 있냐? 너희 둘이 낳았으니 너희 둘이 책임져야지 그 책임을 누구한테 떠넘기려고 하느냐" 며 문을 쾅 닫고 사라져 버렸다. 옥잠과 남편은 큰 딸 아이의 생각지도 못했던 갑작스런 행동에 어이가 없어서 서로 바라보고 한바탕 웃고 난 후로는 한 번도 이혼 이야기를 한 적이 없었다고 말했다.

나라고하는 자존심과
자만심이 무너지면 닦으려하지 않아도 도는 저절로 높아지네
자기를 능히 낮출 줄 아는 사람에게는
만 가지 복이 저절로 굴러 오리라.   -야운스님

나에게 이렇게 행복한 날들이 올 줄이야! 상상도 할 수 없는 삶 속에 편안하고 즐거운 아침을 맞이한다. 60대 중반에 접어든 옥잠은 검정고시로 대학을 졸업했다. 작고 야무진 옥잠은 항상 웃는데 그 모습이 아주 예쁘다. 그녀의 눈빛은 호기심으로 가득했고, 어떤 분야든지 배우려는 갈망은 나를 능가했다.

나는 그녀를 무척 좋아한다.

아마도 이유가 있다면 무엇이나 호기심으로 달려드는 정열적인 모습과 부지런한 성품이 흡사 일란성 쌍둥이처럼 닮아있기 때문이다.

옥잠의 가족과 형제들은 매우 성실하고 우애가 깊다. 나는 아주 가끔씩 옥잠이 부러울 때가 있다. 어렵고 힘겨운 형제들을 돕고 사는 옥잠이 가진 너그러움은 나에게서는 좀처럼 기대하기 어려운 점이기 때문이다.

지금 시작하는 이야기는 나의 내담자 가운데 유난히도 노출을 힘들어했던 사례다.

물론 지금 하려고 하는 이야기도 절반은 그녀의 이야기지만 나머지

절반은 그녀의 목소리가 아닌 지인들이 들려준 이야기다. 그래서 참으로 조심스러운 이야기지만 그래도 나는 몇 번의 망설임 끝에 그녀의 이야기를 노출 하려 한다. 어쩌면 지극히 남과 다름없는 내용이라 할 수도 있겠지만 누구나 자신의 이야기라면 속을 보인다는 것이 쉽지 않다. 옥잠의 이야기가 그렇다.

옥잠의 화병은 나름 너무 무거워서 짐스럽던 감정들이다. 옥잠은 평소 호흡법을 활용하여 자신이 가지고 있는 증상의 원인이 화병임을 알아차리고 머물러 지켜보면서 치유된 사례다.

대전에 살고 있는 옥잠은 남편과 함께 한의원을 운영하고 있다. 현재 지극히 다복하고 생활에 별다른 불편없이 생활하고 있다. 그러나 옥잠이 현재와 같은 편안한 생활을 하게 된 것은 불과 5~6년 안팎이다. 옥잠은 64살에 간호대학을 졸업하였다. 초등학교를 졸업한 옥잠으로서는 결코 쉽지 않은 선택을 한 이유는 남편이 운영하고 있는 한의원에서 시댁 식구들에게 보란 듯이 남편과 함께 환자를 돌보고 싶은 열망 때문이었다. 물론 남편도 그녀의 생각에 동의를 했다.

옥잠의 가족은 옥잠을 비롯하여 새 아빠, 엄마, 두 오빠와 두 언니, 여동생이 있다. 그리고 엄마가 재혼해서 두 남동생을 낳았다. 합해서 열 식구였다. 옥잠은 어려서부터 키가 작고 예뻤으며, 착하고 매우 총명한 아이였다.

옥잠은 공부하는 것이 매우 좋았지만 어려운 가정형편으로 초등학교를 졸업하고는 새 아빠의 눈을 피해서 대전 근교의 여러 공장들을 전전했다. 그래도 낙천적인 옥잠은 새 아빠를 원망하기 보다는 엄마가 재혼해서 낳은 두 남동생을 위해서 작은 월급이지만 엄마에게 한 달에 한 번씩 밖에서 만나 전달하곤 했었다.

어린 시절

옥잠의 인생역정은 4살 때 아버지가 병으로 돌아가시고 1년 뒤 엄마가 재가를 하면서 시작된다. 그러나 무엇보다도 옥잠의 뼈아픈 고통은 19살에 10살 많은 장애인 대학생 남자에게 쌀 3가마에 팔려 시집을 가면서 시작된 것 같다.

옥잠의 고향은 충청도 낙양이다. 그곳은 엄마와 아버지의 고향이기도 하다. 엄마는 18세에 같은 동네 살고 있던 20살의 청년과 눈이 맞아서 결혼을 했다. 두 사람은 금슬이 좋아 오빠와 언니, 옥잠과 여동생 6남매를 낳았다. 그러나 옥잠의 아버지는 40대 초반 전쟁 통에 전염병인 열병에 걸려 앓아 누웠다. 그리고 여동생을 낳고 1년 후 옥잠의 아버지는 사랑하는 아내와 아이들을 남겨두고 세상을 떠났다. 엄마의 나이 39살, 옥잠의 엄마는 전쟁의 혼란기에 6남매 아이들을 먹이고 입히기에는 여자 혼자의 몸으로는 역부족이었다. 엄마는 2년 뒤 재혼을 했다. 옥잠의 나이 6살, 여동생은 4살이었다. 시장에서 상인들의 심부름을 해주면서 돈 벌이를 하던 엄마는 아버지의 빈자리가 너무 크게 느껴졌다. 무엇보다도 옆에 사는 젊은 과부가 된 엄마를 넘보는 홀아비들의 치근거림 때문에 견딜 수가 없었다. 그러나 여섯 아이들을 데리고 다시 결혼을 한다는 것은 꿈도 꿀 수 없는 환경이었지만 마침 이웃집 얌전하고 착한 37살 늙은 총각이 중매로 들어오면서 여섯 아이들이 있어도 좋다는 승낙 하에 함께 살게 되었다. 새 아빠의 겉모습은 얌전하고 웃음기가 넘치는 양호한 상태였다. 주위 사람들은 하나같이 그를 가리켜 깎은 밤이라는 별명도 붙여주었다. 그러나 겉모습과 달리 새 아빠가 할 수 있는 것이라고는 놀고먹는 것 외 아무것도 없었다. 옥잠의 엄마는 아이들 입에 풀칠을 하기 위해서 무엇이든지 가리지 않고 닥치는 대로 해야만 했다. 낙양 시장에서 장사는 쉽지 않았지만 엄마는 어떤 힘든 일도 마다하지 않았다. 그러나 여자 혼자 일해서 여섯 아이들과 입에 풀칠하는 것도 쉽지 않은 일이었다. 그 사이 옥잠에게는 두 남동생이 태어났고 엄마의 억척스런 생활력에도 가세는 좀처럼 나아지지 않았다. 특히 새아버지의 밤 낮 없는 노름은 도가 지나칠 정도였으며, 엄마는 허구한 날 노름빚에 시달려야 했다. 그로 인해서 엄마의 시름은 말 할 수 없는 고통으로 다가왔다. 그래서인지 엄마는 시집올 때 데리고 온 자식들은 공부는 고사하고 먹고 살기 위해서 큰 오빠와 큰 언니는 남의 집으로, 작은 오빠와 작은 언니는 시장에서 잡일을 하게 했다.

아직 어린 옥잠과 여동생만 데리고 살았지만 미소 뒤에 숨겨진 새 아빠의 눈초리는 언제나 매서운 호랑이처럼 무서웠다. 그 사이 밑으로 남동생 둘이 태어났고 그 동생을 돌보는 역할은 옥잠의 몫으로 남겨졌다. 옥잠은 초등학교를 겨우 마치고 나서야 새 아빠의 눈초리에서 탈출을 함으로써 벗어날 수 있었다. 옥잠의 엄마는 서럽고 지친 하루하루를 억척같이 일에 몰두한 결과 60세가 넘어서는 온 가족이 먹고 살 수 있는 방앗

노출하라 영상관법과 화병 당당히 자신과 마주하라

간을 운영할 수 있었다. 새 아빠는 59살에 세상을 떠났다. 그리고 자식들이 성장하면서 8남매들은 작은 일에도 싸우지 않고 깊은 우애를 나누면서 그런대로 행복하게 살고 있다. 옥잠의 엄마는 87살에 한 많던 세월을 뒤로한 채 자식들이 모인 가운데 아주 편안하게 눈을 감았다.

옥잠의 어린 시절은 평탄하지 않았다. 식구들은 누구를 막론하고 움직여야만 살아갈 수 있는 형편이었다. 아버지와 어머니 오빠 둘, 언니 둘, 여동생 하나 그리고 옥잠을 합하면 여덟 식구가 방 한 칸에서 북적이고 살았다. 한국전쟁의 혼란은 온 나라가 가난과 함께 이름조차 알 수 없는 병들이 세상에 나돌았다. 옥잠은 4살 때 아버지를 여의었다. 그래도 아버지가 살아 계실 때는 온 가족이 입에 풀칠하기에는 그다지 힘겹지는 않았던 것으로 기억하고 있었다. 옥잠의 형제들은 엄마가 재혼을 하면서 새 아빠와의 만남이라는 쉽지 않은 생활에서도 서로 어렵다는 내색 없이 자기들 일에 충실했다. 큰 언니와 큰 오빠는 하루 세 끼 먹여 준다는 조건으로 일찌감치 남의 집 일꾼과 식모로 보내졌고, 둘째 언니와 오빠 역시 어리지만 시장에서 심부름을 하면서 살림에 보탬을 주었다. 아직 어린 옥잠이 해야 할 일은 두 남동생을 봐야 하는 일이었는데 학교를 가야하는 옥잠은 어쩔 수 없이 남동생을 업고 초등학교를 다녀야만 했다. 물론 그 시대는 몇 명의 친구들도 동생을 데리고 학교에 오는 일이 있기는 했지만 또래 친구들보다 몸집이 아주 작은 옥잠에게는 남동생을 본다는 것이 쉽지는 않았다. 옥잠은 그 시절을 이렇게 회상했다. "학교는 그냥 가는 것이지 공부는 물론 글자도 그때는 몰랐어요." 학교는 새 아빠의 두려움을 피하기 위해서 갔다. 비록 남동생을 업고 가야만 하는 힘겨움은 있었지만 그래도 새 아빠의 옆 보다는 마음이 훨씬 편했다고 말했다. 옥잠은 초등학교를 겨우 마치자마자 새 아빠의 매서운 눈초리를 피하기 위해서 엄마 몰래 또래 친구들과 함께 대전시내 공장으로 도망쳐 나왔다. 그러나 시골에서 갓 상경한 옥잠에게 대전생활은 쉽지 않았다. 이 공장에서 이유도 모른 채 먼저 들어온 언니들한테 매를 맞고, 저 공장으로 옮기면 거기서도 텃세와 기 싸움은 마찬가지였다. 그래도 친구들과 함께여서 옥잠은 그 시기를 잘 견딜 수 있었다고 회상했다. 그리고 옥잠이 그 어렵고 힘들었던 상황에서 견딜 수 있었던 것은 무엇보다도 같은 공장에서 일하는 계장님과 공장 사람들 몰래 사랑할 수 있었던 행운 때문이었다. 익숙하지 않은 공장생활은 버겁기도 했었지만 그래도 사랑하는 남자 친구와 여자 친구들은 한 없이 함께 웃고 즐거운 하루하루였다. 아마도 옥잠의 삶을 통틀어 가장 행복했던 시절로 회상된다고 옥잠은 말했다. 그러나 옥잠의 이런 행복은 한순간 산산이 부서져 버렸다. 그 이유는 강제결혼이었다. 얼굴도 보지 못한 부잣집 도련님과 혼인은 옥잠이 거부할 사이도 없이 일사천리로 끝나버렸다.

◎ 19살의 결혼

옥잠의 나이 19살, 청천벽력 같은 이야기와 접해야만 했다. 옥잠의 말을 빌리면, 그 순간 머리를 망치로 맞은 듯 현기증이 왔다고 했다. 시

노출하라 영상관법과 화병 **당당히 자신과 마주하라**

집을 가라는 것이었다. 남편감은 한의대를 졸업한 부잣집 큰 아들이었다. 중매가 들어온 것이었다. 지금 생각하면 기막힌 일이지만 그 시절만해도 불가능한 일은 아니었다. 어쩌면 새 아빠가 많이 참아준 일인지도 모른다. 겨우 쌀 3가마, 그것으로 옥잠의 남아있는 식구들이 얼마나 배부르게 먹을 수 있을까? 옥잠은 울며불며 거절했지만 엄마의 결심은 변하지 않았다. 그러나 후일 알고 보니 엄마의 더 간절한 이유는 이러했다.

"옥잠아 미안하다. 새 아빠가 노름을 해서 빚을 졌는데 쌀 3가마란다."

어린 옥잠에게는 억장이 무너지는 소리였다. 여리고 착하기만 했던 옥잠은 엄마의 눈물에 더는 버틸 수도 거절할 용기도 생기지 않았다. 옥잠은 19살에 결혼을 했다. 결혼 전 한 번도 만나보지 못했던 한의사 그 부잣집 남자는 장애를 가지고 있었다. 이게 무슨 일! 그 남자는 6살에 소아마비로 한쪽 다리가 짧은 장애를 가지고 있었다. 그래서 쌀 3가마를 주고 아가씨를 사들여 온 것이었다.

🔘 매서운 시어머니

옥잠의 시집살이는 매서운 시베리아 찬바람이었다. 대가족을 이루고 살았던 시댁은 시누이 2명과 시동생 둘, 시부모를 모시고 함께 살았다.

그들은 키가 작고 볼품없고, 무뚝뚝해서 무표정이었던 옥잠을 징그러운 벌레 보듯이 대했고 어려운 집안 살림을 혼자 감당하게 하면서도 그들은 무슨 일이든 트집을 잡았다. 그 와중에도 옥잠의 남편은 밤이면 밤마다 술집 여자들과 바람을 피웠고 술을 마시고 들어와서는 옥잠에게 못난이 라는 욕설과 손찌검을 하기 일쑤였다. 육체적으로 지칠 대로 지치고 정신적으로도 힘겹고 피폐했던 옥잠은 도망을 결심했다. 다행스럽게도 옥잠이 사랑했던 애인의 집을 수소문한 끝에 찾아낼 수 있었다.

그러나 결과는 시어머니에게 잡혀서 끌려왔고, 그 후부터 시집살이는 더욱더 매서워졌다.

옥잠은 위로 두 딸과 아래로 두 아들을 낳았다. 어느 날 옥잠은 이혼을 결심하고 남편과 합의를 하고 있었다. 마침 그때 마루를 지나가던 큰딸아이가 아빠와 엄마의 이혼이야기를 듣고 문을 벌컥 열고 하는 말 "내가 언제 너희들한테 나를 낳아 달라고 사정한적 있냐? 너희 둘이 낳았으니 너희 둘이 책임져야지 그 책임을 누구한테 떠넘기려고 하느냐"며 문을 쾅 닫고 사라져 버렸다. 옥잠과 남편은 큰 딸 아이의 생각지도 못했던 갑작스런 행동에 어이가 없어서 서로 바라보고 한바탕 웃고 난 후로는 한 번도 이혼 이야기를 한 적이 없었다고 말했다. 세월이 흘러 시부모님은 돌아가시고 시동생과 시누이들도 결혼을 했다. 이제 살만하려니 생각했지만 남편은 밤이면 다시 술집을 전전긍긍, 술집 아가씨와 살림을 차리기도 했고, 아이를 가졌다고 돈을 요구해오는 여자들도 있었다. 그때마다 옥잠은 남편에게 이렇게 타일렀다. 옥잠은 한 번도 겉으로 표현하지는 않았지만 아마도 어린 시절 배다른 형제에 대한 선입견 때문인

노출하라 영상관법과 화병 당당히 자신과 마주하라

지 "제발 살림은 차려도 좋으니 아이 만큼은 낳지 말아달라고" 부탁을 했다. 이처럼 기막히고 어이없는 남편의 행동을 바라보면서 문득 옥잠은 남편으로부터 벗어나서 복수를 하고 싶은 욕망이 꿈틀거렸다. 이미 시댁의 어른들은 없고, 옥잠을 간섭할 사람은 없었다. 옥잠은 새로운 인생을 시작했다. 처음에는 춤이었다. 가끔은 어린 시절 사랑하던 사람과 만나서 차도 마시는 여유도 가졌다. 그러나 정말 남편을 이기는 것은 공부라는 것을 깨달으면서 옥잠은 공부를 시작했다. 옥잠은 50살에 중학교부터 시작해서 고등학교 자격증으로 지방에 있는 대학교를 들어갔다. 늦은 만학이었지만 힘든 것 보다는 재미있고 즐거웠다. 어린 아이들과 함께하는 공부는 용기와 에너지로 옥잠을 성장시켰다. 그리고 열심히 공부한 결과 5년 만에 간호대학에 입학을 했다. 옥잠의 적성에도 맞았지만 한의원에서 남편과 함께 손님을 관리할 수 있다는 생각 때문이었다.

늦깎이 대학생활

옥잠의 대학생활은 활기에 넘쳤다. 남편에게 복수를 하겠다고 시작한 공부는 오히려 남편의 지지 하에 어렵고 힘들었던 상황은 공부하는 데 큰 힘이 되었다. 학원에서 이해할 수 없었던 수학 공식이나 영어문법은 남편의 조언을 받아가면서 우수한 성적으로 옥잠은 65살에 대학을 졸업했다. 졸업과 동시에 몸이 불편한 남편을 도와서 남편이 운영하고 있는 한의원에서 함께 근무를 했다. 옥잠을 알고 있는 단골손님과 이렇게 당당한 옥잠의 모습을 보는 환자들은 너나할 것 없이 칭찬도 하지만 부러워하는 눈치다. 옥잠은 아직도 여러 분야들을 공부하고 있다. 컴퓨터, 영어회화, 꽃꽂이 그리고 노래교실과 춤까지 젊어서 못했던 공부를 계속하고 있다. 이제는 남편도 옥잠의 열공에 환영과 지지를 보낸다. 옥잠은 남아있는 날에도 기력이 있다면 계속 공부를 하겠다는 결심을 가지고 있다.

🌑 시어머니를 만나다.

옥잠이 영상관법을 통해서 만날 수 있었던 사건은 시어머니였다.

옥잠은 결혼이라는 삶의 현장에서 경험한 두려움과 공포는 감히 말로는 표현할 수 없을 만큼 두렵고 힘든 경험이었다. 친정 엄마에게도 말할 수 없었던 혼자만이 간직해왔던 두려움과 공포들은 과거의 시간으로 돌아가서 시댁에서 경험한 일들을 이야기함으로써 안정되고 편안한 수준의 변화를 가져왔다. 시집살이에서 드러난 두려움과 공포의 경험은 상담자로서 새로운 시도가 불가피하다는 생각 하에 다시 이야기하기에서는 영상관법을 활용하여 그 경험을 다시 만나게 함으로써 치유변화에 대한 가능성을 확인 할 수 있었다.

옥잠의 두려움과 공포의 경험은 19살 결혼을 하면서 시작되었다. 그 당시 쌀 3가마에 팔려온 자존심은 아무런 문제가 되지 않을 만큼 옥잠의 시집살이는 혹독했다. 오히려 시어머니의 시집살이 보다는 시누이와 시동생들의 구박은 더 따갑고 매섭게만 느껴졌다. 더욱이 한번 도망으로

노출하라 영상관법과 화병 **당당히 자신과 마주하라**

시어머니에게 잡혀왔던 허물은 시어머니의 노여움을 이겨내려는 노력에도 역부족이었다. 옥잠은 이와 같은 상황들과 거부하지 않고 다시 만나고 다시 경험하면서 비로소 과거의 옥잠과 분리되는 경험을 체험할 수 있었다. 그것은 바로 치유였다. 옥잠은 영상관법을 통해서 그동안 왜 그토록 시어머니가 자신에게 심한 구박을 했는지에 대해서 미안한 마음을 이해할 수 있는 계기가 되었음을 상담 후 소감에서 말할 수 있는 용기를 얻었다고 이야기 해주었다.

상담 3회기 옥잠은 영상관법을 통해서 더 이상 상담을 할 수 없을 만큼 울고 또 울었다.

그리도 마지막까지 자존심으로 버티려 했지만 결국 5회기 이후 옥잠은 모든 것을 체념한 채 상담자의 이야기에 잘 따라와 주었다. 그러나 결코 영상관법을 시도하는 과정이 쉽지는 않았다. 왜 그렇게도 옥잠에겐 영상 떠올리기가 어려웠을까?

나와 옥잠은 호흡을 안전한 공간으로 만들고 나서 수식관 6회를 시작했다.

"좋아요. 아주 잘했어요. 지금의 편안한 상태를 유지하면서 옥잠이 시집살이 했던 그 시간으로 돌아가겠습니다. 어쩌세요. 지금 마음이?"

그녀의 대답은 별생각이 없어 보였지만 조금 긴장된 음성과 얼굴표정은 살포시 미소를 띄우고 있었다. 그리고 이렇게 대답했다.

"아마도 내가 미쳤나 봐요. 그런 집에서 한평생을 살았다니 아유 기막혀 생각하고 싶지도 않아요."

울기도 아깝다던 말과는 달리 옥잠의 눈물샘은 또 다시 열렸다.

"좋아요. 잘 했어요. 이제 다 울었는가요?"
"예 울고 나니 부끄럽네요."

그녀는 미소 지으면서 얼굴을 돌렸다. 부끄럽다면서 그리고 씨익 웃었다. 나는 시어머니를 생각하면 어떤 감정이 생기는지를 물었다.

"시어머니를 생각해보세요. 어떤 감정이 드세요?"
"무섭고 두려워요. 죽을 것 같아요 숨이 탁 막혀 와요."
"좋아요. 잘했어요. 지금 시어머니 생각하면 어떤 생각이 드세요?"
"어떻게 저럴 수가 있을까? 해도 해도 너무 한다는 생각?
나를 쌀 3가마니 주고 사온 사람이라 해도 인간이 너무 심하다는 생각? 뭐라 표현할 수가 없어요."
"그래요. 아주 잘 했어요. 좋아요. 옥잠님은 지금 어떻게 하고 싶으세요?"

품위를 지키려고 상담 내내 애써 미소를 잃지 않으려던 옥잠의 얼굴은 갑자기 일그러지기 시작했다. 억울하다는 음성으로 변하면서

노출하라 영상관법과 화병 **당당히 자신과 마주하라**

"도망가고 싶어요. 이런 집에서 살고 싶지 않아요."

"아주 좋아요. 자 옥잠님 시어머니를 동물에 비유한다면?"

"호랑이, 사자, 나를 죽이려는 아니 사육사 같아요. 무서운 무서워 소름 끼쳐요."

"좋아요. 잘 했어요. 그럼 사육사는 어떤 옷을 입고 있나요?"

"드레스처럼 긴 검은 옷을 입고 있어요."

"지금 공포의 강도를 1에서 10가운데 얼마로 표현하고 싶으세요?"

"10도 넘어요. 금방 나를 창으로 죽일 것 같아요."

"아! 창을 가지고 있어요? 그 사육사가?"

"예. 긴 창으로 나를 향해서 찌를 것 같아요."

"그래요. 그 두려움과 공포는 옥잠님의 몸 어느 곳에서 느껴지고 있나요?"

"심장이 아프고 양 어깨가 찢어지는 통증이 와요."

옥잠은 서슴없이 우측 가슴을 쥐어짜듯이 아파했다. 여전히 얼굴 표정은 굳어 있었고, 입술은 바르르 떨고 있었다.

"좋아요. 지금 그 기분으로 시어머니에게 하고 싶은 말이 있으면 하세요."

"(조금 망설이는 듯하다가) 왜 저한테 그러셨어요? 나는 한다고 했는데,"

옥잠의 음성은 떨리고 있었지만 더는 울지 않고 또렷한 음성으로 말했다.

"왜 아들이 장애라는 것도 숨기고 나를 데려왔으면 그럴 수는 없다고 생각되는데 도대체 왜 그러셨어요? 왜? 왜? 무엇 때문에 나를 그렇게도 구박하고 무섭게 했는지 물어 보고 싶어요. 대답 좀 해 주세요. 정말 그 이유가 알고 싶다고요. 왜 말이 없어요?"

"아무 말도 안 해요."

"계속 물어 보세요. 듣고 싶으면 말을 할 때까지 물어 보세요. 화풀이 해 보세요. 옥잠! 앞으로도 계속 아파만 할 거예요? 이번에 다 끝장냅시다."

"(다시 조용한 음성으로) 어머니! 왜 그러셨는지 말해보세요. 저도 이 제는 들어야 겠습니다."

옥잠은 앙칼진 목소리로 톤을 무겁게 하고 수없이 되묻기를 했다. 마 침내 그녀의 입가에 엷은 미소가 번졌다. 그리고 이렇게 말했다. 시어머 니가

"미안하다고, 장애아들을 한의사까지 만들기가 쉽지 않았는데 옥잠 이 들어와서 아들 버리고 도망갈까 봐 당신도 두렵고 힘들었대요. 제가 결혼 초에 언젠가 사랑했던 사람과 몰래 만나는 것을 본적이 있었대요. 그래서 감시를 하고 모질게 굴었다는데요."

노출하라 영상관법과 화병 **당당히 자신과 마주하라**

"지금 옥잠님은 어떠세요?"

"왜 그런지 화가 풀리고 시어머니가 무섭지가 않아요. 이게 뭐지요? 너무나 오랜 세월 동안…. 이게 뭐지요? 아직은 아닌데, 아직은 너무 이르잖아요?"

옥잠은 또 울었다.

"이렇게 쉽게 시어머니를 용서하고 싶지 않아요."

"좋아요. 아주 잘 했어요. 다시 한 번 시어머니와 만나겠습니다. 지금 시어머니 모습은 어떤가요?"

"웃고 계세요. 처음 보는 모습 이예요. 어머님이 겨울에 옥상 장독대에서 넘어져서 갑자기 돌아가셨는데 돌아가시고도 저는 시어머니가 무서웠어요."

"좋아요. 돌아가신 시어머니만 생각하면 가슴이 벌렁벌렁하면서 무섭다고 했는데 지금 시어머니와 만나보니 어떠한가요? 아직도 무섭고 두려운가요?"

"아닌데요. 시어머니가 가엾게 느껴져요. 그렇게도 기세가 등등하고 서슬이 퍼렀던 모습은 어디로 가고 작고 마른 작은 모습이 조금은 속상해요."

"좋아요. 그 불쌍한 시어머니와 화해를 하시면 어떻겠어요? 꼭 안아주시고 잘못했다고 죄송하다고 안아주실 수 있겠어요?"

"예 그렇게 하고 싶어요."

"좋아요. 그렇게 해 보세요."

"(웃으면서) 어머니 죄송합니다. 어머니 마음 미리 알지 못해서 참 죄송합니다. 저도 이제 60이 넘어서 아이들이 다 자라고 나니 어머니께서 아들을 지키려는 그 마음을 이제 이해할 수 있겠습니다. 이제 애비걱정은 말고 편안히 가세요."

"지금 심정을 어떻게 표현하고 싶으세요?"

"아 행복하구나하는 느낌이 들어요."(옥잠의 입가에는 밝은 미소가.....)

"좋아요. 참 잘해 주셨습니다."

수식관으로 6회 호흡을 들어 마시고. 내쉬고...

치유의 시작과 마무리 단계에는 호흡과 함께 했다. 옥잠은 호흡훈련을 통해서 두려움과 공포에서 벗어날 수 있었다. 그녀의 집념과 인내심은 호흡훈련에서도 꾸준하게 이어졌으며, 그 결과 치유도 함께 했다.

상담의 시작단계에서 옥잠의 호흡명상은 아래와 같은 순서로 이루어졌다.

옥잠의 호흡은 상담자와 만나는 횟수가 늘어가면서 안정되고 밝은 기운으로 변화되었다. 앉은 자세는 두 다리를 가부좌로 한 다음, 코는 배꼽과 나란히 하고, 두 귀는 어깨와 나란히 한다. 그리고 척추를 바르게 세워서 바른 자세를 유지하게 한다. 그리고 먼저 호흡을 통해서(들숨과 날숨으로 편안해지기) 심신이 안정되면 다시 수식관 6회를 반복하면서 호흡에 집중한다. 다음은 들숨이나 날숨에서 이름 붙이기를 실시하며, 이

노출하라 영상관법과 화병 **당당히 자신과 마주하라**

어서 숨을 깊이 들이쉬고 날숨에서 길게 옴으로 알아차림 한다. 이때 때로는 대종소리를 연상하면서 귀를 열어서 옴 소리를 함께 듣기도 한다. 그리고 다음 순서로는 입술 끝을 올려 미소 지으면서 호흡에 집중한다. 호흡의 마무리는 호흡의 과정을 총합한 호흡을 합해서 호흡에 집중하기였다. 이 과정은 옥잠을 만날 때 마다 10분 이상 지속하였고 일상생활에서도 호흡에 집중하기를 권장한 결과 옥잠은 두려움과 공포를 극복할 수 있었다.

상담 초기 옥잠의 두려움과 공포는 무엇에 쫓기듯이 허둥대거나 침착하지 못해서 넘어지기도 잘 했다. 그러나 상담 후 그녀는 두려움이 올 때마다 호흡으로 돌아가는 세심함과 반복적인 노력으로 알아차림 하면서 변화하는 몸의 기운을 경험할 수 있었다. 예를 들어 남편의 언행에서 나타나는 시어머니의 그림자가 스칠때면 온몸에 식은땀이 흐르면서 양 어깨가 무겁고 심장이 터질 것만 같았던 몸의 증상은 호흡과 함께 알아차림하고 불안해하지 않고 지켜보는 습관이 반복되면서 조금씩 회복되어 치유도 함께할 수 있었다.

본 이야기는 과거의 상처를 다시 경험하게 함으로서 고통스러웠던 사건과 직면하면서 치유되는 과정이다. 내담자에게 드러나는 모든 이야기들이 그렇겠지만 옥잠의 경우는 마지막까지 영상을 회피하는 가운데 어렵사리 이끌어 낸 부분들이다. 두려움과 공포스럽던 장면을 영상으로 떠올려 충분하게 경험했고 감정, 생각, 갈망을 탐색과정에서 두려움의 대상과 회피하지 않고 직면했다.

무엇보다 내담자의 공포를 분명하게 파악하면서, 두려움의 대상자와 과거에 하지 못했던 이야기를 충분하게 노출한 것은 치유의 기교라고 하겠다.

상담과정에서 변화의 전제조건은 상담자와 내담자간의 믿고 신뢰할 수 있다는 것이고 자신의 두려움을 솔직하게 이야기할 수 있는 용기였다고 생각된다.

이제 이야기를 마무리하면서 두려움이나 공포와 같은 감정은 세계인의 공통된 감정 5가지 가운데 90%의 인간이 가지고 있다. 두려움이나 공포의 정서는 위험하거나 위협적인 상황을 느끼면서 피할 방법을 모를 때 유발하며, 공포는 원인의 원천을 모르는 경우 나타난다고 한다. 물론 두려움이나 공포의 경험을 가지고 있는 여성노인들 누구에게나 적절한 상담의 개입이 필요한 것은 선행연구와 다르지 않다.

그러나 문제는 많은 여성노인들이 평생 동안 숨겨두었던 두려움이나 공포스러운 이야기를 쉽게 꺼내려들지 않는다는 점이다. 무엇보다도 자신이 경험했던 두려움이나 공포 속으로 다시 들어가는 것이 두려워서 회피하고 말하고 싶어하지 않는다. 나는 옥잠의 회피와 갈등에도 불구하고 라포를 형성하고 호흡과 영상관법을 활용하여 내담자의 두려움과 공포를 만나게 해야만 했다. 그 만남의 중심에는 이야기하고 다시 이야기하는 내러티브가 있다. 내러티브는 지나간 사건들을 이야기 하면서 철벽같았던 지옥에서 철문을 열고 나와 따사로운 햇살과 만나는 치유를 경험하게 된다. 그리고 명상상담의 핵심 되는 영상관법으로 나의 잃었던 모습

노출하라 영상관법과 화병 **당당히 자신과 마주하라**

은 거울에 투영된 영상을 발견하듯 이미지와 만나면서 두려워하는 나의 가짜 모습과 분리되는 변화의 효과를 발견할 수 있었다.

끝으로 대전에서 일주일에 한 번씩 올라와 믿고 따라와 준 옥잠에게 고마움을 전한다.

5.
성폭행 그건 어린
나에게 일상이었다.
-홍련 이야기-

"나는 정말 더러운 여자예요. 그래서 남편이 내가 아는 여자와 놀아나도 나는 말을 못합니다. 더러운 놈! 그러면서도 새벽이면 잠도 못 자게 나에게 달려들어요. 나는 정말 싫은데 개자식 아유 더러운 놈"

10대의 한 소녀가 상습적으로 성폭력에 시달렸던 홍련! 그녀는 결혼을 하고서도 자유를 모르는 노예 같았던 37년 동안 억압된 그녀의 삶은 불안, 공포로 우울했었고 나는 당연한 일이라고 생각했다.

길들여진 새는 주인이 새장 문을 열어놓아도 새로운 숲을 자유롭게 날아가지 못한다.

혼자 있는 것이 무섭고 두렵고 혼자서는 살아갈 수 있는 방법을 모르기 때문일 것이다.

"좋아요. 홍련님 자신에게 이렇게 속삭여보세요. 홍련아 너는 아무 잘못도 없어. 너도 어쩔 수 없었잖아? 말해봐."

홍련은 정말 작고 속삭이는 음성으로 나와 똑같이 말했다.

"홍련아 너는 아무 잘못도 없어. 너도 어쩔 수 없었잖아? 말해봐. 대답해보라고 나도 엉겁결에 당한 일이야. 그날 집에는 아무도 없었고, 비도 많이 오고. 무섭게 천둥벼락도 치고 정말 나는 아무것도 모르고"

우리 자신을 깊이 들여다보면 그 안에는 꽃과 쓰레기를 함께 볼 수 있다.
하지만 걱정할 필요는 없다.
정원사가 거름을 꽃으로 변화시키는 방법을 알듯이 우리 또한 분노와
미움, 우울증과 차별심을 사랑과 이해로 탈바꿈 시킬 수 있기 때문이다.
명상이 하는 일이 그것이다.　　　－틱낫한

"스님 나는 정말 더러운 여자예요. 그래서 남편이 내가 아는 여자와
놀아나도 나는 말을 못합니다. 더러운 놈! 그러면서도 새벽이면 잠도 못
자게 나에게 달려들어요. 나는 정말 싫은데, 개자식 아유 더러운 놈"

나는 홍련에게 말을 건넸다. 홍련님 "더러운 여자라 생각하는 그것이
오늘 상담해야할 문제 같은데요?" 홍련은 분한 마음이 조금 가라앉았는
지 입을 벌리고 싱긋 웃었다. 이미 입가에는 하얀 버블이 고여 있었고 앞
에 놓인 두루마리 휴지를 한웅큼 둘둘 말아 흐르는 콧물을 닦아 내고 있
었다.

"맞아요. 내가 너무 흥분했어요. 더러운 놈 때문에" 나는 그녀의 흥분
된 마음이 사라질 때까지 호흡하기를 시도했다. "홍련 이렇게 분하고, 극
단적인 상황은 심장에 무리가 되니 호흡에 집중해 봐요." 내 말에 홍련의
어깨는 들썩들썩 오르락내리락 거칠게 움직였다.

홍련의 이야기는 2014년 매우 추운 겨울에 시작해서 초봄까지 이루어졌다.

그 긴 이야기는 나의 가슴도 미어지게 만들었지만, 과거 우리 부모님들이 겪어야만 했던 고통을 공감할 수 있었다. 그건 아버지들이 가지는 가족에 대한 사랑이 감당할 수 없는 두려움으로 변해 마음에도 없는 술과 욕설로 자신이 위로 받을 수밖에 없었던 고뇌도 함께하는 시간이기도 했다.

다른 내담자와 달리 나는 약간의 긴장감을 감추지 못한 채 10대의 한 소녀가 상습적으로 성폭력에 시달렸던 홍련과 이야기를 나누려 한다. 그녀는 결혼을 하고서도 자유를 모르는 노예 같이 37년 동안 억압된 삶을 살았고 불안, 공포로 우울했다.

길들여진 새는 주인이 새장 문을 열어놓아도 새로운 숲을 찾아 자유롭게 날아가지 못한다. 그곳에는 이미 하루 세끼를 해결할 수 있는 달콤함과 힘들게 찾지 않아도 되는 양식이 있기 때문이다. 또한 이미 길들여진 곳에서 스스로 안주하고 편안함을 찾았기 때문일 것이다. 그리고 그것은 혼자 있는 것이 무섭고 두렵고 혼자서는 살아갈 수 있는 방법을 모르기 때문일 것이다. 습관적으로 새장에 갇혀서 주인이 주는 모이와 물에 길들여져 있었기 때문이다. 그녀는 길들여진 새처럼 남편의 술주정과 양아버지의 성폭행이 무섭고 두려우면서도 습관이 되고, 익숙해져서 새장 문을 열어도 날아가지 못하는 한 마리 새였을 것이다.

홍련은 홀로 자유롭게 날아갈 수 있는 용기가 필요했다. 혼자서도 견

노출하라 영상관법과 화병 당당히 자신과 마주하라

디고 신나게 살아갈 수 있는 그 방법으로 나는 그녀를 안내했다. 그것은 탈출을 돕는 노출이었다.

자존감을 상실한 홍련에게 필요한 것은 스스로를 돌아보게 하고 자기 자신을 사랑하게 할 수 있는 방법이 필요했다. 나는 그녀의 노출을 돕기 위한 방법으로 가장 먼저 호흡명상을 시도했다. 홍련은 어떻게든 호흡을 해보려고 시도했지만 계속 실패하자 얼굴빛이 더는 하기 싫은 표정으로 변했다. 처음 접해보는 호흡명상을 홍련으로서는 감당하기 어려웠지만 시간이 흐르면서 조금씩 안정을 찾아갔다. 쇄골호흡의 헐떡거림은 어깨까지 오르락내리락 하면서 거친 숨을 내쉬면서 거칠게 호흡을 몰아쉬었다. 호흡이 어렵냐는 질문에 "예 힘들어요. 50%"라고 대답했다. 호흡명상에 집중해 보려는 홍련의 시도는 집에 가서도 계속되었다. 덕분에 이제는 충분하게 알아차리고 머물러 지켜보기를 하면서 노출하기 힘들었던 기억들을 표출할 수 있었다. 그것은 그동안 억울하고 분했던 감정으로부터 탈출할 수 있는 커다란 변화를 이끌어 낼 수 있었다. 상담을 진행하는 사이 내가 진행하고 있는 환타지 프로그램으로 과거의 근심을 털어내고 현실을 수용하며 미래를 설계하는 취지로 시작한 프로그램 "환타지(患安止)"에 참여하면서 좋은 효과도 가져왔다. 이어서 나는 영상관법을 활용하여 10대와 20대에 겪게 된 고통에서 자신을 해방시키고, 자신을 수용하고 사랑하면서 우울한 감정과 죄의식에서 벗어날 수 있게 했다.

남편에게 가지고 있던 죄의식은 과거처럼 "나는 더러운 몸"으로 된 죄인의식이 아니라 어쩔 수 없었던 일련의 사건의 수준으로 인식의 변화도 가져왔다.

나와 상담을 하는 동안 홍련은 37년 동안 복용한 정신과 약도 끊었으며, 소화기염도 없어졌다. 보건소 정신과 상담도 그저 일상적인 일과로 받아들이고 있을 뿐 별다른 이상이 없다. 그러나 나는 열일곱의 성폭행 경험을 끄집어내기가 조심스럽고, 부담스러웠다. 홍련은 나의 애매한 표정을 어떻게 알아차렸는지 묻지도 않는 말에 당시의 상황을 거침없이 털어놓았다.

나는 그녀와 2014년 1월부터 3월까지 8회기를 만나면서 가슴 깊숙이 묻어두었던 이야기보따리로 생생한 경험을 할 수 있었다. 가족은 부모, 자신, 오빠 둘, 언니 셋에 남동생 둘이었고, 현 가족으로는 본인, 남편, 아들, 딸, 며느리, 사위, 손녀 둘, 손자 둘이 있다.

홍련이 가지고 있는 화병의 증상은 남편의 술로 인한 구타, 의처증, 불안, 분노, 우울, 두려움으로 아주 복합적인 감정들을 가지고 있었다. 그러나 그녀에게 가장 근본적인 증상은 17세에 남의 집 식모살이를 하면서 환갑이 넘은 주인집아저씨에게 성폭행을 당하면서 시작된다.

홍련은 바닷가 출신으로 성품이 낙천적이며 어린아이처럼 천진하다. 그녀의 매력은 커다란 앞으로 돌출된 하얀 치아를 드러내고 함박꽃처럼 활짝 웃는 모습이다. 그녀는 8남매 가운데 여섯째로 태어났다. 어린 시절 찢어지게 가난했던 홍련은 학교를 가려면 산을 넘고, 물을 건너 왕복이 십리가 넘는 길을 걸어서 가야만했다. 그것도 비가 많이 오거나 눈이 많이 오면 혼자서는 학교를 갈 수가 없어서 위의 두 언니와 함께 동네에

노출하라 영상관법과 화병 **당당히 자신과 마주하라**

서 십 리나 떨어져 있는 분교를 다니면서 초등학교를 졸업했다. 어린 시절 매일 지긋지긋하게 듣고 살았던 공포스럽고 무서웠던 음성은 발음도 정확하지 못한 아버지의 술주정이었다. 항상 저녁이면 술에 취해 비틀거렸고 동네가 떠나가도록 소리를 질렀다.

"이놈의 집구석을 싹 다 불태워 버릴 거야"라며 고래고래 고함을 쳤다. 지금도 아버지의 술에 취한 고함소리는 가난으로 굶주린 세월보다 더 무섭고 두려운 트라우마이며 평생 불행하고 힘든 기억으로 남아 있다. 열다섯 살에 언니들과 서울로 올라와 직업전선을 전전하다가 쉽게 얻어낸 식모살이는 홍련의 인생에서 고통의 시발점이 되었다. 17세 식모살이 첫날부터 주인집 아저씨에게 1년 동안 상습적으로 당한 성폭행은 결혼과 동시에 남편의 의처증과 폭행으로 이어졌고 현재까지 37년 동안 똑같은 고통을 받으면서 살아오고 있었다.

홍련은 나를 만나기 전까지 Y보건소에서 정신과 상담과 신경안정제를 복용하고 있는 상태였다. 그 외에도 간, 고지혈증, 협착증, 뇌실협착증, 심장비대증, 고혈압, 당뇨, 가슴통증을 앓고 있다. 평소 그녀의 감정은 불안 · 우울 · 초조 그리고 남편의 술주정으로 심한 두려움과 공포에 시달리는 상황이었다.

● 찢어지게 가난했던 어린 시절

홍련의 고향은 바닷가 오지 마을이며, 언니들과 초등학교를 함께 다녔다.

　마을에는 초등학교가 없었고 선생님 2분이 오셔서 가르치는 분교에서 3학년으로 월반 3년 만에 언니들과 함께 졸업을 했다. 분교는 마을에서 십 리는 족히 되는 먼 곳이라서 혼자서는 학교 갈 엄두도 내지 못했고 초등학교 졸업도 언니들과 함께라서 가능했다. 겨울에 눈이 많이 오거나 여름에 비가 많이 오는 날이면 언제나 결석을 했다. 항상 언니들과 함께 가던 학교 길은 즐겁고 행복했던 어린 시절의 유일한 기억이다. 공부도 제법 열심히 해서 성적도 좋았다. 그래도 중학교는 생각도 할 수 없었다.

　찢어지도록 가난한 살림살이로 8남매 교육은 불가능에 가까웠다. 홍련은 여섯 째 딸이니 공부는 언감생심 꿈도 꾸지 못했다. 가족들은 항상 멀건 시래기죽, 콩죽, 옥수수죽, 감자 죽, 수수죽이었고, 배급을 타서 열 식구가 겨우 끼니를 연명할 수 있었다. 이제 홍련은 먹고 살만한 생활을 하면서도 감자라는 이름조차 듣고 싶지도 않고 보기도 싫다고 말했다.

　그렇지만 가난보다 더 무서운 것은 아버지의 술주정이다. 술만 먹으면 온 동네가 떠나도록 큰소리로 "이놈의 집구석을 온통 다 불 싸지르겠다"는 고함을 질러댔다. 홍련은 아버지가 정말 집에 불을 붙일까봐 무서웠다. 어린 마음에 집이 없으면 큰일이었다. 아버지는 온 집안 식구들을 들들 볶아 숨소리조차 낼 수 없게 만들었다. 잠든 아이들을 깨워놓고 아버지가 들어왔는데 인사도 안하고 잠만 퍼들어지게 잔다며 머리를 쥐어박고, 눈알을 부릅뜬 험상궂은 얼굴로 화를 냈고, 잡히는 데로 물건을 던지고 때렸다. 홍련은 열다섯 살에 초등학교를 졸업하고 동네에 있는 정

노출하라 영상관법과 화병 당당히 자신과 마주하라

미소에서 돈을 벌었다. 가마니에 쌀 받는 일을 했지만, 몇 푼 안 되는 월급은 월급날이 되기도 전에 아버지가 먼저 받아갔다. 아침에는 소를 몰고 나가 풀을 뜯어 먹이고, 일을 마치고 돌아오는 저녁이면 소를 몰고 집으로 오는 일도 홍련의 몫이었다.

집에서는 편히 쉴 곳조차 없던 홍련은 열여섯 살에 언니들을 따라 서울로 올라왔다. 여관방에서 생활하면서 제과점, 천 짜는 공장, 가죽공장을 전전했다. 그러나 공장주들은 밤늦도록 일을 시키는 횡포가 잦았고, 적은 임금은 하루 세 끼를 감당하기에도 턱 없이 모자랐다. 결국 그 시절 손쉽게 구할 수 있었던 직업식모살이를 선택했다. 손쉽게 얻을 수 있었던 그 선택은 홍련에게 생애에서 가장 힘들었고 견딜 수 없는 치욕적인 삶이 되었다. 홍련으로서는 부끄럽고 치명적이면서 화가 가장 치밀어 오르는, 정말 스스로도 기억하고 싶지 않은 곤욕스런 기억이라고 이야기했다. 첫 번째 식모살이 집에서는 금반지를 훔쳤다는 누명을 썼고, 두 번째 집에서 평생을 고통으로 안고 갈 사건을 경험했다.

🔘 악몽의 식모살이

홍련은 얼굴을 붉히고 어설픈 미소와 눈물을 흘리며 이야기를 꺼냈다. 꽃다운 나이 16세에 서울로 올라와 1년 동안 이곳저곳 공장을 전전하다가 비로소 얻어낸 직업 식모살이!

두 번째 집에서 일어난 일이라고 말했다. 홍련은 17세 식모살이 집주인한테 첫날부터 1년 동안 상습적인 성폭행을 당하면서 살았다. 정말 무섭고 두려웠지만 어떻게 해야 할지 어떻게 했으면 좋을지 방법을 알지 못했다. 가까이 살고 있는 언니한테도 멀리 떨어진 엄마한테도 터놓고 이런 이야기를 할 수가 없었다. 환갑이 넘은 주인아저씨의 두 번째 젊은 아내는 자식을 낳지 못하는 본부인 대신 그 집에 들어와서 자식을 낳아주고 호사를 누리는 후처였다. 즉 자유부인이었다. 날이면 날마다 놀음으로 집을 비웠고, 그 사이에 홍련은 주인아저씨로부터 성폭행을 당했다. 밤이면 어김없이 들어오는 아저씨는 아예 밤을 그 방에서 지냈고, 홍련은 식구들이나 주인아줌마에게 들킬까봐 걱정되어 밥을 먹어도 먹는 것이 아니고 살아도 사는 것이 아니었다. 이즈음 아저씨의 어린 삼촌은 이런 사실을 눈치 챘고, 주인이 집을 비우는 밤이면 젊은 삼촌이 홍련의 방을 노렸다. 무섭고 불안한 나날 속에서 몸은 바람이 불면 어디론가 날아가 버릴 듯이 깡말랐고, 먹은 음식은 소화가 되지 않았다. 조금의 음식을 목에 넘겨도 끅끅 거리면서 힘이 들었다.

주인아줌마는 아무 사정을 모른 채 날마다 자꾸 자꾸 더 말라만 가는 홍련에게 밥 좀 많이 먹으라면서 보약까지 지어 주었다. 주인집 아줌마한테 들킬까봐 걱정되어 하루하루가 불안, 초조, 그리고 우울의 연속이었다. 1년 뒤 마침 주인집 딸이 시집가서 그곳으로 옮겨서 살게 될 때 까지 홍련의 불안과 초조한 마음이 계속되었다. 17세 식모살이는 25세 결혼 전까지 계속되었다. 그때 홍련의 식모살이 월급은 8,000원. 그러나 부수적으로 생기는 돈이 훨씬 더 많았다. 때때로 주인아저씨에게 "나도 돈이 필요해요."라며 퉁명스럽게 화를 내며 당당하게 집에서 키운 계란도 내다 팔아 현금으로 만들었다. 그 행동은 그 시절 그나마 홍련의 일상을 지탱해 주는 유일한 휴식이었다고 홍련은 말했다. 홍련은 부르르 떨면서 그 시절을 이렇게 기억하였다.

17세 홍련은 몹시도 죄책감에 시달렸다. 머리는 아프고 밥을 먹어도 소화가 되지 않으니 대쪽 같이 마를 수밖에 없었다. 주인아줌마는 속도 모르고 한약방에서 침도 놓아 주고, 한약도 지어 줬지만 홍련은 아픈 양심을 피해 갈 수는 없었다. 그 때 생긴 불안은 37년 동안 심장병과 정신과 상담 약을 복용하면서 살고 있다. 홍련은 20대에 경험했던 고통을 이렇게 노출했다.

"그 시절 힘들었던 사연들을 말로는 다 할 수 없어요. 무척 힘들었어요. 그 집을 나온들 마땅히 있을 곳도 없고 몸은 빼빼 마르고 주인아줌마는 사정도 모르고 건강해야한다고 하고, 같이 사는 고모와 삼춘이 눈치를 챈듯하여 불안 했어요."

야릇한 미소를 지으며 이야기하는 홍련에게 나는 이렇게 물어 보았다.

"그런데 아이는 없었나요?" 라는 질문에 그녀는 주인아저씨가 정관 수술을 받아서 아무 일도 없었다고 대답했다. 나는 나 자신도 모르게 휴우 안도의 한숨이 나왔다.

"그래도 주인아저씨는 (정관)수술을 받아서 아이는 낳지 않았던 것이

다행이예요. 그 집에서 벗어나려고 시집을 갔는데 사는 게 무척 힘들었어요. 마음에는 근심이 많고 친구도 없고, 결혼했지만 돈도 없어서 먹지 못하고 남편은 매일 같이 술에 찌들어 소리 지르고 편할 날이 없었어요."

🌀 일자무식 목동과 결혼

홍련은 25세에 이웃 농장 집주인 아주머니의 중매로 그 농장에서 일하고 있는 한 살 아래 총각과 결혼 했다. 돌아가신 아버지 대신 오빠가 홍련을 결혼식장으로 데리고 들어갔다.

오빠가 준 10만원의 부조금과 형제들이 조금씩 모아준 100만원으로 냉장고, 밥솥, 선풍기를 샀고 엄마로 부터 목화솜 이불을 선물로 받아 무너져가는 방 한 칸짜리에서 신혼살림을 시작하였다.

홍련의 남편은 13세부터 남의 집살이를 하였다. 남편은 초등학교도 다니지 못한 일자무식이다. 그리고 직업은 목동이었다. 원래 꽤 부지런한 성격이고 남에게는 배려심이 깊다. 술만 먹지 않으면 전혀 말이 없고 홍련의 말도 잘 듣는 편이다. 홍련은 결혼과 동시에 교회를 나가기 시작하였다. 식모살이하던 집주인 아저씨를 매일 이웃에서 대하게 되고, 이미 더렵혀진 몸이라는 생각에 남편의 얼굴을 마주볼 자신감이 없어서다. 홍련은 이미 더러워진 몸의 사죄를 위해 가난한 시절이었지만 있는 것 없는 것 다 교회에 헌납하였다. 갓 낳은 여아를 업은 채 비를 맞으며 미친 듯이 전도도 하러 다녔다.

노출하라 영상관법과 화병 **당당히 자신과 마주하라**

그러나 하나님은 홍련의 속죄에도 불구하고 아랑곳하지 않았다. 남편은 술만 먹으면 세상에도 없는 난폭한 술주정뱅이로 변했다. 손에 잡히는 대로 낫이나 칼을 들고 도망가는 홍련을 향해 죽인다고 쫓아 다녔고, 욕하고 때리면서 홍련을 괴롭혔다. 마치 악한 귀신이 몸에 쓰인 듯했다. 술이 깨고 제정신이 들면 홍련의 몸에 멍든 자국들을 보고 움찔하고 놀랐고, 아내가 집을 비우면 아주 착하고 성실한 사람으로 변해 있었다. 이런 광경을 본 목사님과 권사님은 홍련에게 당분간 교회를 쉬기를 권했다. 교회를 쉬는 동안 홍련은 머리를 들고 하늘을 바라볼 수 없을 만큼 두렵고 무서웠다. 남편 얼굴도 볼 수 없었고, 하느님도 홍련의 기도를 들어주지 않았다고 말했다.

그리고 홍련은 나와 이야기를 나누는 사이 문득 과거의 기억 속에서 뭔가를 발견한 것처럼 입가에 엷은 미소를 보였다.

"어렴풋이 생각이나요. 그 때 동네가 좁아서 모두 알고 있었는가 봐요. 나와 주인집 아저씨의 관계를, 그래서 농장 주인이 남편한테 남이 가지고 놀던 여자와 결혼했다면서, 병신이라고, 더러운 년 하고 산다고 흉을 보았데요. 그런데 남편이 나한테는 입을 열지 않고 혼자서 끙끙 거리다가 술만 먹으면 악마로 변했던 거예요. 그래서 나는 남편한테 더 미안해서 그냥 때리면 맞고 살아요. 이 더러운 몸뚱이를 가지고.

🌀 14평짜리 우리 집

홍련은 40대에 Y시로 이사를 왔다. 친구 집에서 1년을 살다가 남편이 다니는 가죽공장 사장님이 운영하는 목욕탕 거실을 전세 1,300만원을 내고 들어가서 음료수 장사를 했다. 아들과 딸은 중학교를 다녔다. 머리가 좋은 두 아이들은 잘 방이 없어 공부도 안하고 빗나갔다. 딸아이는 남자애들과 어울려 다니면서 술과 담배, 그리고 친구들을 괴롭히는 나쁜 아이로 변해갔다. 집에도 들어오지 않는 딸을 밖에서 만나면 큰소리로 욕하고 등짝을 돌멩이로 두들겨 패고 사는 것도 힘들었다. 남편은 그 와중에 아는 여자와 바람이 났고, 홍련은 극심한 우울증으로 의심병을 앓게 되었다. 이유 없이 길을 지나가던 여자들도, 옆에 있는 사람들도 홍련을 향해 손가락질을 하면서 욕을 하고 흉을 보는 소리들의 목소리가 환청으로 들려오면서 정신을 차릴 수가 없었고 일도 할 수 없었다. 어느 날 새벽 그녀가 나를 찾아왔다. 홍련의 모습은 누가 봐도 혼이 나간 상태였다. 파마를 한 머리는 볼품없이 흐트러져 있었고, 얼굴에는 얄궂은 미소를 지으며 이렇게 말했다.

"스님 더러운 이 몸뚱이를 어떻게 하면 되나요? 지나가는 저 사람들이 나를 보고 더럽다고 욕하고 침을 뱉고, 손가락질을 하는데 아이 무서워요, 나 좀 살려줘요."

홍련의 말씨는 보통 반말이었다. 나는 말없이 그녀를 꼭 안아 주었

노출하라 영상관법과 화병 **당당히 자신과 마주하라**

다. 그리고

"우리 선생님이 무엇을 잘 못 보았나 봐요. 괜찮아요. 여긴 아무도 없어요. 다시 사방을 둘러보세요. 아무도 없지요? 부처님께서 우리 홍련을 지켜 주실 겁니다. 안심하세요. 자, 스님과 함께 108배를 올려볼까요?"

후일 홍련은 내게 이렇게 말했다. "스님이 나보고 선생님 이라고 했어요." 태어나서 처음으로 선생님 이라는 소리를 들었는데 그 기분이 하늘을 날으는 것처럼 행복했다고 말했다. 그 정신없는 상황에서 어떻게 그 말을 기억하는지 나는 몹시 놀랐다.

나는 그녀에게 절하는 법을 알려주었고, 우리는 시간에 관계없이 아주 천천히 108배를 했다. 홍련은 처음해보는 108배가 힘이 들었던지 얼굴에는 땀이 뚝뚝 흐르고 있었다. 그리고 홍련은 21일 동안 108배와 교감을 했고 마음의 어지러운 병을 치유할 수 있었다. 홍련은 그때 스님이 돈 얘기를 하지 않아서 마음이 상당히 편했다고 말해 주었다. 정신을 차린 그녀의 부지런한 성품은 하루도 쉬지 않고 일을 했다. 1,000만원 빚을 얻어 종자돈 1,300만 원과 합해 좁지만 아이들이 좋다는 동의하에 14평짜리 연립도 샀다. 좁지만 아이들은 집을 산 후 많이 달라졌다. 자기들 방이 있어 좋아라 하면서 다시 제자리로 돌아왔다. 물론 남편에게도 내 집이라는 편히 쉴 잠자리가 생기면서 자연스럽게 바람도 멈추었다. 그 후 홍련은 음료수 장사와 때밀이를 겸하면서 수입은 많아졌다. 밤이면 돈을 세다가 힘들어서 잠에 빠져들곤 했다. 두 부부는 정말 열심히 일하고 모아서 지금은 작고 아담한 주택에서 행복하게 살고 있다.

홍련의 아들은 공부도 전교에서 일등을 했고 품행도 단정한 모범생이었다. 그리고 아버지의 성실하고 부지런한 모습을 대단히 자랑스럽게 생각했다. 지금은 모난 구석없이 자란 아이들이지만 한때는 엄마의 신경질을 뿜어내는 상대들이었다. 홍련은 자신의 더러운 몸뚱이라는 죄를 덮기 위한 궁여지책으로 두 아이들을 때리고 못살게 굴었다. 홍련은 그 상황을 이렇게 회상했다.

"내가 미쳤었어요. 나 좀 살아 보겠다고 어린것들을 그렇게 때리고 욕하고, 그것들이 얼마나 엄마를 원망했을지 지금 생각하면 내가 우리 아버지 보다 더 나쁜 엄마였으니 휴"

홍련의 입에서는 한숨과 함께 통곡소리가 흘러나왔다. 사랑스럽게 보듬어주지 못한 채 키운 아이들, 화를 내고 때리면서 못살게 굴었던 세월이 후회스럽다. 그래도 그 아이들이 잘 자랐다. 물론 딸아이가 홍련의 애간장을 태우는 시기도 있었지만 속 썩인 아픔에 비하면 지금은 둘 다 결혼 하여 손자 손녀들을 3명씩 둔 효자 효녀들이다. 그러나 남편은 아직도 술만 마시면 때리고 욕설을 퍼붓고 물건을 부수고 무섭게 변해버린다. 퇴근시간 친구들과 술을 마시고 전화를 하는 순간부터 홍련은 가슴을 조여야했고, 택시기사 부축을 받아 차에서 내린 남편은 그대로 길 바닥에 드러누워 버렸다. 겨우 남편을 부축해서 끌고 집까지 들어오는 시

노출하라 영상관법과 화병 당당히 자신과 마주하라

간은 1시간이 걸렸고 집에 들어오면 욕을 하고 칼을 휘둘러서 때로는 준비해둔 술을 먹여 재우기도 했다. 홍련은 3번째 만남에서 남편이 왜 술을 먹으면 칼을 들고 달려드는지 이유를 알게 되었다. 그동안 정신없어 잊어버린 기억을 찾았다. '약속'이었다. 홍련은 37년 전 결혼 초에 남편과 '우리 가난하지만 살아가면서 거짓말은 하지 않기로 약속하였다. 양심상 홍련은 식모살이 했던 집주인 아저씨와의 관계를 슬쩍 말하게 되었고, 날이면 날마다 이웃에 사는 집주인 아저씨를 만났으니 얼마나 화가 났겠는가. 그러나 이미 남편은 홍련이 이야기하기 전에 알고 있었다.

"나는 더러운 죄인이야. 매를 맞아도 싸지. 모두 다 내 탓이야. 내 죄야." 하며 참고 또 참으면서 살았다고 했다. 그래도 무서운 세월은 멈추지 않고 그렇게 지나갔다.

🌀 나의 어머니

홍련은 돌아가신 엄마에게 할 말이 있다고 했다. 홍련의 어머니는 92세에 사망하였다. 평생 술 좋아하는 남편과 매일 싸우면서 큰 소리 내며 살았다. 오죽하면 평소 딸에게 이렇게 말을 했을까?

"내가 사위를 얻을 때 문둥이한테는 시집보내도 술 먹는 사위는 싫어."
"죽어서도 나는 남편 옆에 가기는 싫다."

"엄마의 가슴속에는 항상 뜨겁고 무거운 쇳덩어리가 뭉쳐있다."고 했다.

엄마는 평생 가엾은 인생을 살았다. 찢어지게 가난한 남편을 만나 동네 부잣집 설거지며, 바느질품을 팔아 8남매를 거둔 것도 참 다행스러운 일이다. 남편의 술주정은 엄마뿐만 아니라 가족의 행복도 끝이었다. 무사히 목숨을 연명한 것도, 살아 있는 것만으로도 다행스러운 일이었다. 그런 엄마는 평소 술과 담배를 좋아했고, 오빠에게도 엄마는 귀찮은 존재였다.

오빠는 오갈 데도 없는 처지임에도 술과 벗 삼는 엄마로 인해 아내에게도 면목이 없었을 것이다. 홍련은 나와 5번째 만남에서 영상관법으로 엄마를 만나 그동안 못했던 사랑의 메시지를 남겼다. 항상 아버지 때문에 불안했고, 보기도 싫은 남편을 그대로 쏙 빼 닮은 큰 아들은 술도 잘 먹고, 성질 또한 급한 것 까지 옆에서 지켜봐야했던 엄마의 모습은 딸이 보기에도 화나고 짜증스러웠다. 그래서 엄마에게 할 말도 많다. 살아생전 못했던 이야기가...

"그래도 사위를 끔찍하게 여겼는데, 겨우 시간을 내서 엄마한테 가면 내 남편 흉을 봐서 미안해 엄마. 이제야 살만해서 용돈 좀 주려니 엄마가 없네. 이야기를 하려하니 나 눈물 나고 많이 속상해 엄마! 그래서 엄마 대신 할아버지 할머니들한테 봉사 잘 하려고 해. 엄마 미안해. 엄마가 침묵이 금이라고 했는데 그 약속 못 지켜서 미안하고 죄송해요. 김 서방

노출하라 영상관법과 화병 **당당히 자신과 마주하라**

한테 약속 지킨다고 괜한 얘기해서 딸 평생 맞고 사는 꼴 보여줘서 정말 죄송해요. 그리고 엄마, 김 서방 이야기는 내가 엄마한테 정말 하고 싶었던 이야기야. 이젠 시원하다. 엄마 사랑해요. 엄마 사랑해요."라는 일곱 번의 반복된 화법은 그녀가 밝아진 엄마의 모습을 확인하면서 걱정 없이 안녕이라고 이별하면서 홍련의 어둡고 고통스럽던 마음도 편안함을 유지할 수 있게 했다.

🌀 과거의 상처 아버지와 만나다.

나는 홍련과 3번째라는 빠른 만남에서 공포와 두려움이 조금씩 안정된 모습으로 달라지고 있음을 발견할 수 있었다. 특히 주정뱅이 남편으로부터 받게 되는 스트레스와 구타로 인한 신경정신과 약도 먹지 않고, 보건소 상담도 받지 않는다. 그녀의 표정은 처음보다 많이 밝아졌고, 생기가 넘치고, 그리고 자신감도 있어 보였다. 전에는 남편에게 하고 싶은 말도 표현하기 어려웠지만, 3회기 상담 후 부터는 남편에게 요구사항이 있을 때 자신감을 가지고 홍련이 하고 싶은 의견을 전달할 수 있게 되었다고 나에게 자랑을 했다. 무섭고 두려웠던 미운 남편을 칭찬해 줄 수 있는 여유로움도 찾았지만, 무엇보다 영상관법에서 남편을 만나 직접 공포와 두려움을 직면하고 두려움에 떨고 있는 자신을 통찰하면서 치유할 수 있었던 것은 바로 영상관법을 통해서 트라우마를 충분하게 노출할 수 있었기 때문일 것이다.

홍련은 이제 남편이 이해가 된다고 말했다. 나는 그렇게 말하는 홍련이 조금 과장된 표현이 아닐까? 하는 생각도 가졌지만 한편으로는 참으로 다행스럽다는 생각에 안도의 숨을 쉬기도 했다. 아침부터 늦은 밤까지 근무를 하는 그녀는 다른 상담자보다 좀 늦은 저녁시간에 나와 힘들게 만나면서도 어려운 내색 없이 힘차보였다.

상담 3회기 영상관법은 아버지였다. 나의 생각으로는 어쩌면 그녀의 첫 번째 트라우마는 아버지라고 생각했기 때문일까?

그래서 어린 시절 바닷가 마을로 그녀를 안내했다. 너무 가난했던 그 시절, 아버지가 술 마시면 집에 불을 질러버린다고 소리 지르고 잠도 못 자게 했던 기억은 생각만 해도 홍련은 무섭고 살 떨리는 일이지만 별 무리 없이 나의 이야기에 잘 따라와 주었다. 그러나 아직 숙련되고 세련된 호흡을 하기에는 무리였는지, 그녀는 자기 몸을 기둥에 기댄 채 옆으로 비스듬히 앉아 앞가슴을 헐떡거리며 거칠게 숨을 들이쉬고 내쉬기를 멈추지 않았다. 나는 잠시 고민을 했지만 이미 눈을 감고 열중하는 모습을 보면서 이번만은 그냥 눈 감아 주기로 결심을 했다. 그리고 3번째 만남을 끝으로 그녀의 호흡은 단련된 훌륭한 변화를 가져왔다. 누가 봐도 흠잡을 수 없는 바른 자세와 적합한 호흡으로...

"자 눈을 감고 자세를 바르게 하고 들어가는 숨과 나오는 숨을 알아차리고 호흡에 집중하세요. 그래요 아주 좋아요. 어린 시절 홍련이 살던 바닷가를 생각하세요. 어때요? 무엇이 떠오르나요? 말해보세요. 생각나는 대로 보고해 보세요."

노출하라 영상관법과 화병 당당히 자신과 마주하라

"음 밤하늘에 별이 선명하게 보이네. 파도가 잔잔하고, 여름밤인 것 같아요. 조용하기는 한데 여기저기 모닥불처럼, 나는 신발도 신지 않았고, 언니들도 함께 있네."

홍련은 갑자기 경련을 일으키듯이 아! 하며 소리를 질렀다. 잠시 홍련의 편안한 음성을 따라 함께한 꿈같은 순간이 나를 당황하게 했지만, 나는 그녀의 일그러진 표정을 보면서 무엇인가 급박한 상황이 벌어지고 있음을 직감할 수 있었다.

"왜요? 무슨 일이 생겼나요?"
"아버지, 아버지다" 떨리는 음성으로...
"술에 취해서 몸도 가누지 못해요. 오른손에 술병이 들려 있어, 좁은 골목길에서 욕을 하고 고함을 치는 것 좀 봐 바지에 오줌을 싼 것 같은데"
"홍련님 지금 어떤 느낌이 들어요?"
"무서워요. 아버지 표정이 언니들이 막 방으로 뛰어 들어가요. 나도 따라서"
"지금 몇 살이지요?"
"나요? 13살 아버지가 내 머리를 잡고 흔들어요. 죽여 버리겠다고 소리를 질러요. 언니들도 방구석에서 떨고 있어요."

나는 부르르 떨고 있는 홍련에게 아주 작은 목소리로 말했다. 그건 내 목소리에 그녀가 온 신경을 집중하게 하려는 시도였다.

"좋아요. 일어서서 아버지 뒤로 가서 서 보세요. 좀 떨어져서 아버지를 바라보세요. 그리고 모습을 잘 살펴보세요. 아주 세심한 마음으로 아버지를 온전하게 살펴보세요. 어떤 느낌이 들어요? 무엇이 보이나요?"

"응 떨고 있어요. 아버지가 막 떨고 있어요."

"좋아요. 자 심하게 떨고 있는 아버지에게 물어 보세요. 왜 그렇게 우리들을 미워하느냐고? 물어 보세요."

"아버지 우리한테 왜 그러세요? 왜 그렇게 때리고 미워하냐고요? 아버지가 눈을 부릅뜨고 니가 뭘 아느냐고 소리를 질러요. 무서워요."

"그래요. 아주 잘 했어요. 다시 한번 용감하게 힘내서 큰 소리로 물어 보세요."

"아버지 왜 그러세요? 도대체 왜 그러세요? 우리가 뭘 그렇게 잘못한 게 있다고 날마다 술에 취해서 집을 불 싸지른다고 하는지 나 참 동네가 창피해서"

"아버지가 뭐라고 하세요?"

"심각해요 표정이"

홍련은 한동안 말이 없었다. 눈물을 글썽이는 표정에서 나는 무엇인가 해결의 기미를 직감할 수 있었다. 무엇인지 나는 몹시 궁금해졌지만 그녀의 입술이 열릴 때까지 나는 인내심을 가지고 기다려주었다. 글쎄 3분정도 지났을까? 나에게는 그 순간이 아주 긴 침묵으로 느껴졌다. 홍련

노출하라 영상관법과 화병 **당당히 자신과 마주하라**

은 양손으로 두루마리 휴지를 둘둘 말아 코를 팽 풀더니 이렇게 말을 이어갔다.

"아버지 인생이 참 불쌍하네요. 어릴 적 가난한 부모 밑에서 자라 우리한테는 정말 잘 해주려고 했는데, 살다보니 막상 할 일도 없고, 땅이라도 있어야 자식들 끼니라도 굶기지 않을텐데 아이고 아버지가 막 울어요. 미안하다고."

"좋아요. 아버지를 달래주세요. 괜찮다고 이제 아버지의 마음을 알았으니"

"괜찮아요. 아버지"

"자 아버지를 안아주세요. 그동안 고마웠다고 말해주세요.

"아버지 고마웠어요."

"사랑한다고 말해주세요."

"아버지 사랑합니다."

"아버지를 꼭 안아주시고 보내 드리세요."

"아버지 잘 가. 잘 가 아버지"

홍련은 말을 하다말고 통곡을 했다. 그 통곡은 아주 길게 이어졌고, 나는 하는 수 없이 그날의 이야기를 마무리하고 말았다.

내가 일주일 후에 그녀를 다시 만났을 때 홍련의 목소리는 한결 가볍고 부드러운 콧소리 를 내면서 이렇게 말을 건너왔다.

"아니 이거 스님 줄려고 샀는데" 까만 봉지를 풀어보였다. 시장에서 팔고 있는 호떡이었다. 참 오랫만에 맡아보는 정겨운 냄새였다. 나는 오후4시 이후에는 음식을 잘 먹지 않지만 홍련의 예쁜 마음씨를 거절하기는 어려웠다. 정말 맛이 있었다. 그 맛은 추억이었다. 여고시절 거짓말로 엄마에게 뜯어온 적은 용돈은 항상 좁은 골목길에서 아저씨가 파는 호떡을 친구들과 모여 앉아 먹었던 맛이었다. 그야말로 그 맛은 기가 막혔다. 요즈음 아이들이 그 맛을 알 수 있을까? 그것도 조심해서 아껴먹는다 해도 아차하면 교복 앞자락은 호떡에서 흘러내린 검정 설탕 자국을 남겼고 엄마 몰래 그 자국을 지우느라 친구들과 얼마나 애를 먹었던지.

◉ 더렵혀진 자신을 만나다.

이번에 홍련이 만나야할 인물은 홍련 자신이었다. 37년을 스스로 더러운 여자라고 혐오스럽게 생각한 자신과 만나는 작업은 쉽지 않을 것이라 생각되지만 그래도 피해갈 수는 없었다. 피할 수 없으면 즐겨야지! 나는 새삼 용기를 냈다.

나는 홍련에게 물었다.

"지금도 자신을 더럽다고 생각하세요?"
"예. 스님 나는 죄인이거든요. 그래 죄인이라고"

그녀의 입가에는 순간 야릇한 미소가 떠올랐지만, 조금 얼굴을 옆으

노출하라 영상관법과 화병 **당당히 자신과 마주하라**

로 돌리면서 둔탁한 음성으로 다시 반말이 섞여 나왔다.

"좋아요. 홍련님 자신에게 이렇게 속삭여보세요. 홍련아 너는 아무 잘못도 없어. 너도 어쩔 수 없었잖아? 말해봐."

홍련은 정말 작고 속삭이는 음성으로 나와 똑같이 말했다.

"홍련아 너는 아무 잘못도 없어. 너도 어쩔 수 없었잖아? 말해봐. 대답해 보라고 나도 엉겁결에 당한 일이야. 그날 집에는 아무도 없었고. 비도 많이 오고. 무섭게 천둥벼락도 치고 정말 나는 아무것도 모르고"

홍련은 그 큰 눈을 희번덕거리며 다시 울기 시작했다. 눈물, 콧물, 입가에 흐르는 버블 침까지 나는 오늘도 이야기를 포기하려했다. 왜냐하면 내가 생각지도 않았던 말을 그녀는 서슴없이 뱉어 내고 있었기 때문이다. 내가 지금 무슨 짓을 하고 있는 것인지 참! 홍련은 길지 않은 눈물을 그치고 이야기를 이어갔다. 흑흑 울먹이면서...

"그날 이후 나는 이미 모든 것을 체념해 버렸어. 아저씨가 나를 책임 진다고 아무한테도 말하지 말라고. 아저씨는 매일 밤 나를 찾아왔고, 나는 이미 아저씨의 부인이 된 것처럼 살림도 내 마음대로 해버렸거든. 근데 아저씨 남동생과 여동생이 알고 있었어. 아저씨가 없는 어느 날 삼촌이 찾아와서 나를 협박했다. 자기 말을 안 들으면 형수한테 다 일러버린다고. 나는 아주 가끔씩 삼촌하고도 그 짓을 했단 말이야. 그러니 내가 더러운 년이지 뭐야."

나는 더 이상 묻기를 포기했다. 내가 분통이 터져서...
이야기를 다 털어 놓고 나니 속이 후련해졌는지 홍련은 고개를 떨군 채 방바닥을 응시하며 희죽 희죽 웃고 있었다. 나는 겁이 덜컥 났다. 혹시 그녀에게 정신적으로 무슨 이상이 생기는 것은 아닌지 나는 무서웠다.

"자 홍련님, 그것 봐요? 자신의 잘못이 아니지요? 생각해봐요?"
"그런데 아직도 내 몸에는 더러운 냄새가 나는 걸?"

나는 홍련을 집에서 좀 더 멀리 떨어진 곳으로 데리고 나왔다. 좀 더 좀 더 좀 더, 내가 안내한 곳은 지난번 언니들과 함께 놀았던 바닷가였다.

"자 홍련님 무슨 소리가 들리나요?"
"바다 냄새와 파도소리"
"자 어릴 적 내 고향 바다에게 물어보세요. 내가 더러운 여자인지 물어보세요? 어서 큰 소리로 물어 보세요?"

홍련은 맥없이 성의도 없이 내가 시키는 대로 말했다. 나는 바다 끝까지 홍련의 목소리가 들리도록 큰 소리를 내어 말하기를 권했다.

노출하라 영상관법과 화병 **당당히 자신과 마주하라**

"홍련은 무턱대고 소리를 질렀다. 아주 큰 소리로 내가 더러운 여자냐 바다야! 바다야 아니라는 데요."

나는 그녀의 마음이 바뀌기 전에 맞장구를 쳤다.
"그렇지요. 좋아요. 아주 잘 했어요. 우리 홍련님은 전혀 더럽지 않아요."
"홍련님 수영할 줄 알지요? 자 천천히 아주 천천히 바다로 들어가세요. 그리고 몸을 씻어내고 힘차게 수영을 합시다."

홍련은 수영을 하는 시늉을 하면서 점점 기분이 좋아지는 것 같았다.
"그래요. 이제 밖으로 나오세요. 자 호흡을 가다듬고"
"나를 안아주세요. 고생했다고, 정말 그동안 애 썼다고, 나는 더럽지 않다고"
"홍련아 그동안 힘들었지? 매 맞고 사느라고 아프다 말도 못하고, 나는 더럽지 않아, 사랑해"

그 하루도 우리는 그렇게 헤어졌다. 그리고 그 주에는 내가 진행하고 있는 프로그램에 그녀를 초대했다. 난생처음으로 용기 있게 참여를 했다.
일주일 후 예정보다 일찍 도착한 면담시간, 홍련이 스스로 지난 주 상담을 마치고 난 후부터 "자신감이 생겼어요." 환타지 프로그램에 참가한 후부터 "약도 안 먹어요.", "남편에게 내 요구사항도 말할 수 있어요. 나는 하루 50분씩 걸어요(남편이 사준 라디오 들으면서)."라며 자랑을 늘어놓았다. 이제 홍련은 자신이 어린 시절로 돌아가 다시 체험하면서 홍련 자신이 그때의 사건들을 객관적으로 바라보고 통찰할 수 있게 되었다. 또 가장 힘들었던 17세의 식모살이 상처는 영상관법을 하면서 성인이 된 홍련도 주인아저씨의 성폭행을 그녀의 힘으로는 거부하지 못했던 어린 홍련을 인정할 수 있었다. 이유는 부자이고 자상하고 아버지 같았고 자신도 먹고 사는데 걱정 없이 편안하게 살 수 있었기 때문이었다는 체험에서 홍련의 생각을 바꿀 수 있게 하였다. "나는 더러운 몸으로 시집 온 죄를 달게 받아야만 해."하는 마음상태에서, 홍련은 그 시절 자신을 스스로 이해하는 측은지심으로 자신을 이해하고 사랑하는 생각으로 변화를 했다.

　20대 죽을 만큼 힘들었던 자신에게 무던하게 견뎌온 미련함도 사랑과 미안함을 칭찬으로 감싸 안았다. "홍련아, 그 시절 그 어려움을 견뎌내느라고 정말 장하다. 철부지 때 아무것도 모르고 그 힘든 과정을 이겨내서 고마워, 애썼어, 정말 고마워." 이 말을 14회 반복적으로 자신과 대화하면서 스스로 홍련 자신을 사랑하게 되었다고 말했다.

　호흡명상은 정서적으로 힘들 경우 불안에서 빨리 벗어날 수 있도록 안정적인 환경과 편안한 공간을 제공해 주었다. 상담 초기에는 호흡에 어려움을 호소했지만 반복적인 호흡연습을 통해 육체적, 정서적으로 안정을 찾았으며, 호흡을 통해 공포와 두려움을 극복하고, 알아차림 하면서 세심한 몸의 변화를 경험하였다. 예를 들어 몸이 더워지고 있음을, 뒷목이 무거워짐, 얼굴의 홍조 및 아주 작은 부분까지 살피고 바라보고 알아차림 하면서 판단하지 않고 그저 지켜보는 습관을 반복적으로 경험하게 하였다. 이런 과정을 통해서 홍련은 헐떡이던 자신에서 벗어나 37년간의 공포와 두려움에서 어렵사리 회복될 수 있었다.

◎ 가장 행복한 현재

홍련의 60대 현재의 삶이 행복하다. 혼자서 살면 행복할 것 같고 혼자도 좋다고 큰소리를 쳤는데 남편이 없으니 왠지 불안하고 안절부절 했단다. 남편이 출장으로 며칠 집을 비우고 보니 그제야 남편의 빈자리를 인식했고 남편이 있어서 든든했음을 알았다. 비록 남편이 술 먹고 텔레비전을 때려 부수고 욕하고 목을 짓눌러도 그녀는 행복하단다. 남편이 밖에서 술 먹고 택시기사와 싸우고 택시를 발로차고 아침이 되면 멀쩡한 얼굴로 내가 또 그랬나? 하는 표정, 그래도 그녀는 그게 행복이란다.

상담을 시작하면서 그동안 복용하던 정신과 약도 먹지 않고, 남편이 사준 라디오로 음악도 듣고, 하루 50분씩 걷고 있다. 상담을 통해서 무엇보다도 그동안 남편에게 해보지 못했던 홍련의 요구사항을 남편에게 말할 수 있다는 점이 가장 행복하다고 말하면서 그녀는 처음으로 크게 웃었다. 처음에는 부끄러워서 말도 크게 못하고 얼굴도 제대로 들지 못하던 그녀가 상담 7회기에 스스로 행복을 만끽하면서 그렇게 활짝 웃었다.

홍련 미래의 모습

하루도 넘기기가 힘든데 80까지? 왠지 서글프다면서 눈물을 글썽였다. 모두가 오래 살려고 안간힘을 다하는 이 시대에 홍련은 나의 질문에 당혹해하면서 어렵게, 그리고 가기 싫은 길을 가려는 어린애처럼 미래를 향해 한 걸음 무거운 발길을 내딛는 모습으로 말을 이었다. 그 이유를 물었더니 평소 할머니들과 생활하다보니 왠지 미래가 걱정이 된다고 했다.

"미래의 꿈은 남편의 사랑이예요."

말하지 않고, 웃지 않고, 무표정한 홍련의 남편, 일 못해서 죽은 귀신처럼 일밖에 모르는 남편의 변화가 보고 싶다고 했다. 남편이 술을 마신다는 그 자체로 홍련에게 술은 이유 없이 겁을 먹게 한다. 술만 들어가면 그칠 줄 모르게 취하고, 윽박지름에 심장이 두근거려서, 이리저리 왔다 갔다 정신을 차릴 수 없고 아무것도 정리가 되지 않는다. 남편은 1년에 한두 번 기분이 좋을 때 얘기한다. 혼자 있는 것도 싫어해서 홍련이 친구들 모임에도 잘 참석하지 못하게 한다. 그런데 혼자 있으면 살림도 잘하고 차분하며 집에도 잘 들어온다.

홍련은 2014년 2월 9일 본 사찰에서 운영한 '환타지(患安止) 프로그램'에 참석했다. 그녀의 생애 처음으로 얻은 2박3일의 영광스러운 휴가였다. 용기를 내어 남편의 허락을 받아 마음껏 행복해도 되는 시간이었다고 그녀는 어린아이처럼 좋아했다. 물론 2박3일 동안 홍련은 신나게

노출하라 영상관법과 화병 당당히 자신과 마주하라

춤도 추고 춤 명상에 취해 가슴이 뻥 뚫림을 경험했다. 노래선생에게 노래도 배우고, 처음으로 그림도 그리고, 그룹별 팀도 이루는 신선한 경험을 얻었다고 말했다. 팀 구성에서 그녀의 역할은 ○○대통령, 비록 잠시 경험이지만 대통령은 기분이 참 좋았다고 자랑을 했다.

🌀 그녀의 마지막 숙제

남편을 미워하고 죽이고 싶은 것이 아니라, 남편을 마지막까지 홍련의 편으로 남게 하고 싶단다. 자식들에게도 존경받고, 손자들에게도 무시당하지 않는 그런 할아버지로 남은 생을 마치게 하고 싶은 것이 희망이라고 했다. 그녀는 자신을 향한 칭찬으로 "죽지 않고 용감하게 살아줘서 고마워." "나의 신랑 ○○씨 사랑해요. 진짜 당신이 있어서 행복했어요. 당신이 나의 힘 이예요." "정말 우리 가정이 우울한 것이 아닌데 왜 매일 매일 우울하고 답답하고 막 나 혼자 다 짊어지고 가는 것처럼. 홍련아, 잘하고 있어. 넌 진짜 행복해." 그리고 이제는 남편을 많이 사랑하고 있다는 이야기로 끝을 고했다.

6.
엄마 나 좀 보고
한번만 웃어주지 그랬어.
-코스모스 이야기-

"나도 엄마 곁에서 엄마 냄새도 맡고 엄마 찌찌도 만지면서
자고 싶었는데"

"엄마 나한테 왜 그랬어? 엄마 나한테 왜 그랬어? 왜 그랬냐고?
나도 좀 예뻐해 주지, 날 왜 이렇게 못나게 낳았냐고?
왜 왜 나만 미워했느냐고?"

대인관계에서 심리적으로 불편한 경험은
감각현상을 판단하는 것과, 대상에 대한 갈망이다.
감각현상은 눈으로 보이는 표정과 태도, 귀로 들리는 목소리의 톤,
그 상황의 분위기에 대한 감촉들로 가슴에서 불쾌한 분노가 올라온다.
갈망은 무의식적인 기대에서 어긋나면
불쾌함과 더불어 심한 경우 화가 밀려온다.　　　-인경스님

본 상담은 코스모스의 분노 감정이 자기 내면에 있음을 발견하면서 그 분노가 자신의 사랑을 기다리는 분신임을 알아차리면서 치유된 사례이다.

그녀는 감정조절을 어려워하는 문제에 직면하고 있다. 나는 초입단계에서 충분한 경청과 지지 및 격려로써 최대의 라포 형성에 전념했고 직접적인 개입은 바른 자세로 안정된 호흡을 통해 마음의 평온을 찾게 한 후 6회의 수식관으로 들숨과 날숨을 알아차림하게 했다. 계속해서 신체상 불편함이 발생할 경우 바디스캔을 통한 느낌명상으로 불편은 40% 정도 해소할 수 있었다.

그녀에게 활용한 치유방법은 영상관법을 통한 노출에서 이루어졌는데 또 다른 나와의 만남에서 그 상황을 회피하지 않고 그대로 수용할 수 있었다. 그리고 마마라는 외상 후 스트레스는 특히 초등학교 3학년 때

친구들과 만나게 되면서 극복할 수 있었다. 아마도 이미지를 통해 10대의 코스모스님을 만나 운동장에서 친구들과 치고 박고 원 없이 놀기를 함께하면서 극복된 것 같았다.

대인관계 개선은 평소 자기만을 미워한다고 생각했던 엄마에게 분노를 노출했다. 큰소리로 30분 정도 울고 난 다음 엄마와의 화해에서 미워하지 않기, 그리고 평생 한 번도 웃어주지 않고 돌아가신 엄마 만나기에서 수없이 회피를 거듭했지만, 엄마의 미소와 만나고 나서 자신감이 생겼다고 보고했다.

"나도 엄마 곁에서 엄마 냄새도 맡고 엄마 찌찌도 만지면서 자고 싶었는데"

지극히 내성적인 성격의 소유자 코스모스는 여동생에게 엄마를 빼앗긴 마음과, 질투가 화병의 증상으로 나타났다.

평소 그녀가 느끼는 신체적 화병증상은 손, 발 저린 상태로 화가 나서 얼굴이 붉게 달아올라 자신을 어떻게 주체할 수 없는 경우였다. 이런 경우 또 다른 신체적 증상은 몸이 손톱만큼 아주 작게 쪼그라들고 저 깊은 수렁 밑으로 들어가며 다시는 소생할 수 없을 만큼 작아지는 증상을 경험하곤 한다.

물론 정신적으로 다가오는 혼란 또한 그녀에게는 힘든 과정이었고, 그 정신적 느낌은 언제나 과거의 감정과 생각 속에 묻혀있었다.

자존감 결여는 초등학교 친구들이 화만 나면 다가와서 "넌 재수 없어." "비켜 이 곰보딱지야."하며 얼굴을 향해 침을 뱉고 "약 오르지롱. 약 오르지롱." "잡아 봐라 잡아 봐라." 소리치며 놀려대는 데서 생긴 것 같다. 코스모스는 언제나 친구들 앞에서는 큰 죄를 지은 죄인처럼 한마디도 못했고, 항상 주눅 들어 있었다. 친구들과 이야기를 한다거나 교실 밖을 나가서 함께 뛰어 노는 것은 상상해 본 적도 없었다. 학교를 생각하면 싫고 항상 불안했다. 친구들에게 놀림 받았던 기억이 떠오르면 분노 하게 된다. "나는 왜 곰보일까? 나는 왜 다른 아이들처럼 예쁘지 못해서 남자친구들이 나를 가지고 놀다가 버리는 것일까" 생각하면 견딜 수 없이 우울하였다. 이렇게 모난 생각들은 예쁘거나 잘난척하는 친구들을 보면 자연스럽게 생각에 사로잡혀 아무생각 없이 넋이나가 정신 줄을 놓고 멍해진다.

코스모스의 대인관계는 특히 엄마로부터 사랑을 받지 못하고 멸시 당한 기억과 여동생만 예뻐한다는 생각을 떨쳐버리지 못했다. 엄마는 바로 밑에 여동생만 예뻐하고 그래서 예쁜 것들은 다 죽여 버리고 싶은 마음 갈등은 아직도 심하게 남아있다. 친구들에게는 동네북으로 화가 나면 모든 시선은 코스모스에게로 향하였고 그 놀림은 곰보딱지라는 아우성으로 엄청나게 큰소리로 들려왔다고 말했다. 그녀의 집착된 생각은 언제나 "내가 다른 사람들 곁에 가면 싫어할거야. 나는 못 생겨서 남자들이 가까이 오지 않아. 나는 사랑 받지 못하는 존재야. 왜 나를 이렇게 곰보로 만들어 놓았지? 내가 지나가면 누군가가 나를 향해 손가락질을 할 거야.

누군가는 화가 나면 나에게 쫓아와서 나에게 행패를 부릴 거야. 그때 나는 어떻게 하지"하며 아직 오지 않은 미래의 일들을 걱정한다. 그것은 지나가버린 과거의 경험을 뼈아프게 몸 속 깊이 간직하고 감추어둔 집착된 생각과 기억 때문이었다.

미래의 불안은 어린 시절 엄마에게 사랑 받지 못했고, 아버지의 무능력과 언니 오빠들로부터 따뜻한 시선조차 받아보지 못했던 환경이 코스모스의 미래를 참으로 암담하고 불안하게 했던 것이다. 물론 그녀 자신 스스로는 못생기고 못 배워서 자신감이 없기도 하지만, 나의 개인적인 생각은 그녀와 함께할 나를 책임져줄 사람이 아무도 없었기 때문이라고 보여 진다. 내가 믿고 의지할 나의 엄마도 나를 미워하고 나의 형제도 나를 무시하고 싫어했다. 내가 사랑했던 단 한사람 그 사람마저도 나를 버렸는데 나는 어떻게 해야 하지? 나의 미래는 정말 무섭고 불안하구나. 코스모스는 의지하고 따르던 누군가가 나와 소원하게 되면 견딜 수 없을 만큼 화가 난다. 그래서 이성을 잃고 감당할 수 없는 분노를 표출하게 되는데 정작 코스모스 자신은 전혀 이러한 사실을 모르는데 문제가 있었다.

나는 그녀와 말도 할 수 없을 정도로 속 터지는 사건이 많다. 아마도 그 친구 생각에는 나와 가깝다는 표현을 그렇게 하는 것 같기도 하지만 나로서는 참으로 황당한 일이었다.

몇 년 전 큰일을 치루고 친구들과 저녁을 함께 하기로 약속하고 안성에서 볼일을 마치고 약속 장소로 갔다. 다른 친구들은 다 모였는데 코스모스는 보이지 않았다. 왠지 궁금하던 차에 전화가 왔다. 왜 자기만 따

노출하라 영상관법과 화병 **당당히 자신과 마주하라**

돌리고 갔느냐고 소리를 질렀다. 다른 친구들은 통화음으로 들려 나오는 그녀의 음성에 놀라고 말았지만 나는 그 후 한동안 그녀와는 연락을 하지 않고 지냈다. 코스모스는 언제나 자기의 의견과 생각, 감정이 일치되지 않으면 불현 듯 싸움으로 이어졌다. 아마도 순간 자신도 모르게 끓어 오르는 분노를 주체할 수 없어서 일어나는 상황으로 생각된다. 현 단체에서 자신의 의견이 관철되지 않고 친한 동료들의 의견이 무리에서 수용되지 않을 경우 아주 조그마한 일에도 화가 치밀어 오른다. 또한 나이가 많아도 내 말을 고분고분 듣지 않으면 무조건 때려주고 싶고, 막 대들어서 어른들에게 미움을 받고 있었다.

"예쁜 것 들은 다 밟아 기를 팍 꺾어버리고 싶은 마음"은 밑에 여동생만 엄마가 예뻐한 그 어린 시절의 회상이다. 현재 그 여동생은 중풍을 맞아서 누워있는데 코스모스의 생각은 "아주 꼬시지요"이다. 아직도 여전히 여동생과의 화해는 용납이 되지 않는다. 그리고 아직도 대립관계이다.

코스모스님의 화병 원인은 나는 못생겨서 모든 아픔을 참아야만 한다는 생각과 자신의 감정에 대해서 최대한 참는 것으로 일관한 생활태도라고 보여 진다. 이렇게 불편한 감정을 밖으로 드러내지 못하고 내성적이며, 여자다워야 함은 외상경험, 대인관계, 집착된 생각들, 미래의 불안 등을 고려할 수 있다.

천연두에 걸린 얼굴은 항상 "나는 곰보딱지야"라는 트라우마에 시달렸다. 마음속 깊숙이 난 곰보야 정말 못생겼어! 라고 생각하는 코스모스는 마음 깊숙이 아픔과 슬픔이 부끄러움으로 가득 채워져 있었다. 20대 남자 친구와 사랑에 빠졌다. 임신을 했다. 그리고 남자는 떠났다. 아이는 낙태를 했지만 그녀 마음은 상처투성이로 남겨져 옴짝도 할 수 없는 우울감에 빠졌다. 집에서는 난리가 났고 연애의 실패로 동네 소문은 점점 더 확산되었다. 새로운 결심! 그 사건은 그녀를 서울로 상경하는 새로운 길을 선택할 수 있게 만들었다. 허나 코스모스의 외상과 소심증은 더욱 깊이깊이 마음 깊숙이 파고들었고 좀처럼 마음을 열지 못했다.

대인관계는 자신뿐만 아니라, 해외여행에서도 한방을 쓰는 방친구와 걸핏하면 자기의 분노를 조절하지 못해 말다툼을 하거나 싸워서 여행 내내 힘들게 했던 분노는 나의 내면에서 또 다른 나를 발견하는 과정이었다. 7회기 현재의 나를 만나면서 치유와 함께 그녀가 가지고 있는 또 다른 감정과도 교감할 수 있는 시간이었다. 그리고 드디어 "몸 안에 분노가 사라졌어요"라는 괴성 음이 이어지는 경험을 할 수 있었다. 스스로 보기 싫은 사람에게 "예쁜 컵에 손수 커피를 대접하며" 스스로 만족해하는 모습은 누가 봐도 아름다운 모습이었다. 육십평생을 만성적인 분노로 나타난 화병은 자연스럽게 치유되고 "예쁜 것 들은 다 죽여 버리고 싶은" 신체적인 부끄러움 또한 당당하고 곰보딱지라는 자기 집착에서도 시원하게 분리되었다.

그녀와의 상담은 2013년. 7월에서 12월까지 다른 내담자에 비해 긴 시간 계속되었다. 코스모스의 바쁜 사정을 고려해서였다.

노출하라 영상관법과 화병 당당히 자신과 마주하라

사전 사후 화병 성격척도 검사는 100%에 화병 증상 척도가 큰 변화를 가져왔다.

분노사고 일차 이차척도에서도 100%에서 사전 50%, 사후 10%로 비슷하게 감소되었다. 분노척도는 엄마의 미소와 만나면서 큰 변화가 이루어진 것 같다.

코스모스의 호흡과 바디스캔, 이미지 영상 떠올리기는 자기내면에 또 다른 나와 융합하고 잘 분리되면서 자유로워졌다. 또한 자신감 회복과 대중생활에서도 무리 없이 잘 지내고 있다. 그렇지만 코스모스의 이러한 변화가 6개월 이상 계속 될 수 있을 것인지 아니면 일회성으로 잠시 변화된 과정인지는 큰 숙제로 남겨졌다.

나 자신도 상담과정에서 처음으로 영상관법을 시도한 점을 미루어 볼 때 참여자에게 잘 사용하였는지? 앞으로 또 어떻게 다양한 방법을 찾아낼 수 있을지는 논의가 이루어져야 할 것 같다.

◉ 어린 시절

유난히도 무더운 태양이 내리 쬐이는 8월 어느 날 우리는 참으로 어색한 만남을 시도했다. 평소 친분이 두터운 사이임에도 불구하고 자신의 이야기를 이렇게 가까이에서 속내를 드러내려는 것은 상담자도 내담자도 결코 쉽지 않은 작업이었다.

그녀는 나의 첫 번째 내담자였다. 가장 먼저 다가와 정식으로 의뢰한 상담이 쉽지는 않았지만 참으로 고마운 내담자였다. 나는 상담을 배우고 처음으로 상담다운 상담을 접했고 그녀 역시 난생 처음 접해보는 상담이라서 두 사람 모두 어설펐다. 그래도 그녀와 나는 뭔가 해내고야 말겠다는 각오와 나를 어떻게든 돕겠다는 그녀의 열정적이고 적극적인 태도로 놀랍도록 첫 회기는 잘 진행할 수 있었다. 그러나 우리 둘은 3회기를 넘기기도 전에 지쳐갔다. 그녀는 막상 자신을 벌거벗기려는 노출이 두려웠던지 때때로 나에게 거센 저항을 가져오기도 했다.

"스님 이제 그만 하고 싶어요. 좀 쉬어서 하면 안 될까요?"

우리 두 사람은 다른 이의 눈을 피해 더운 옥상 천막 밑에서 땀을 삐질삐질 흘리면서도 골이 깊은 감정을 풀어 헤치는 과정은 쉽지 않았다.

나의 생각도 그녀의 생각과 같았다. 많은 시간을 상담이라고 했으면서도 정식으로 경험하는 상담은 아직 서툴기만 했다. 나는 마음 깊숙한 곳에서 치밀어 오르는 어려움에 식은땀이 온 몸에 싸늘하게 흘러내렸다. 그래도 나는 체면상 이를 악물고 밀고 나갔다. 그리고 내심 속으로 아래와 같은 생각을 되 뇌이며 억지로 상담을 이끌어 나갔던 기억은 지금 생각해도 부끄러운 미소를 짓게 한다.

"야 나도 정말 이 상담은 하고 싶지 않거든. 그런데 다음 주 발표가 있어서 어쩔 수가 없단다."

노출하라 영상관법과 화병 당당히 자신과 마주하라

나는 코스모스와 어린 시절 동무였다. 타향에서 만난 사람은 10살에도 친구가 된다. 참 웃기는 일이지만, 10년이면 강산도 변한다는데, 우리 절집 풍습은 나이와 상관없이 비슷한 시기에 머리를 깎으면 도반이고, 서로 맞먹으려한다. 기분이 썩 좋지는 않다. 3살이 어린 그녀는 지금도 나의 가장 가까운 친구이자 동생이며 스스로 나의 조력자를 담당하고 있다. 무엇이든 원하면 대령해주는 반면 나의 속을 무던하게도 썩히는 원수라고나 할까? 누군가 나의 표현이 몹시 거칠다고 할지 모르겠으나 나의 이런 생각은 절친함에서 나오는 친밀감이라고 알아주면 고맙겠다. 이제 코스모스를 소개하려한다.

그녀의 어린 시절은 불우했다. 나이 많고 무능한 아버지는 결핵으로 20살이나 어린 엄마와 결혼했지만 7남매를 키우기에는 힘겨운 살림이었다. 활발하면서도 감성이 풍부한 욕심쟁이 코스모스는 엄마의 사랑을 독차지 하고 싶은 마음도 절대적이었다. 그러나 그녀의 바람과는 달리 엄마의 사랑은 오직 바로 밑에 여동생에게만 있었다. 아주 작은 사건이 생길 때도 감당의 몫은 코스모스 차지였다. 손님이 와서 방이 부족해도 이모 집에 가서 잠을 자는 것은 그녀였다. 내 친구도 동생처럼 엄마의 곁에서 자고 싶고, 엄마의 사랑을 듬뿍 받고 싶었지만, 그럴 때 마다 돌아온 것은 엄마의 차갑고 싸늘하고 냉냉한 눈초리였다. 엄마의 이런 모습에 코스모스는 자신의 설자리를 빼앗긴 듯 두렵고 불안해서 자존감을 상실하게 했다. 이와 같은 경험은 자라면서 엄마에게 무시당한 상처가 사사로운 사건에도 자존심만 높아갔다. 언제나 세 사람 이상이 모이인 자리는 항상 불화를 자초하기도 했다. 나는 나에게 아낌없이 사랑을 베풀어 준 엄마를 회상했다. 참 행복했던 아이... "엄마 보고 싶어요." 답이 없었다. 이 그리운 마음을...

친구는 다섯 살 때 마마를 앓았다. 그래서 얼굴은 온통 곰보딱지로 목숨과 바꾸는 대신 평생에 한(恨)이 되는 상처의 고통을 남겼다.

1945~1953년 사이 천연두는 대한민국 전역에 걸쳐 많은 아이들에게 고통의 흔적을 남겼다. 그녀도 그 가운데 한사람이었다. 그리고 코스모스의 육십평생을 분노, 불안, 우울로 그녀의 인생을 송두리째 앗아가 버렸다.

천연두는 바이러스에 의한 악성 전염병으로 두창(痘瘡), 포창(疱瘡), 마마(媽媽)라고도 부른다. 조선시대에는 가장 무서운 병이었다. 특징은 고열, 40도가 넘어서 죽음으로 이어졌다. 혹시 낫는다 해도 귀머거리, 눈이 멀거나, 지적장애였으며, 딱지가 곱게 떨어져야 흉터로 목숨을 구할 수 있었으니 코스모스의 얼굴에 상처를 남긴 것은 그나마 행운이라 하겠다.

그녀의 어린 시절은 참담했다. 초등학교 시절 그녀는 단 한 번도 친구들과 사이좋게 놀아본 적이 없었다. 나와 상담을 하면서 영상관법을 통해 운동장에 나가서 실컷 뛰어놀아 본 것이 처음 경험이었다.

언제나 학교에서는 아이들이 노는 모습을 유리창 안에서만 물끄러미 지켜보았고, 그 마저도 남자아이들 눈에 띄면 유리창 가까이로 다가와

재수 없다면서 침을 뱉고 달아났다. 학교에서 친구들은 무언가 불리한 상황이 벌어지면 "곰보딱지"라고 놀려대었고. 그때마다 일어나는 분노의 감정은 그녀에게 치명적이었다고 말했다. 이와 같은 감정은 어린 코스모스에게 미운생각으로 친구들을 때려주고 싶었고, 특히 이 시기부터 싹트기 시작한 왜곡된 생각은 60년 동안 "예쁜 것들은 다 밟아버리고 싶다"는 적개심을 갖게 되었다고 말했다.

내가 그녀에게 다시 태어난다면 어떤 희망이 있느냐는 질문이 끝나기도 전에 코스모스는 "나도 예쁘게 좀 낳아주지" "나도 예뻐지고 싶다"는 강한 의지를 보였다. 코스모스는 평소 화가 나면 가슴에서 울화통이 터지는 신체반응과 얼굴이 까맣게 변하면서 온 몸이 땅속으로 기어들어 가고, 아주 작아지는 경험을 한다고 말했다.

외톨이 왕따 움츠림

코스모스의 10대는 외톨이 왕따가 전부였다. 아니 어쩌면 그녀 스스로 왕따를 자청한 것은 아니었을까? 나는 어린 시절 골목대장이었다. 새벽부터 동네 꼬마들을 모아 닫혀진 대문위로 올라가서 문을 열고 아이들과 마당을 가로지르면서 뛰어놀던 기억은 지금 생각해도 신이난다. 그녀도 함께였다. 그 인연은 칠십이 가까운 지금까지 유일하게 이어져오고 있다.

그녀의 초등학교 시기는 친구들 사이에서 숨소리도 죽이고 살만큼 조심스러웠다. 특히 초등학교 3~4학년을 기억하면 항상 교실에 혼자남아 그저 창밖으로 보이는 친구들의 활짝 웃고, 땀을 뻘뻘 흘려 가며 신나게 뛰어노는 모습을 부러워도 할 수 없을 만큼 그녀는 의기소침한 아이였다. 어쩌다가 친구들이 화가 나거나 자기들끼리 싸우고 기분이 나빠지면 모든 화풀이는 코스모스를 향해 불똥이 튀었다.

"야 곰보딱지 꺼져, 꺼지라고, 저리가란 말이야" 아니면 친구들이 우르르 달려와서 목청을 높여가며 "곰보 딱지래요. 곰보딱지래요"라며 놀려대기 일쑤였다고 말했다. 그러나 코스모스의 진짜 속마음은 놀려대는 친구들 보다 엄마의 사랑을 독차지하는 바로 밑에 여동생이 더 미웠다는 생각을 털어놓았다. 언제나 엄마는 동생만 예뻐하고 나에게는 심부름만 시켰어요. 나도 엄마 옆에서 자고 싶은데 엄마 냄새 맡으며 엄마 젖 만지면서 자고 싶었는데 나한테만 이모네 집에서 자고 오라고 보내졌고, 좋고 예쁜 옷은 여동생만 사주는 엄마가 정말 더 미웠어요." 그녀는 참아내던 울음을 터트리고 말았다. 그래서 지금도 코스모스는 "예쁜 것들은 다 밟아버리고 싶다고 했다" 가슴한구석 친구들의 놀림보다는 엄마의 무관심과 사랑을 받아보지 못했던 한은 평생 남을 미워하고 질투하며 관계 속으로 들어가지 못하는 대인기피증을 앓게 만들었다.

"그냥 학교를 생각하면 우울하고 화나고 따돌림을 받았던 생각이 나요. 3~4학년 소녀에게 그때는 나 자신이 너무 초라하고 다른 사람같이 예쁘게 태어나서 남한테 눈치 안보고 그렇게 살았으면 좋은데 그때는 저

노출하라 영상관법과 화병 당당히 자신과 마주하라

도 그런 제가 너무너무 싫었거든요. 아이들도 무서웠고 남자아이들이 놀리고 때릴까봐서 나는 항상 왕따였고 항상 움츠렸고 혼자였으니…"

🌀 엄마 왜 그랬어요? 나한테만

나는 코스모스가 엄마를 만나는 것조차 두려워하는 모습을 발견할 수 있었다. 그래서 특단의 조치로 직면효과를 사용했다. 그녀와 다섯 번째 만남은 무섭고 두렵기만 했던 엄마와 만나서 평생 하고 싶었던 내면의 이야기를 다하면서 울음이 터졌다. 30분 정도 울었을까? "70~80%시원해요"였다. 60년 가까이 마음속에 품고 살아왔던 분노를 제대로 노출한 회기였다. 그 후 건강도 좋아지고 머리도 아프지 않다고 했다. 물론 태어나서 처음으로 스님에게 자기의 부끄러운 생각을 얘기를 하는 것도 창피했지만…

코스모스는 왜 엄마가 그렇게도 자신을 미워했는지 항상 궁금했다. 도저히 이해할 수 없었다. 그러나 엄마를 만나기에는 큰 용기가 필요했다. 살아생전 한 번도 자신을 위해서 웃어주지 않았던 엄마! 소원은 단 한 가지, 왜 나만 미워했을까? 그 이유는 못생겨서가 답이었다.

엄마와 직면하면서 엄마의 화난모습은 그녀의 표정을 질리게 만들었다. 코스모스의 표현을 빌리면 엄마는 항상 자신만을 미워하고 웃지도, 사랑하지 않았던 기억으로 남아있다. 그런 엄마의 어렵사리 웃는 모습과 만나면서 더 이상 엄마가 밉지 않다고 표현했다. 나는 코스모스가 엄마와 만나는 과정에서 그렇게 분노하고 화를 내는 모습을 보면서 몹시 놀라웠지만 한편 그렇게 소리 지르고 큰소리 내어 우는 모습이 시원하기도 했다.

코스모스는 엄마의 영상을 떠올리면서 분노로 거칠어진 호흡에 집중할 수 있도록 시도했다. 아주 천천히 호흡을 알아차림 하면서 들숨과 날숨에 집중했다. 심신의 안정을 찾은 그녀는 혼자 말처럼 아주 작은 목소리로 엄마의 사랑을 찾아 헤매고 있는 모습이 역력했다. 그러나 영상이 너무나 분명하고 뚜렷해서 오히려 방해의 요소가 되었는지 엄마의 미소와 좀처럼 만나지 못했다.

나는 헤매고 있는 그녀를 이렇게 도와주었다.

"엄마 나한테 왜 그랬어? 왜 그랬냐고 왜 나한테만 심부름 시키고 왜 나한테만 이모네 집에서 자고 오라고 했냐고? 나도 엄마 냄새 맡고 싶었는데?"

"엄마 나한테 왜 그랬어? 왜 그랬냐고 왜 나한테만 심부름 시키고 왜 나한테만 이모네 집에서 자고 오라고 했냐고? 나도 엄마 냄새 맡으면서 엄마 젖 만지면서 자고 싶었는데 엄마 왜 그랬어! 응 왜! 왜! 왜!"

그녀는 떨리는 음성과 얼굴의 얼룩진 상처사이로 굵은 땀이 비 오듯이 쏟아져 내렸다. 그러나 땀을 닦으려는 생각도 없는 듯 코스모스의 목소리는 점점 통곡으로 변해갔다. 아니 미친 사람 같은 통곡 이었다. 분노의 목소리는 점 점 점...

"엄마 나도 좀 예뻐 해주지, 왜 나만 미워하고 왜 나만 미워하냐고?
도대체 날 왜 이렇게 못나게 낳았느냐고"

아마도 그녀의 통곡은 30분정도 넋을 놓은 채 이어졌다. 날씨도 덥지
만 이미 지쳐버린 상담은 그날 그렇게 마무리를 했다.

◉ 내 안에 분노가 사라졌어요.

7번째 만남에서 나는 그녀와 함께 현재의 자기 자신을 만나 보기로
했다. 코스모스 나이 60대는 제법 안정적인 생활을 하고 있다. 그녀는
나의 반 강제적 억압에 따라 몇 년 전 취득한 요양보호사를 하고 있다.
오전 9시부터는 치매환자 여성노인, 오후 1시 부터는 남성 치매노인을
간병하고 있다. 그녀는 10년 전만해도 간병 쪽은 절대로 하지 않겠다고
말했지만 어느 사이 그 일을 하고 있었다. 그 덕에 나는 그녀에게 가끔씩
용돈도 얻어 쓴다. 나는 그 당시 그녀에게 오십 만원의 장학금을 그녀에
게 주었으니 받아써도 괜찮다는 생각이 들기도 한다. 전형적인 에니어그
램 2번 성격인가? 설마 하는 생각을 하면서도 나는 스스로 웃어본다. 그
녀는 60대 자신과 만나면서 갑자기 "몸 안에 분노가 사라 졌어요."라고
외쳤다. 나는 그녀의 행동이 신기했다. 8월의 크리스마스도 아니고, 나

의 첫 번째 내담자는 그렇게 자신의 내면에 길들여져 있는 분노와 서서히 이별을 하고 있었다. 그것은 나의 첫 번째 영상관법을 성공으로 이끌어 낸 도전이기도 했다. 무척 기뻤다. 나도 상담이라는 것을 성공할 수 있다는 자신감도 들었다.

그동안 새벽부터 늦은 저녁까지 이어온 상담의 경험도 나에게는 헛되지 않았음을 감사했다. 이제 나는 남아있는 한 번의 만남에서 코스모스가 가지고 있는 대인관계 개선을 위한 계획을 우선으로 세웠다. 물론 그녀가 지니고 있는 분노가 다 사라졌다거나 완전 치유된 것은 아니었다. 그래서 나는 과감하게 다시 그녀가 분노했던 친구들과 만났다. 그러나 무엇 보다 코스모스의 분노는 엄마를 향해있었다. 그것은 그녀의 화병을 일으키는 증상이기도 했다.

코스모스는 엄마를 향해 달려갔지만 여전히 그녀의 마음속에 엄마는 코스모스를 거부했다. 그녀는 울부짖었다. 떨림의 목소리는 점점 더 작아졌고 급기야는 엄마 만나기를 거부했다.

"스님 다음으로 미루면 안 될까요?"

나는 강력하게 밀고 나갔다. "안 됩니다. 계속 하세요"

그녀는 정말 회피하지 않고 계속해서 엄마에게 치근거렸다. 어린아이처럼 아주 작은 목소리로, 나는 다시 코스모스에게 주문을 했다. 큰 소리로 엄마에게 말 할 수 있기를...

그런데 그녀가 맥없이 친구들에게로 달려갔다. 그런 그녀의 마음을
나는 빠르게 알아차리고 친구들에게 소리쳤다.

"야 니네들도 나처럼 아파봐라. 내가 뭐 이렇게 아프려고 해서 아픈
줄 아니? 그건 아니거든! 나도 억울하다고 해보세요."
"야 내가 아프려고 해서 그런 줄 알아 아니거든 나도 억울하다고"
"좋아요 아주 잘 했어요."

그런데 갑자기 코스모스는 울음이 터지면서 친구들 보다는 엄마를 더
많이 원망하는 어조로 말했다.

"엄마 나한테 왜 그랬어? 엄마 나한테 왜 그랬어? 왜 그랬냐고? 나도
좀 예뻐해 주지, 날 왜 이렇게 못나게 낳았냐고? 왜 왜 나만 미워했느냐
고?"

코스모스의 통곡은 한이 없었다. 얼굴에는 땀이 흥건하게 흘러내렸
고, 피부의 얼룩진 사이는 더 새카맣게 변해갔다. 그 통곡은 30여분 이
어졌다. 그리고 다시 엄마 만나기를 시도했다. 그녀는 힘없이 나의 안내
를 따라왔다. 마음의 흥분이 좀 가라앉으면서 마음도 열린듯했다.
그녀는 30분 전 보다 목소리에 훨씬 자신감이 있었다.

"엄마 왜 그랬어? 말해 보라고, 바보야 엄마 왜? 왜? 듣고 싶다고, 나

한테 왜 그랬냐고 말해보라고! 낮잠 자려하면 낮잠도 못 자게하고 엄마 계모야? 말해봐 엄마 말 좀 해 보라고, 다시 울음보가 터졌다.

얼마나 울었을까? 울음을 그치더니 힘없이 무기력하게 "엄마 왜 그랬어? 나를 낳아놓고 왜 그랬냐고. 왜 왜 왜 그랬어? 그녀의 울부짖음은 참으로 처절하고 간절하였다.

"나도 부르고 싶은 엄마인데 엄마! 엄마! 엄마! 엄마아…"

"엄마 왜 안 웃어! 엄마 좀 웃어봐 엄마 좀 웃어봐"

"엄마가 웃어야 내가 화가 좀 풀릴 거 아냐?"

"(짧은 외마디)아 엄마가 웃어요."

코스모스는 이렇게 말했다.

"엄마가 나를 정면으로 보지 않고 옆으로 보고 웃었어요."

나는 다시 한번 엄마를 정면에서 만나보자고 말했지만, 그녀는 손사래를 흔들며 거절했다.

"스님 나는 이대로 만족합니다. 이제는 여한이 없어요. 스님"

코스모스는 갑자기 미쳐버린 듯이 웃었다. 아마도 사무치게 처절하고 비통한 그녀의 음성이 하늘에 닿아 그녀의 엄마가 감응이라도 한 것은 아닐까? 나는 생각했다. 나도 우리 엄마가 보고 싶었다. 그날 밤 나는 잠자리에 들기 전 이렇게 기도를 했다. 엄마 보고 싶으니 꿈속에서 만나자고 그러나 나의 엄마는 소식이 없었다. 아마도 엄마를 보고픈 나의 간절함이 부족했기 때문이라 생각했다.

나는 계속해서 코스모스에게 엄마와의 이야기를 시도하려했다. 그러나 그녀는 얼굴에 난색을 지으면서 매몰차면서도 단호하게 거절했다.

"그래요 좋아요. 엄마에게 하고 싶은 이야기를 계속 하세요."

"이젠 됐어요. 엄마가 웃으시는데요? "엄마 미안해 진즉에 엄마한테 하소연 할걸 미안해. 엄마 이제 이해할게 엄마."

"이제 미워하지 않을 것 같아요. 엄마의 웃는 모습만 기억할 거예요."

코스모스는 마음에 엄마의 웃는 모습을 담아둔 채 새로운 자기의 또 다른 감정을 찾아 떠났다. 그것은 수치심이고 우울이었다.

🌀 아직 남겨진 또 다른 감정 수치심과 우울

코스모스의 수치심과 우울 감정은 20대 연애를 실패하면서 시작되었다.

"그리고 막 그러면 남자들이 사람을 우선 얼굴로 겉만 보잖아요."

"겉만 보이니까 그런 실연을 많이 느꼈죠. 너무 외로웠고,"

그녀는 연애의 실패를 자기 얼굴로 돌렸다. 그리고 주저리주저리 혼자 말처럼 자기의 이야기를 긴 시간 노출시켰다.

"남한테 내색도 못하고 그렇게 외롭게 살아왔는데 그 때는 왜 그렇게 그러고 살았는지 왜 활짝 그 속에 있는 것을 남한테 못 털어놓고 왜 그러고 살았지? 멍청하게 그러고 살았지? 응? 좀 속이 넓었으면 내 자신을 좀 드러내고 남한테도 그러고 살았을 텐데 내가 사는 게 너무 후회스럽고 내성적이다 보니까 내색도 못하고 미안하다 미안해 내 자신한테 미안해 앞으로는 떳떳하고 남한테 떳떳하게 살았으면 좋겠고,"

"이 멍청아! 좀 잘난 척 좀 하고 살지 왜 그랬어! 응? 야 이 곰보딱지가 나하나 뿐이냐?

왜 그랬어! 왜 그렇게 살았어. 이 못 난아. 왜 그렇게 살았어. 잘난 척도 좀 하고 막 그러고 살지 내가 뭐가 못났어. 뭐가 못났어?

그거를 내색을 못하고 살은 게 너무 한스럽고 속으로는 안 그러는데 그거 내색을 못해서 이 못 난아. 니 자신을 낮춰서 살았어! 마음은 여리고 그러면서 왜 그러고 살았냐고!

잘난 체하고 똑똑하게 살 거지? 좋은 옷도 입고, 연애도 하고, 스물네 살답게 살아봐요. 다음 생에 태어나면 제발 그렇게 살았으면 좋겠다. 남한테 좋은 소리도 좀 많이 듣고 예쁘게 사랑도 하고 연애도 하고 결혼해서 남자한테 사랑도 받고 내 자신한테 너무 미안하고 잘못했어. 왜 그러고 살았어. 왜 그러고 살았냐고 코스모스라는 인생이 너무 불쌍하고 불쌍해 내 자신을 코스모스 인생을 언제 찾을까? 아이고, 불쌍해. 내 인생을 어디 가서 찾을까!"

그녀의 20대는 사랑했던 남자와 아이까지 유산하면서 이별을 하였는

노출하라 영상관법과 화병 당당히 자신과 마주하라

데 그 이유는 자기의 얼굴이 곰보였기 때문이라고 생각했다. 그녀의 20대는 그렇게 한없이 외롭고 불쌍한 처지와 우울로 "불쌍해" 내 인생을 어디 가서 찾을까?"하며 맥없이 울었고 큰 소리 내어 울지도 못하였었다.

아마도 코스모스의 우울과 외상 후 스트레스는 10대로 돌아가 운동장에서 친구들과 치고 박고 놀 수 있었다는 감정을 자연스럽게 수용한 것 같다.

한결 밝아진 그녀는 이제 적극적인 표현과 의지로 나보다 앞서가며 상담에 응했다. 왠 자신감? 나는 혼자 웃었다. 그리고 친구들 확인 작업에 몰입했다.

◉ 내 친구들을 만나다.

"지금 어디에 있어요?"

"교실 책상에 혼자 남아있어요."

"좋아요. 지금은 어디 있어요?"

"교실 문에서 친구들이 노는 것을 보고 있어요."

"좋아요. 지금부터 밖으로 뛰어나가 봐요. 어떻게 하고 있나요?"

"막 치고받고 놀고 있어요."

"좋아요. 기분은 어때요"

"아주 좋아요."

"친구들이 쳐다보면서 뭐라고 해요?"

"아니요 그냥 같이 놀아요."

"기분 어때요?"

"내가 한 남자아이한테 모래를 뿌려요."

"그래 좋아요. 참 잘했어요."

"걔가 나를 보고 그냥 웃어요. 기분이 정말 좋아요."

"지금도 친구들이 나를 놀리나요?"

"아니요. 아무도 놀리지 않는데요. 그냥 같이 운동장에서... 고무줄놀이도 하고, 사까닥 질도 하고, 공기놀이도 해요. 어머 자치기도 크크크"

코스모스는 영상관법에 흠뻑 빠져서 신이 났다. 처음에는 그만하자고 하더니 이젠 내가 지쳐가고 있었다. 나는 그녀에게 이제 그만 10대와 이별을 권했다.

"자 이제는 그만 10대를 보내 주도록 합시다. 하고 싶은 이야기를 합시다."

"예. 스님"

나는 순간 그녀가 자신과 어떻게 잘 이별할 수 있을까하는 고민으로 "코스모스야 잘 가 고마워 그동안 미워하고 싫어해서 미안하다."

"야! 코스모스야 잘 가 고마워 그동안 미워하고 싫어해서 미안하다. 정말 미안해, 그런데 이제 나는 너를 사랑해. 곰보라도 좋고, 괜찮아"

212

코스모스는 예상외로 어린 자기와 잘 헤어지고 있었다.

"자 이제 안아주세요."

"코스모스는 자기의 분신을 꼬~옥 안아주면서 뽀뽀까지 했다."

"잘 가라 이젠 슬퍼하지 마 행복해야해 안녕, 내 걱정 하지 마 이젠 정말 잘 살아볼게"

눈을 감은 표정은 행복해 보였다. 못내 아쉬워했지만, 내가 알고 있는 내 친구가 아니었다. 천사였다. 자신을 만나본 느낌을 물었더니 내 친구는 이렇게 대답했다. 나하고 닮은 아주 작고 예쁜 소녀는 감촉이 좋고 조그마한 단발머리에 누구도 사랑할 수 있는 아이였다고 회상했고 함께 놀아주어 "고마워 안녕" 이라고 이별을 했다.

🌀 우울한 결혼

사랑하는 남자와 헤어지는 그래서 가슴이 많이 아팠던 연애경험은 더이상 결혼할 마음도 없었지만 그녀에게 다가오는 친구도 없었다.

코스모스 나이 26살, 직장 아줌마의 소개로 7살 연상 남자와 6개월 교재 후 결혼을 했다. 키가 크고 외모가 수려한 남편은 그녀의 생각에도 모자람이 없이 마음에 쏘옥 들었다. 남자에게 흠이 있다면 그건 가정을 돌볼 수 없는 무능력한 사람이었다. 때때로 새벽이면 일용직을 찾아 나섰다. 일이 없는 날은 술에 취해 있었고 말도 없는 답답한 남자였다. 그래도 코스모스는 남편을 많이 사랑했고, 2남 3녀를 연년생으로 낳았다. "남편이 왜 그렇게 좋으세요?"라는 나의 질문에 그녀의 얼굴에는 환한 미소가 번지면서 이렇게 대답했다.

"스님도 봤잖아요? 키도 크고 아주 잘 생긴 미남이잖아요. 나는 평생 소원이 백수라도 좋으니 잘 생긴 남자와 살고 싶었어요. 살림은 내가 벌어서 하면 되지 하는 생각이었어요. 지금도 똑 같은 생각이지만, 그래도 내가 예뻤으면 하는 소원이 더 크지만," 나는 다시 물어보았다.

"왜 코스모스가 예뻤으면 좋겠어요? 신랑이 미남인데?" 나의 농담 섞인 질문에 그녀는 반색을 하며 대답했다.

"나도 남편 친구들과 만나면 다른 여자들처럼 내가 잘나고 예뻐서 남편 기 좀 살려주고 싶거든요? 그런데 ○○아빠가 착해요. 내 얼굴에 복이 가득 들었다면서 그래서 내가 좋대요."

내 친구는 자기 입으로 말해 놓고도 쑥스러운지 더위에 붉어진 얼굴을 한 손으로 가리고 웃었다. 때론 답답해서 나를 속 터지게 만들지만 착하고 착한 내 친.

남편은 10년 후 C회사 방범대원으로 취직을 했지만 역시 술과의 인연은 계속되었다.

지금은 퇴직해서 친척이 경영하는 환경 업체에서 낮 근무를 하지만 술은 여전히 남편의 유일한 친구인 덕분에 간경화 3기로 입원과 퇴원을 번갈아 하고 있다. 지인의 말을 빌리면 그녀는 사랑했던 남자와 헤어지

노출하라 영상관법과 화병 **당당히 자신과 마주하라**

면서 아이를 낙태한 후 죽음을 시도한 적도 있었다고 했다.

"20대는 우울의 연속이었어요. 할 말은 없지만 저는 항상 외로웠고, 그리고 너무 불쌍하고 불쌍했습니다."

코스모스의 20대는 유독 24세의 숫자에 머물러진 자신을 이야기 했다. 그것은 첫사랑과 헤어지면서 모든 남자들을 향한 피해의식이었다. 나는 참 미안했지만 친구의 아픈 곳을 후벼 파는 질문을 했다.

"왜 사랑하는 남자와 헤어졌어요? 혹시 말 못할 이유라도 있었나요? 대답해 줄 수 있겠어요? 이건 우리 둘만..." 그녀는 잠시 머뭇거리더니 싱긋 웃으며 얼굴을 옆으로 돌려 손으로 흐르는 땀을 닦아 내리면서
"아이고 더워, 힘들어 죽겠네. 사실 별거 아닙니다. 지금 생각하면 내가 왜 그렇게 아파했나 싶어요. 그래도 그때는 내가 죽을 만큼 힘들었지만." 말문이 열린 입에서는 왜 이제야 묻느냐는 원망처럼 이야기를 쏟아냈다.

"세상의 남자들은 얼굴이 반반하고 예쁜 것들만 좋아합니다. 나처럼 얼굴에 상처 있는 여자를 어떤 남자가 좋아하겠어요? 지금은 내가 박피를 해서 스님이 봐도 예쁘지 않나요?" 나는 난생 처음 들어보는 박피라는 용어에 대해서 물었다. "박피라고 했나요? 박피가 뭐지요?" 다시 친구는 웃으면서

"아이 스님 박피는 내 곰보 상처 얼굴을 수술하는 거 말이지요." 그녀와 나는 한바탕 크게 웃었다. 순간 상담의 긴장도, 8월에 더위도 사라진 것처럼 몸도 마음도 한결 시원해졌다.

🌀 내 집 마련

내가 어린 시절 친구와 헤어진 후 코스모스를 처음 만난 것은 단칸방에서 5남매를 데리고 살아가는 시절이었다.

서울 근교 어느 동산 같은 마을로 기억된다. 나는 나의 동료 몇과 그녀의 집을 갑자기 방문했다. 너무 오래된 기억은 가물가물하지만 나는 지금도 그날의 충격이 뚜렷하게 그려진다. 우리는 그녀가 알려 준 구겨진 종이쪽지에 쓰여 진 주소를 동네사람들에게 물어물어 800만원 전셋집을 찾을 수 있었다. 산자락 중턱에 자리 잡은 제법 넓어 보이는 대지에는 두 채의 집이 있었다. 우리가 마당으로 올라서는 순간 한 채는 말끔했고, 다른 한 채는 집이라기보다는 창고 같은 분위기에 입구는 두꺼운 비닐로 가로막은 집이 있었다. 겉에서 보기에도 금세 그녀의 집이라는 생각이 들었지만 우리는 잠시 어찌할 줄을 몰라 망설이고 서있었다. 주인처럼 보이는 허리 굽은 할머니는 우리를 향해 "누구시유"라고 물었다.

나는 인사를 하고 "여기가 ○○이네 집이냐고 물어 보았다" 할머니는 "그렇수"

우리는 들어가도 되겠느냐는 질문에 할머니는 마음대로 하라는 시늉

노출하라 영상관법과 화병 당당히 자신과 마주하라

으로 손만 위 아래로 흔들어 보였다. 그 다지 추운 겨울도 아니었지만 그녀의 단칸방은 차가운 기온으로 양 벽은 다이아몬드 형 얼음이 반짝반짝 빛이 나고 있었다. 초등학교 아이들은 솜이불을 방바닥에 깔아 놓은 채 남자아이들은 마루방, 여자아이 둘은 방에서 놀고 있었다. 나는 그녀를 기다리는 동안 많은 생각이 교차했지만 나와 동료들은 생각도 없이 코스모스가 해주는 이른 저녁상을 받았고 그 밥맛은 꿀맛처럼 맛이 있었다. 부엌은 겨우 혼자 않으면 될 만큼 좁았다. 감자와 고구마, 그리고 묵은 김치로 차려진 가난한 밥상은 어쩌면 그리도 맛이 있었던지, 꿀맛이었다. 나는 그날 이후 그렇게 맛있는 밥상은 받아본 적이 없는 것 같다.

"우리는 돌아오는 전철 안에서 말없이 서로 바라보고 웃었다. 모두 처음으로 경험한 다이아몬드 방에 대한 서글픔 마음을 내지 보이지 않는 삶의 무게였을까?"

아마도 이 시기 코스모스의 간절한 꿈은 내 집을 마련하는 것이었을까?

이때 마침 1년 뒤 도로로 반이 잘려나간 싼 집이 나와서 친구는 싼값에 내 집을 구입 할 수 있었다. 힘들기는 하였지만 지금의 종자돈이 되었다고 기억된다. 그러나 빚에 찌들은 하루하루는 지옥이었단다. 그 후 그녀는 집을 팔고 사고 몇 번 후 아파트 한 채도 사들여 졸지에 집은 2채가 되었는데 친구의 소개로 사기꾼을 만나 1억을 투자한 관계로 기어이…

다시 생각해도 정말로 내 집을 마련한 기쁨 보다는 빚에 쪼들리고 한 푼도 아꼈던 그 시절은 지금도 생각하고 싶지 않다고 말했다. 나 역시 90

년대 초 이름 모를 교회 집사의 방자한 행동으로 사글세 살던 집에서 쫓겨나 새로운 집을 사서 갔다. 그 당시 나는 은행 빚과 사채를 얻었고 아마도 평생하고도 가장 힘들었던 시기로 기억된다. 그 시기 코스모스도 나와 똑같이 힘들었음을 나는 충분하게 공감할 수 있었다. 여담이지만 상담과정에서 우리는 서로의 어려움에 도움이 되어주지 못했음을 미안하게 생각한다고 말했다. 우리 둘은 같은 처지였으니...

❂ 현재의 나

내가 그녀에게 현재의 근황을 물었을 때 그녀는 어설프게 고개를 옆으로 돌리고 손으로 두 눈을 가린 체 우는 모습을 나는 발견할 수 있었다. 나도 잘 아는 사실이지만 그녀도 나도 지난 한해를 생각하면 매우 곤욕스러웠다. 그녀의 대답 역시 사람과의 관계에서 힘들었다고 말했다. 코스모스는 중간에서 말의 전달이 서투르고 마음만 앞서서 개인적인 생각을 상대에게 종용한 사건은 아직도 개운하지 않은 채 사건을 무마할 수밖에 없는 상황이었다.

코스모스는 마음에 들지 않는 누구든 만나면 보기가 싫어서 혼자 단체시설 2층으로 올라와 있었고 1층에서 사람들의 웃음소리가 들리면 그녀는 자기 욕을 한다고 화를 내면서 빈정대었다. 그러던 그녀가 7번째 만남이 끝날 무렵이었다. 갑자기 예쁜 커피 잔을 들고 싫어하던 사람들에게 다가간 것은 모두를 놀라게 하였다. 그리고 그 후 부터 같이 어울려

노출하라 영상관법과 화병 **당당히 자신과 마주하라**

이야기도 하고 웃기도 하였다. 그리고 나에게 다가와서 자랑도 했다.

"스님 이젠 이렇게 정말 살겠다고." 먼저 다가가서 화해를 신청한 것은 그 친구에게 커다란 변화였다. 그렇지만 이런 상황을 지켜보는 우리들은 변화된 그녀의 마음상태가 6개월 이상 계속되어 변하지 않았으면 좋겠다고 농담도 건네면서 함께 웃을 수 있어서 참으로 행복한 시간이었다.

공부하기를 무척이나 싫어하는 친구는 어쩌다가 60대에 나의 권유로 요양보호사 자격증을 취득했다. 난생 처음 국가에서 인정하는 자격증을 받았다고 좋아하던 모습이 아직도 기억에 생생하다. 몇 년 전만 하여도 요양보호사는 시험이 없었고 서울시에서 원하는 시간을 이수하면 자격증을 받을 수 있었기 때문이다. 이 자격증은 코스모스가 사회의 일원으로 노후에도 취업의 길을 갈수 있는 당당함으로 자신을 발견하고 봉사할 수 있는 기회가 되었다.

요즈음 그녀는 어르신을 돌봄으로 돈도 벌고 봉사도 하는 기쁨을 만끽하고 있다. 물론 사람과 사람의 관계인지라 어렵기도 하겠지만 남편의 퇴직과 간경화의 우환을 겪고 있는 환경에서는 고마운 일이라고 그녀는 말했다.

코스모스의 미래의 꿈은 호흡과 자기의 감정을 알아차리고 머물러 지켜보는 연습을 열심히 하는 것이라고 했다.

그래서 주위의 누군가가 화를 돋우거나 코스모스 자신에게 힘든 일이 생기더라도 편안한 마음으로 일생을 마치는 것이라고 했다. 코스모스는 어느 때 보다도 무척 편안하고 부드러웠으며, 안정된 표정이었다.

나는 마지막으로 친구의 마음에 남겨짐 찌꺼기를 이렇게 확인할 수 있었다.

🔄 나는 누구지?

마지막으로 갑니다. 척추를 바르게 세우고 자 두 눈을 감고 호흡에 집중하면서 나의 말에 따라와 주세요.

"나는 그동안 무엇으로 살아온 것 같아요? 동물도 좋고, 생각나는 대로 말해보세요. 무엇이 떠오르나요? 일러 보세요."

"음 길가에 힘없이 쓰러진 까만 강아지지요. 털이 엉겨 붙어 아주 더러워 손을 댈 수가 없어요. 되게 못생겼어요. 아우 불쌍해라"

"좋아요. 잘 했어요. 그 강아지에게 밥을 주어 봐요. 다가와서 먹나요?"

"예 아주 천천히 다가오더니 막 먹어요. 정신없이 나를 빤히 처다 봐요. 혀를 날름거리면서"

"좋아요, 아주 잘하고 있어요. 이제 그 강아지를 안아주세요. 그리고 사랑한다고 말해 주세요. 아무리 니가 더럽고, 못생겼어도 나는 너를 사랑한다고, 말해주세요. 털도 가지런하게 쓰담아 주세요. 이제 어때요?"

"예뻐졌어요."

나는 다시 그녀에게 두 번째 질문을 던졌다.

"지금은 내가 무엇으로 보이나요?" 보이는 대로 일러 보세요."

"여우같은 예쁜 토끼요. 귀여워요."

"색깔은?"

"아주 하얀 토끼요."

"건강한가요?"

"아주 건강해요. 입을 오물오물해서 배추 잎을 먹고 있어요."

"좋아요. 배도 부르겠네요? 자 그 토끼도 안아주세요. 감촉이 어때요?"

"부드럽고 가벼워요. 옛날 나 어린 시절 아이 같아요."

"사랑한다고 말해주세요. 그리고 토끼를 들판에 놓아 주세요. 어때요?"

"잠시 나를 보더니 풀밭으로 뛰어가요."

"아주 잘했어요. 이제 수식관 호흡으로 돌아오세요."

손을 비벼서 눈과 얼굴을... 지금 기분 어때요? 나의 질문에 그녀는 밝게 웃으면서, 고맙다고 말했다. 나는 다시 너는 누구지? 라고 물었더니 그녀는 "예쁜 아이"라고 대답했다.

🌀 미래의 꿈

그녀의 마지막 머무르는 장소는 강을 끼고 도는 산기슭으로 자식들이 아닌 평소 함께 한 이종 동생이면서 친한 친구였다.

코스모스는 미래의 설계가 거창하지 않았다. 그렇지만 그녀의 70~80대는 영상관법을 통해 아름답게 늙어가는 모습을 회상하였다. 또 다른 자기와 만나 행복 했었고 봉사하고 이웃과 화합하며, 화가 치밀어 오를 때 마다 호흡을 알아차리고 머물러 지켜보는 훈련이 무척 어렵지만 열심히 노력하면서 곱게 늙어 가겠다는 서원을 세웠다.

이와 같이 60년을 "화병"으로 견뎌온 나의 내담자는 정서적, 심리적 신체적으로 고통 받았던 "화병"을 호흡과 수식관, 영상관법을 통해 자신의 모든 것을 노출하면서 어제를 잘 견디고 살아온 것처럼 새로운 미래와 함께할 준비도 설계하고 있었다.

"내 친구 코스모스 사랑한다. 고마워 나의 첫 번 째 상담자가 되어주어서 안녕!"

노출하라 영상관법과 화병 **당당히 자신과 마주하라**

7.
"엄마"하며 달려든 아이
-루비의 이야기-

한 번도 본적이 없는 세살 박이 남자아이가 갑자기 "엄마"하고 달려드는 바람에 그 날로 그 집에 머물러 살게 되었다. 남자아이는 아버지를 닮아서 아주 잘 생겼고, 천성이 싹싹하고 붙임성이 있었으며, 루비의 곁을 잠시도 떨어지지 않고 찰떡처럼 붙어 다녔다.

아들은 고등학생이 되면서 한때는 누구보다 화려했던 인생! 그러나 하루하루는 숨을 쉴 수도 멈출 수도 없는 벼랑 끝에 서있었다. 그 삶은 자신이 석유통을 들고 화염 속에 뛰어들었지만 불길처럼 종잡을 수 없이 타오르고 또 타올랐으니 40대, 50대는 말로는 다 표현할 수 없는 격동기였다.

지금 당장 거울을 보라.
당신의 얼굴에 미소가 있는가?
피곤과 화와 절망에 찌든 얼굴인가?
그렇다면 당신은 지금 당장 자신에게 돌아가야 한다.
절망을 돌보는 법은 어렵지 않다. 자신에게 웃어주라.
자신에게 자비를 배푸는 것은 매우 중요한 수행이다.   -틱낫한

나는 무섭게 굳어버린 루비의 표정을 보면서 2012년 가을 대학원 강의실이 떠올랐다. 그날도 나는 맨 뒷자리에 자리를 잡았고 빈 옆자리에는 아주 예쁜 후배스님이 자리를 잡고 앉았다. 그때 후배는 나에게 이렇게 말했다. '스님 표정이 무서워요 웃으시면 안 되나요?' 나는 순간 아무 말도 못했고 그날 이후 나는 아침에 일어나면 거울을 보고 웃는 연습을 했다. 그러나 나의 싸늘하고 표정 없는 얼굴은 좀처럼 밝아지지 않았다. 그 후 나는 잠자리에 들어가면서도 끝임없이 웃는 연습을 했다. 어느 날 후배는 나에게 표정이 많이 부드러워졌다는 이야기를 해 주었다. 진심어린 후배 말이 나는 참 고마웠다. 만약 나의 얼굴 표정이 조금이라도 편해졌다면 후배의 덕분이고, 또한 나의 꾸준한 노력 때문일 것이다. 지금 생각해도 그 순간은 참 당황했지만, 이제는 내가 웃을 때마다 고마운 후배를 생각한다.

　루비의 단아한 모습은 어린 시절 참 예뻤겠구나 하는 느낌이 들었다.

자그마한 키에 호리호리한 맵시는 78세라고는 짐작하기 어려웠다. 루비는 유식하고 교양 있어 보이기는 했지만 분노에 찬 싸늘한 표정과 날카로운 억양, 상대를 옆 눈으로 쳐다보는 습성은 누구도 그의 옆을 근접할 수 없는 두려움을 가지고 있었다. 그런데도 그녀는 상담하는 동안 참으로 진지하면서도 모범적인 태도로 자신의 이야기를 노출시켰다. 참 오랜 세월 잘 알고 있었다고 생각했던 나는 이번에도 나의 생각이 빗나갔음을 인정할 수밖에 없었다. 그리고 상담하는 내내 많이도 울었다. 아마도 나에게 40년 세월에도 알고 있지 않은 많은 이야기들이 쏟아져 나 올 것 같은 예감이 나는 싫지 않았다. 루비는 상담을 시작하기 전 막내 딸 자랑을 늘어놓았다. 루비에게 막내딸은 남편이자, 친구이고 애인 같은 존재다. 그렇게 소중한 예쁜 딸이 손자 없는 집으로 시집가서 외손자를 낳은 것이 자랑스러운 모양이다. 그 손자는 금년 서울에 있는 S대학교 컴퓨터 정보시스템과에 수시로 합격을 했단다. 그 녀석은 이미 학교에 들어가기 전부터 나라에서 훈련하는 과정을 우수한 성적으로 통과를 했고 그 결과 수시 전형으로 입학을 했단다. 루비는 딸 이야기를 하는 사이 긴장하고 있었던 감정이 다소 편안한 상태로 돌아왔다.

나는 그 모습을 확인한 후 "자 루비님 우리 새로운 여행을 떠나볼까요? 준비는 되셨지요?" 그녀는 고양이 눈을 치켜뜬 채 완전 "무장입니다." 라고 말했다. 우리는 16시간의 결코 쉽지 않았던 배신과 고난의 여행을 아주 천천히 서두르지 않고 여유롭게 출발했다.

🔘 어린 시절 : 나에게는 엄마가 없는 편이 나아요.

루비는 어린 시절 똑똑하고 얌전했으며 야무진 매우 예쁜 아이였다. 그녀는 S시에서 초등학교를 졸업했다. 성적도 꽤 좋았다고 했다. 70의 나이에도 지나치리만큼 배우는데 많은 관심을 기울이는 루비의 학습상태를 보면 그 말에 믿음이 간다. 루비는 내가 알고 있는 사람 중에 가장 도전적이고, 열정이 넘치는 할머니다. 모든 분야에서 뛰어나게 자신감이 넘치는 그녀는 아직도 방송국을 찾아다니며 배우기를 열망한다. 그런데 나는 그런 그녀가 무섭다. 왜? 나도 모르겠다. 아마도 내가 그녀에 비해서 너무 많은 것을 모르기 때문일까?

루비의 어린 시절은 전쟁이 삶의 일부였다고 기억했다. 어린 루비에게 전쟁은 트라우마 이며, 너무나 무섭고 끔찍한 기억으로 남아있다. 그러나 어린 루비에게 전쟁보다 더 무서웠던 기억은 강원도 피난시절이라고 말했다. 엄마는 가족들과 먹고 살기 위해서 보부상(보따리상)을 나갔고, 산골짜기 집에 혼자 남겨진 시간들이 루비에게는 더 힘든 시간이었다.

"이제 지난번에도 말씀드린 것 같이 어머니가 그렇게 나가시고 혼자 있는 거 그게 정말 싫었어요."

루비의 10대는 8·15해방과 6·25피난, 1·4후퇴 등 모두 무섭고 두려운 대한민국도 역사적으로 힘든 시기였다. 요즘도 잠에서 꿈을 꾸면 총알이 하늘에서 날아오고, 인민군들이 폭격을 하는 꿈을 꾼다고 했다.

무의식 속에 잠재한 전쟁 속 트라우마는 아직까지도 꿈속에서 생각하고 싶지 않은 끔찍하고 무섭고 두려운 사건이다. 이런 상황에서 어린 루비의 곁에 있어야할 가족들은 아무도 없었다. 몇 안 되는 가족들은 모두 밥벌이에 나갔고, 아직 어려서 아무것도 할 수 없는 그녀는 혼자 집에 남아야했다. 새벽부터 늦은 밤까지 4살 위 오빠는 탄광으로 엄마는 보부상으로 집을 비웠다.

루비는 이런 엄마도 오빠도 몹시 무서웠다. 루비의 엄마는 홀어머니 자식이라는 욕을 먹이지 않기 위해 자식들을 엄격하게 가르쳤다. 이런 엄마의 모습은 어린 루비에게 엄마가 루비를 사랑하지 않았다는 원망과 증오의 원인이 되었다. 유기 아닌 유기? 그러나 상담을 통해서 그것도 엄마 나름대로 루비를 사랑하는 방법이었다는 걸 이해할 수 있었다.

🌀 난 엄마가 없는 것이 나아요.

루비의 나이는 올해 78이다. 아마도 돌아가신 어머니를 생각하면 루비 자신이 너무 오래살고 있는 것은 아닌지 건강도 함께 걱정이 된다고 했다.

루비는 영상관법을 통한 가족과의 재회에서 대부분 시간을 돌아가신 엄마를 회상했다. 원망하고 분노하는 마음이 멈추어지지 않았다. 처음 시작은 부드러웠지만 시간이 갈수록 격한 음성과 언어구사는 험악해져 갔다. 아직도 용서할 수 없는 엄마! 그 사람은 엄마라고 말할 수 없어요!

노출하라 영상관법과 화병 **당당히 자신과 마주하라**

"이제 제가 저의 어머니 보다 더 오래살고 있네요."

루비의 어머니는 62세로 세상을 하직 했다. 루비가 생각하는 어머니는 굉장히 엄하고 냉정했다고 기억한다. 1950년 6.25사변 당시 루비는 한산에서 초등학교를 겨우 마치고 강원도로 피난을 갔다. 루비의 어머니는 어린 아이에게 강원도 그 추운 겨울에 식구들 빨래를 시킬 정도로 성질이 매서웠단다.

"제가 생각하기에는 저한테 굉장히 엄하고 냉정했던 것 같아요. 그 6.25때가 열 네 살인데 강원도 그 추운 곳에서 빨래를 시켰으니 오죽하면 옆에 사람들이 친 엄마 아니라고 할 정도로"

루비는 돌아가신 엄마에 대해 단호하게 말했다.

"관심이 없어요. 딸에게 일만 시키는 것을 당연하게 생각하는 엄마는 의무일 뿐 정도 없네요. 나는 차라리 엄마가 없는 것이 훨씬 나아요. 엄마 생각은 하고 싶지도 않아요."

루비의 표정은 다시 어두워졌다. 두 눈에서는 잠시 동안 형용할 수 없는 움직임이 일었다. 그리고 다시 평온을 찾기는 했지만 나는 엄마를 그렇게 단호하게 뿌리치는 루비를 이해할 수 없었다. 그러나 순간 그 이유를 알았다. 그 한마디를 알아차리기 위해서 장시간 상담시간 내내 루비는 그렇게 울었던 것 이라고 나는 생각할 수 있었다. 그녀가 원하는 대답은 "루비 괜찮니?" 라는 관심이었다. 엄마를 향한 원망은 오빠에게 두들겨 맞은 아픔보다도 더 컸다. 루비가 무섭고 두렵고 죽을 것 같았던 그 순간이었다. 엄마가 루비의 편이 되어주지 않았던 시간, 그 시간에 루비는 완전히 엄마의 품에서 튕겨져 나가 혼자가 되었다. 그리고 루비의 마음속에 엄마는 없었다. 살아생전 처음으로 털어 놓는 루비의 음성은 가느다랗게 떨리고 순간적으로 눈은 분노의 빛을 발하고 있었다. 어린 루비에게 엄마는 무섭고 버림받은 느낌 그대로, 지금도 루비는 그런 엄마가 정말 생각하기도 싫다고 말했다. 아마도 엄마가 너무 그리운 원망은 아닐까?

"그냥, 정이 있었어야 말이죠. 당연히 자식과 부모 사이였지. 제가 생각하기에는 정이 없었던 거 같아요. 그러니까 강원도 갔을 때도 오빠가 뭐, 친구들 하고 산에 나무하러 간다고 도시락을 싸라고 했는데 그걸 제가 못 들어서 안 쌌거든요. 그런데 팔만한 장작으로 머리를 쳐가지고 주먹만 한 혹이 솟았는데도 그런 거에 대해서 왜 그러느냐고 어쩌느냐 그런 말도 없어요. J시에 와 가지고 군대 갔다가 휴가를 왔는데... 저기 뭐야? 모를 심는 날인데 나 보고 물을 달라고 그랬나? 제가 빨리 안 줬더니. 오빠가 싸리 빗자루로 막 치는 거예요. 그래도 왜 때리느냐 어쨌느냐. 한 번도 오빠를 야단치지 않았어요. 엄마가..."

노출하라 영상관법과 화병 **당당히 자신과 마주하라**

🌀 나의 어머니

루비의 어머니는 1900년대 여성이다. 청춘과부였다. 첫 번째 결혼은 실패했다. 아이를 낳지 못해 남의 집 대를 이어주지 못했다는 이유였다. 두 번째 남편은 아이도 없이 사별한 남자였다. 29살에 중매로 루비의 아버지를 만났다. 그 집은 J시의 재벌이면서 지방 유지였다. 루비의 아버지는 기녀들이 줄을 서있는 바람둥이면서 미남이었고, 때때로 기녀들을 데리고 집으로 왔다. 그때마다 루비의 어머니는 안방에 금침을 깔아주었고 아침상을 멋지게 차려 바치곤 했다. 나중에 들리는 소문으로 기녀들이 언니 때문에 못 오겠다면서 서로서로 오는 것을 자제했었다고 했다.

루비의 어머니는 루비의 아버지를 만나 용케도 1남 1여를 낳았다. 남부러울 것 없이 최상의 낙을 누릴 수 있었다. 이제는 지난 설움을 지우고 살아갈 만 했을 때 루비 엄마에게는 다시 커다란 시련이 왔다. 얄궂은 운명은 루비의 엄마를 가만 두지 않았다. 건강하던 남편은 갑자기 병이 걸려 빨리 손쓸 사이도 없이 사망했다. 후일 들려오는 소문에 의하면 루비의 아버지를 시기하던 누군가가 좋아하는 술에 약을 타서 죽게 만들었다는 소문이 나돌기도 했단다. 루비의 어머니는 다시 생과부가 되었다.

루비의 엄마는 전쟁의 시대적 희생자였다. 만약 6·25가 없었다면 루비의 어머니는 남편이 남겨 둔 재산으로 부유하게 한 생을 살았을 수도 있었는데, 시대를 잘못 만나서 생고생을 경험했다.

엄마가 살아온 1900년대는 일제치하로 우리나라가 정치적으로 상당히 혼란스러운 때였다. 루비의 엄마는 13남매 중 장녀다. 그런데 다 죽고 15살 아래 막내 남동생과 둘만 살았다.

그녀는 친정어머니를 모시고 혼란기에 하나 남은 남동생과 아들딸을 살려보겠다고 G시로 비단 옷 몇 보따리를 챙겨가지고 피난을 떠났다. 1945년 8 · 15해방과 1950년 6 · 25, 그리고 1951년 1 · 4후퇴를 거치면서 목숨을 잃지 않고 살아남은 것은 다행이었다. 남편 없는 과부의 몸으로 감당하기 어려운 전쟁시절, 그래도 여인은 약하지만 어머니는 강하다는 말처럼, 루비의 엄마는 가족을 잘도 지켜냈다.

피난시절 루비의 엄마는 고향에서 싸가지고 간 비단옷들을 탄광 간부 부인들에게 팔아 가면서 목숨을 연명할 수 있었다. 결국 가져간 물건이 다 떨어지자, 도부장사(보따리 장사)로 머리에 무거운 비누, 빗, 실, 바늘 등 생활필수품 장사로 사방팔방 다리품을 팔았다. 그래서 돈이 생기면, 곡식과 바꾸어 일곱 식구들의 목숨을 이어갔다.

엄마의 남동생은 아무것도 할 줄 모르는 무능력자다. 그나마 어린 아들이 똑똑해서 낮에는 탄광에서 일하고 시간이 남으면 화전을 일구어 농사를 지었다. 밤에는 토박이 아이들에게 한문을 가르치는 선생으로 돈을 벌어 살림을 일구었다.

이 부지런한 오빠는 겉으로는 동네 사람들에게 칭찬을 받았지만, 속으로는 질투의 대상이며, 의심의 눈초리를 한 몸에 받고 있었다. 신참 농사꾼은 본토 농사꾼보다 농사를 잘 지었고 똑똑한 루비오빠는 급기야 본토인들에게 의심을 받기 시작했다. 저렇게 똑똑한 사람이 왜 산골에 사느냐고 의심을 했다. 주민들은 결국 간첩이 동네에 산다고 관가에 신고를 했고 루비네 가족들은 다된 농사를 버리고 하는 수 없이 서울로 야반

노출하라 영상관법과 화병 당당히 자신과 마주하라

도주를 했단다. 그 시절은 법이 먼저가 아니고 주먹이 먼저인 시대라서 잡히면 죽는다는 생각이 통념이라서 도망칠 수밖에 없었다고 했다. 비록 잘 지어 놓은 곡식들이 아깝기는 했지만 루비의 오빠가 잘 못될 것을 생각하면 그 마저도 문제가 되지 않았단다. 차도 없는 야반탈출은 참으로 어려웠다.

그 사이 루비의 엄마는 강원도에서 오로지 믿고 의지하며 살았던 친정어머니가 돌아가셨다. 염병이었다. 약도 써보지 못하고 사별을 했다. 그리고 S시로 올라와 두고 간 재산을 관리하면서 노후는 편안하고 안락하게 살다 돌아가셨다. 장녀인 루비 엄마는 맡은바 책임으로 하나 남은 남동생을 마지막까지 잘 보살폈고 지금은 그 남동생 나이가 90살이 되었다. 아주 건강하며, 눈에 넣어도 아프지 않을 아들도 잘 지켜준 장한 어머니로 후회 없이 아들의 극진한 효도를 받으면서 한 많았던 이 세상과 62살로 하직했단다.

20대 루비는 첫 번째 받은 연애편지를 4살 위 오빠한테 들켰다. 그러나 루비는 그 편지를 개봉하지 않았고 동네남자아이는 오빠에게 맞을까 두려워 도망을 쳤다. 그 후로도 루비는 같은 또래 남자아이들의 짝사랑을 받던 기억을 하나하나 찾아내었다. 강원도 피난시절 루비 엄마는 바느질 솜씨가 유명했고 신랑신부 옷 주문으로 가족들 입에 거미줄은 치지 않았다고 했다. 심부름은 루비의 몫이 되었다. 그때마다 루비는 남자친구를 만나기도 했다.

"바느질을 해서 주고 지난번에 이야기 했듯이 김삿갓 저기 위에 있을 때는 사람들이 어머니가 바느질 잘한다는 이야기 듣고 이제 결혼 하려면 신부 뭐 치마저고리 신랑 바지, 저고리를 주문으로 해달라고 하면, 제가 갖다 주고 해서 제가 그걸 거기서 같이 하고 그랬죠. 저도 그러면서 남자 아이들을 만났어요."

● 가장 힘들었던 시절 - 재취 결혼

루비의 생애에서 가장 힘들었던 시기는 늦은 나이, 30대 결혼과 함께 상상도 하지 않던 일이 벌어졌단다. 그 시절 만해도 어느 쪽 이든 재혼은 사회적으로 당당하지 못한 행위로 인식하는 문화적 관습으로 루비는 스스로 자신을 비하하는 고정관념을 가지고 있었다.

루비 역시 다른 내담자와 마찬가지로 상담 시작부터 너무 울어서 매 회기 앞당겨 상담시간을 마무리하기도 했다. 아마 평생 누구에게도 말하지 못했던 혼자만의 가슴 터지는 사건들을 입 밖으로 노출시킨 그 이유일 것이라는 생각에 나도 이내 공감할 수 있었다.

루비는 23살 강원도에서 S시로 이사를 왔다. 루비는 편물학원 입학을 해서 요꼬를 배웠다. 요꼬 편물은 일본 기모노천에 무늬를 새기는 과정이다. 그 당시 여인들은 너나 할 것 없이 부업으로 많이 했던 일거리였다. 루비는 엄마를 닮아 제법 훌륭한 손재주를 가지고 있었다. 학원에서 숙식을 제공 받으면서 혼자 힘으로 꽤나 열심히 노력한 결과 인정을 받앉고, 잘 나가는 훌륭한 편물 선생님이 되었다. 1960년 후반은 "요꼬"라는 짜깁기 편물이 일본으로 수출하는 상승세를 누렸고 그 덕분에 루비의 명성과 손재주는 유명세를 탔단다. 예쁘면서 날씬하고 거기다 조리 있게 말 잘하는 루비의 인품은 학원가 품격을 높여주는 훌륭한 요꼬 선생님이었다. 학원측은 새로운 도시에 학생들을 가르치기 위해서 남달리 뛰어난 기술을 가지고 있는 루비를 0시로 파견을 했다. 그러나 혼자 몸으로 낯설고 물 설은 곳에서 버텨내기에 루비의 체력은 역부족이었다. 루비의 명성으로 쉴 사이 없이 몰려드는 수강생들을 감당하지 못했다. 루비는 서울 학원으로 복귀했지만 루비의 건강은 회복되지 못했고 이내 요꼬 선생을 그만두고 쉬게 되었다.

그 사이 루비는 30대에 접어들었다. 그리고 우연히 12살 위인 한 남자를 만났다. 남자는 수려한 외모와 친절한 매너, 뛰어난 언변의 소유자였다. 잘생기고 매너 있고, 생활비 걱정하지 않아도 될 만큼 그 남자의 직업도 사회적 지위도 32살 나이에는 과한 상대였다. 그렇게 행복인줄 알았던 새로운 출발은 불행의 시작이었다. 내면적으로 그 남자는 불행한 사람이었다. 겉으로 보여 진 남자는 건강하고 유머스러웠지만 그 남자의 표정은 어둡고 그늘져 있었다. 루비는 그 남자에게 무슨 걱정이 있느냐고 물었고 그 남자는 솔직한 가정사를 이야기해 주었다. 직업이 토건회사 과장인 남자는 대부분 장기간 집을 비워야 했다. 아내는 그 남자가 6개월 이상 긴 출장을 간 사이 젊은 남자와 춤바람 나서 집을 나간 상태였고, 산동네 2칸짜리 사글세방에서 아이들은 방치되어 있었다. 1남 3녀 어린 아이들은 누구 하나 돌보아주는 사람 없이 자기들끼리 올망졸망 모여 하루 세끼를 밥 대신 라면으로 끼니를 이어갔다. 그 때 아이들의 모습은 마치 길거리에서 얻어먹는 거지처럼 보였다고 했다. 어지러운 살림은 어떻게 수습할 수도 없는 상태였다. 큰 딸은 초등학교 2학년, 둘째 딸은 7살, 셋째 딸은 5살, 그리고 막내아들은 3살이었다.

루비는 그 남자의 솔직하고 거짓 없는 진실한 이야기를 전해 듣고 난 후 그 상황이 참으로 궁금하여 잠시 그 집을 둘러보기로 했다. 남자의 이야기에 설마 하는 생각으로 잠시 들렸을 때, 한 번도 본적이 없는 세살박이 남자아이가 갑자기 "엄마"하고 달려드는 바람에 그 날로 그 집에 머물러 살게 되었다. 엄마 없는 아이들을 잘 키우는 것도 좋겠다는 것은 루비의 단순한 생각이었다. 남자아이는 아버지를 닮아서 아주 잘 생겼고, 천성이 싹싹하고 붙임성이 있었으며, 루비의 곁을 잠시도 떨어지지 않고 찰떡처럼 붙어 다녔다. 자라면서 그 아이는 예절바르고 품행도 단정하여 학교에서도 선생님과 친구들에게도 인기 만점이었다. 성격도 좋았지만 타고난 머리도 우수했다. 그 시절 루비에게 그 아이는 무엇과도 바꿀 수 없는 보물단지였고, 힘든 시절을 버티게 해준 고마운 존재이기도 했다. 루비는 그렇게 네 아이의 엄마로 신혼의 단꿈을 대신했다. 물론 세 딸들이 성장하면서 이런 저런 속을 썩이기도 했지만 별 다른 문제가 되지 않았다.

루비가 30대에 만난 남자는 한번 결혼해서 실패한 남자였다. 말하자면 재취 결혼이다. 그 시절만 해도 어느 쪽이든 재혼은 사회적으로 당당하지 못한 행위로 여겨졌다. 루비의 마음 깊은 곳 수치심을 동반한 자존심의 문제였다. 다닥다닥 붙어사는 산동네 주민들은 친한 척하면서도 돌아서면 흉을 보았다. 그러나 루비에게는 그런 이웃들의 흉도 문제되지 않았다. 루비는 네 아이들 뒷바라지에 눈 코 뜰 사이 없이 바빴다. 결혼과 동시에 연년생으로 태어난 본인 소생 1남, 1녀까지 여섯 아이들을 돌보게 된 루비는 그래도 행복했다고 말했다. 멀리 시골에서 ○○에 올라오는 먼 친정 식구, 심지어 동네 친구들까지 루비의 집은 숙소가 되었고 부부 싸움을 하고 도망 오는 피신처로 유명했다고 했다. 다행히 남편도 긴 출장에서 돌아오면 루비의 이런 행동을 격려하면서 머무는 손님들에게까지 가족처럼 잘 대해주었고 그럭저럭 무심한 세월은 지나갔다.

그렇지만 본처의 아들은 고등학생이 되면서 루비의 단순했던 소망은 산산조각이 나기 시작했다. 그 소망은 단지 꿈이었고 순진했던 루비의 희망사항이었다. 딸들은 장성하면서 바람나서 나갔던 친엄마와 루비몰래 만나고 뭔가를 계속 속이는 분위기 속에서 화가 나기도 했다. 하지만 착하고 진실했던 큰 아들이 술을 마시고 들어와서 살림을 부수고 돈을 달라고 큰소리치고 욕설을 퍼 붓는 상상도 하지 못했던 배신에 비하면 새발에 피였다고 표현했다. 처음에는 아이들이 안쓰럽고 가여웠는데, 그 아이들이 자라나면서 루비의 꿈은 부질없이 그렇게 나락으로 떨어지고 말았다.

한때는 누구보다 화려했던 인생! 그러나 루비가 살아온 하루하루는 숨을 쉴 수도 멈출 수도 없는 벼랑 끝에 서있었다. 그 삶은 루비 자신이 석유통을 들고 화염 속에 뛰어들었지만 불길처럼 종잡을 수 없이 타오르고 또 타오르기 시작했다. 루비의 40대, 50대는 말로는 다 표현할 수 없는 격동기였다.

🌀 세 딸들의 배신

　루비에게 40대와 50대는 말로는 다 표현할 수 없는 격동기였다.

　전처의 소생 4남매 나의 소생 2남매, 6명의 자식들과 한바탕 장렬한 연극을 펼치듯 그녀의 삶은 기구했다. 한때는 의무감과 책임감으로 한때는 배신감으로 그리고 또 한때는 자신을 송두리 채 포기하는 처절함으로 그녀의 인생은 정신적으로 허물어져 갔다.

　처음 만났을 때 아홉 살, 일곱 살, 다섯 살이던 여자아이들은 성장하면서 소리 소문 없이 버리고 떠난 친엄마와 만나기 시작했다. 루비가 그 사실을 알게 된 것은 둘째 딸이 결혼하려고 준비하는 과정에서였다고 말했다. 그러나 루비는 일단 모르는 척 했다.

　딸 중에서도 둘째 딸은 가장 예뻤다. 그녀는 학생 잡지 표지모델에 뽑힐 정도로 예뻤다. 그래서인지 세 딸 중에 둘째딸이 먼저 임신을 하고 결혼을 했다. 시댁은 너무나 쟁쟁한 집안이었다. 다행스럽게도 양가는 안면이 있던 사이라서 양가 혼인은 어려움 없이 진행할 수 있었다. 둘째 사위 직업은 H국제부에 다니는 얌전하고 귀티 나는 선비타입이었다. 겉으로 보기에도 호감이가는 남자였다. 그러나 잘난 사위는 결혼 3년도 되기 전에 바람이 났다. 성북동에 위치한 커다란 기생집은 그 시대에 남자라면 너 나 할 것 없이 한번 정도는 가보고 싶은 그 곳 기생과 살림을 차

노출하라 영상관법과 화병 **당당히 자신과 마주하라**

려 살고 있음이 들통이 나버린 것이다. 지금 그곳은 큰 사찰로 변해서 종교시설로 유명한 곳이 되었다. 이혼한 딸은 이미 아들 둘이 있었고, 남편과 하나씩 나누어 키우고 있다.

"○○이가 먼저 결혼 했거든요. ○○이가 이제 저기 뭐야 김 서방을 만나서 임신을 해서 먼저 시켰어요. 근데 이제 ○○이는 시아버지도 그렇고 시집은 잘 갔는데 저기 뭐야 김 서방은 선비 타입이고 아들 둘에 딸이 셋이에요 그 집이. 그런데 이제 큰아들은 선비 타입이고 둘째아들은 현대 취직해가지고 그 집도 참. 현대 국제부에 있어가지고 그때 국제부에 있었을 때 돈이 막 휴지조각 같을 정도로 흔했대요. 그 옆에 또 현대 본사가 저기 있잖아요. 저기 비원 옆에 있잖아요. 한옥들 집이 많아요. 그 뒤편이요 그 때 한창 길상사 같이 전부 그거였잖아요. 거기도 가면 그래가지고 거기에 가서 돈 그렇게 마담들이 그런 건 아주 뭐 꿰잖아요. 이 애를 그냥 예쁜 계집애를 하나 붙여가지고 결혼을 했어요. 그런데 이제 결혼만 해가지고 돈을 뜯어낼 작정으로 그래가지고 이제 돈을 와장창 다 해가지고 그때 돈으로 이혼 위자료를 2억을 줬대요. 그때 돈 2억이면 얼마나 커요. 그래서 그 아들도 그냥 저기하고 ○○이도 그렇고 그 집은 또 그렇게 됐어요."

이혼하면서 위자료로 받은 경기도 땅에서 그녀는 아들과 함께 혼자서 살고 있다. 큰 딸도 3년 후 결혼을 했다. 큰 사위는 어린 시절 J시에서 홀 홀 단신 올라와서 자수성가한 가난하고 어려운 사람이었다. 지금은 딸 둘을 잘 키웠고 살림도 넉넉하게 아주 부자로 살고 있다. 그러나 꼬장꼬장한 성격을 가진 큰 사위는 큰딸에게 살림을 맡기지도 않고 살림하는 돈도 일일이 타 쓰는 형편이라 힘들어 보인다며 루비는 걱정을 했다. 셋째 딸은 연애를 실패한 후 약을 먹고 자살을 시도했지만 미수에 그쳤다. 똑똑한 셋째 딸은 시집도 가기 전 루비에게 자기 몫의 결혼 자금을 청구할 만큼 똑 소리 나는 딸이었다. 그러나 셋째 딸은 건전하지 못한 남자 친구를 만났고 배신을 당하고 말았다. 딸은 이미 임신한 상태였고 상황은 매우 좋지 않았다. 결국 딸은 다량에 수면제를 먹고 죽으려고 했지만 자살은 미수에 그쳤다. 뱃속에 아이만 유산되고 다행스럽게도 딸의 목숨은 살릴 수 있었다. 그 후 딸은 몇 번의 자살을 시도했지만 그때마다 미수에 그치면서 루비는 셋째 딸을 친 엄마 집으로 살림을 내보냈다. 몇 년 후 딸은 일본 남자와 펜팔로 교재를 시작했고 지금은 그 남자와 동경에서 딸아이를 낳아 잘 살고 있다. 넷째 딸은 P회사에 다니는 남자와 결혼해서 두 아들을 낳았다. 루비가 가장 사랑하고 애착이 가는 본인 소생의 딸은 루비에게 있어 유일하게 효심이 깊은 딸이라고 했다. 나의 입장에서 보면 미안하지만 아마도 두 쥐띠 아들이 아니면 루비의 상담은 너무 평범해서 이야기꺼리도 없고 별 재미도 없었을 듯싶다. 루비는 골고루 속을 썩혀준 두 쥐띠 아들과 남편에 대한 이야기를 어린 시절 기억 속으로 돌아가 들려주었다.

노출하라 영상관법과 화병 **당당히 자신과 마주하라**

🌀 아직도 끝나지 않은 인연 쥐띠 세 남자

루비는 나름대로 생각되는 남편과 두 아들에 대한 재미있는 인과에 대한 인연 이야기가 계속되었다.

루비의 옆에는 평생 쥐띠 3마리가 따라다니면서 괴롭힌다고 했다.

첫 번째 쥐는 남편이다. 남편과 결혼하면서 시작된 힘들었던 생활은 루비의 꿈도 희망도 송두리째 물거품처럼 사라져 버렸다고 했다.

두 번째 쥐는 큰아들이다. 무슨 까닭으로 처음 보자마자 "엄마"라고 달려들어 루비의 마음을 그곳에 정착하게 하였는지 지금 생각해도 모르겠다며 싱긋 웃었다. 아마도 피난시절 루비는 엄마 없이 밤낮으로 무서웠던 생각이 떠올라서가 아니었을까? 그래서 엄마가 없는 그 아이 편이 되어주고 싶어서는 아니었을까? 하는 생각이 연구자의 머리를 스치고 지나갔다. 세 번째 쥐는 막내아들이다. 아들의 희망처럼 풍족하게 다 해주지 못하는 엄마의 마음이었다. 막내를 생각하면 아리고 아린 새끼손가락처럼 생각하면 가슴이 매여 온다고 했다.

쥐 3마리 덕분에 루비의 인생은 80이 가까워오고, 저 멀리 고향으로 돌아갈 준비를 하고 있단다. 루비가 생각하는 쥐와의 악연은 이렇게 시작되었다고 한다.

6 · 25 당시 루비의 어머니가 온 가족을 데리고 강원도로 피난을 갔다. 사람이 먹기에도 모자라는 그 시절에는 전국 어디에나 쥐가 우굴 거렸다. 루비 엄마는 곡간에 7식구들이 먹을 조금 있는 쌀을 쥐들이 먹는

광경을 보자마자 13살 난 여자아이 루비에게 큰 부대자루 입구를 벌려주고 꼭 잡으라는 명령을 했고. 어머니는 광에서 쥐를 몰아 자루에 들어가게 했다. 자루에 들어간 쥐들은 땅바닥에 두들겨 죽었다. 루비는 그 과보를 세 남자 쥐에게서 지금 받고 있는 중이라고 생각했다.

"세 쥐띠니까 그래서 제가 어느 때는 혼자 그런 생각을 했어요. 아 내가 이게 쥐에 대한 업보인가보다 강원도 이쪽에 산 있고 이쪽은 빈방인데 곡식을 나두고 쥐가 이따만 한 게 들어가면 왜 그러셨는지 몰라요. 이제 어머니가 이문 열면 구멍을 이렇게 뚫어놓고 저보고 자루를 잡고 있으라고 그래요. 자루 잡고 있고 쫓으면 거기로 쏙 들어가잖아요. 그때는 아무 철도 모르고 다 때려서 기절을 시켰어요. 그래서 아 참 내가 그 과보를 받는구나. 언제 한번 꿈을 꾸니까 쥐 가요 큰 강아지만한게 눈을 뜨고 버티고 있어요. 그래서 꿈에서도 아이고 잘못했다고 그러고 그 뒤에는 G동 살 때 한참 정부에서 쥐약 나와서 쥐약 놓고 그랬잖아요. 저는 쥐약을 받으면 쥐약 안 놨어요. 다 주고 저는 쥐가 다니든지 말든지 쥐를 안 잡고 그때부터 내가 그래서 세 쥐 속에서 내가 이렇게 당하는구나. 왜 그러셨는지 몰라."

그래서 루비는 아직도 2마리 쥐 큰아들과 작은 아들을 생각하면 그들이 루비에게 안겨준 힘든 경험이 떠올라 인과응보와 참회를 하면서도 반면 황당하고 크게 곤욕스럽다고 말했다. 특히 큰 아들은 15년 동안 술만 먹으면 살림을 때려 부수고, 이태원에서 밤낮으로 싸우고 나면 돈 물어

노출하라 영상관법과 화병 **당당히 자신과 마주하라**

주고, 결국은 안양교도소까지 들어갔다. 마지막으로 시골집에 까지 찾아와서 집에 창문을 다 때려 부순 이후 소식이 끊겼다.

☯ 변질된 큰아들

큰아들은 정말 배우처럼 잘도 생겼다. "밖에 나가면 누가 우리 아들을 불량하게 보겠어요?" 매너 좋고 싹싹하고 어른 공경할 줄 아는 아이지요. 루비에게도 큰아들은 남편과 식구가 되게 해 준 고마운 아이라서 특별하게 많은 신경을 쓰면서 키운 아이였다. "만약 남편을 만날 즈음 큰아이가 와락 달려들면서 "엄마"라고 불러주지 않았다면 절대 아이 넷 있는 남자와는 결혼하지 않았을 거예요"라며 잠시 그때시절로 다시 돌아간 것처럼 천장을 멍하니 바라보았다. 나는 이때 루비에게서 무어라 표현할 수 없는 묘한 느낌을 받았다. 어쩌면 회한이라고 해두고 싶다. 큰아이는 지금 50이 넘었다. 건너 건너 들려오는 소문에 의하면 아직도 사기꾼처럼 정신을 못 차리고 있단다. 루비의 영원한 숙제이기도 한 큰아들은 아버지의 마지막 모습도 임종하지 못했다. 큰아들의 고3, 군대를 거친 시기를 루비는 두 번도 생각하고 싶지 않다면서 루비는 또 눈물샘이 터졌다. 나는 잠시 고민에 빠졌었다. 이 곤란한 순간을 어떻게 대처해야하나? 다행히도 루비는 눈물을 닦아가며 이야기를 시작했다.

"죄송해요 스님, ○○는 내게 미우면서도 고운 녀석 이예요. 그 놈이 그것을 몰라줘요. 글쎄"

큰 아들 이야기는 계속되었다. 32살에 남대문 옷 가게 점원 여자아이와 결혼했다. 큰 며느리는 그야말로 천방지축, 그래도 예쁜 딸을 낳아서 루비는 참 좋았다고 했다.

"그때도 아이고 사연이 많네요. 그 때 남대문에서 ○○이가 그렇게 시켜가지고 남대문에서 저기 하고 할 때 그랬거든요. 제가 그런 애는 여자애만 야물 딱진 애를 만나면 잘 살거든요. 남자는 그런 애들 여자가 야물 딱지고 꽉 잡으면 잘 살아서 제가 그랬거든요. 다니면서 봐가지고 장사 잘하고 야물 딱진 애 있으면 거기서 고르라고 했더니 어디서 아이고 어디서 또 나이도 어리고 ○○이 집인데 집에서 나와 가지고 그러니까 이건 뭐 천방지축이고 아무것도 몰라요. 친 엄마가 이상한 엄마가 되가지고 전화를 하면 저기서 그니까 부산에서 전화를 해 가지고 어미라는 사람이 나 전화요금 많이 나가니까 내가 끊을 테니까 니가 서울에서 부산으로 해라. 그럴 정도로 그런 모친 이었어요. 그래 결혼을 해가지고 한복을 해서 보낸 게 어디 뭐 고성에 가서 했데요 한복을 이건 한복이 맞지도 않고 팔은 아이고 팔은 반팔같이 해놓고 입지도 못했죠. 이제 상견례 할 때도 ○○에서 오고 이제 서울에서 나가고 하니까 ○○에서 왔으니까 당연히 그때도 차 사달라고 해가지고 제가 사준 거거든요. 아주 그냥 뭐 그 친정엄마가 야시에요. 막 ○ 서방, ○ 서방 그러니까 그 ○○이 돈을 일주일에 돈을 몇 번씩 퍼 붇고 왔나 봐요. 그 일수하는 돈을 그랬으

노출하라 영상관법과 화병 **당당히 자신과 마주하라**

니 한 서방 ○서방 하시고 좋아하지요. 그러고 나서 작전동에 아파트 사
줘서 나간다음에는 그때부터 또 지 누나 저기하고 패물해준 거 다 팔아
먹고 또 지난번에 와서 말씀 드렸지만 ○○이가 그거 집 사 놓은 거 거기
들어가서 그것도 삼분의 일은 해 먹었나 봐요. 그니까 이제 ○○이가 뭐
라고 하니까 언젠가 저한테 와서 막 욕을 하더라고요 그래서 야! 니가 욕
할 형편이냐 지금. 그리고 난 다음에 나중에 G동 집도 걔 때문에 팔게 됐
어요. 돈을 천만 원을 해 달래요 그러지 않으면 들어오겠다고 그럼 들어
오면 어떻게 살겠어요. 그래서 그 집을 판 거예요. 팔아가지고 천만 원을
해줬죠. 그리고도 또 얼마 안 돼 가지고 장인이 찾아 왔더라고요. 서울에
를 장인도 또 그 저 그때 국회의원 출마한 ○○에 이창? 인지 기억이 안
나네. 그 사람 따라다니면서 보좌로 따라다니면서 하니까 말만 번지르르
하지 왜 그렇게 돈도 안 해주고 맨 몸으로 내 쫓았느냐 그런 식으로 말을
하더라고요 그래서 저기 뭐야 그래가지고 제가 이제 하나서부터 끝까지
다 해줬죠. 전화 말까지. 내가 그렇게 지금 까지 왔다고 했더니 아무 말
도 안하고 미안하다고 그러더니 가더라고요. 그러고 난 다음에는 그 ○
○ 데리고 걔는 이제 ○○으로 내려가고 저 혼자 떠돌아다니면서 그 뒤
로 연락이 없죠. 이제"

결혼을 하고도 아들은 이태원이 주거지였다. 부인과 딸에 대한 책임
감은 하나도 없이 아들은 사고를 치고 안양교도소를 들어갔다.
그 후 큰 아들은 친엄마 집에 있었지만 거기서도 사고를 너무 많이
치고 술만 먹으면 살림을 다 때려 부수는 광경을 경험한 후 친엄마 집에

서도 쫓겨났다고 했다. 아들이 결국 친엄마를 찾아 갔었던 그 당시를 회상하면서 그 때와 똑 같이 눈물을 펑펑 흘리며 실컷 울었다. 그리고 그 시절 루비는 배신감과 경제적 힘겨움으로 6~7년을 술과 담배로 하루하루 삶을 이어갔다. 세 딸들까지 루비 몰래 친엄마와 연락을 하고 지내는 것을 알고부터 루비는 고생의 보람도 없이 배신감으로 마음이 아팠다. 그나마 다행스러운 것은 남편이 루비의 처지를 이해해주었고 모든 권한을 루비가 행사할 수 있도록 믿어준 것이었다.

🌀 막내아들이 남긴 상처

루비의 막내아들은 40대 중반이다. 막내아들 역시 키가 크고 인물이 출중하다. 그리고 매너도 좋다. 친구도 많지만 인기도 최상이라고 했다. 막내아들이 군대를 제대하고 취업을 준비하던 중 선배로부터 사람을 구한다는 달콤한 소식을 들었다. 사회 경험이 전혀 없는 아들은 전혀 의심도 없이 믿었던 선배의 꼬임에 빠져 신이 나서 쫓아 다녔다. 그곳은 다름 아닌 다단계였다. 한번 들어가면 쉽게 빠져나올 수 없는 곳, 다단계였다. 지금도 다단계는 무섭지만 20년 전만해도 다단계는 정말 무서웠다. 하지만 취직하기가 어려운 막내아들은 루비가 아무리 말려도 막무가내였다. 거기다 생각하지도 못했던 고속승진을 몸소 느끼면서 회사에서는 "과장님, 부장님"이라 불러지는 칭호에 아들은 그곳에서 영 빠져나올 생각을 하지 않았다. 막내아들의 그 승진욕은 무서운 결과를 가져왔다. 취직

노출하라 영상관법과 화병 당당히 자신과 마주하라

하고 3년 사이 회사 측에서 강제로 팔아넘기게 만든 물건 값은 고스란히 빚으로 남겨졌고, 빚은 도저히 갚을 수 없을 만큼 아들의 목을 조여 왔다. 아들은 두 어깨에 짊어진 빚을 갚기 위해서 동분서주 형제와 친구 등 아는 사람을 찾아다니면서 물건을 떠 맡겨 보았지만 빚을 갚기는 쉽지 않았다. 어쩌면 용을 쓰면 쓸수록 아들의 다단계 늪은 깊어만 갔다. 아들이 다단계에서 손을 떼기에는 이미 너무나 늦었고 멀리 와 있었다. 막내아들은 다단계에 빠져서 10년 세월을 보냈다.

설상가상으로 그 당시 남편은 다니던 회사에서 명퇴를 당했다. 새로 취임한 젊은 사장은 아버지와 함께 세운 구시대 직원을 대접하기에는 너무 늙었다는 이유에서였다. 아직은 충분하게 일할 수 있는 나이였으련만 하는 수 없이 퇴직을 하고 말았다. 물론 한꺼번에 받은 퇴직금으로도 막내아들 빚은 다 갚을 수 없었다. 루비는 하는 수 없이 특단의 조치를 취할 수밖에 없었다고 했다. 두 아들의 빚 독촉은 하루가 멀다 하고 걸려왔고, 직접 찾아오는 빚쟁이들의 등살에 시달려 더는 버틸 수가 없었다. 그래서 서울에 있는 알짜배기 집을 팔아 아들의 빚을 갚아주고 시골 행을 결심했다. 그 결과 다단계서는 아들의 몸이 빠져 나오기는 했지만 막내아들은 쉽게 자리를 잡지 못했고, 루비의 시름은 커져만 갔다고 했다. 아직도 막내는 살아가려는 노력은 하지 않는다. 루비의 50대는 평생을 모아둔 노후 자금을 두 아들의 빚잔치로 막을 내렸다. 그렇지만 루비는 두 아들에게 진 전생 빚을 말끔하게 청산해버린 느낌이라고 했다. 그 시절 그녀의 답답하고 절박했던 심정은 아예 밤낮으로 술에 취해서 잠들었고, 그 독한 담배를 피우면서 현실로부터 도피하는 생활에 자신을 스스로 위로하며 살았다. 루비 자신이 이젠 술과 담배를 끊어야겠구나 생각하니 그 세월은 15년이 지나 있었다며 피식 웃었다. 내가 보기에 그녀의 모습은 너무 쓸쓸하고 씁쓸해 보였다.

루비는 신세를 한탄하면서 내 인생은 참으로 기구한 팔자였다면서 현재도 애지중지 키운 큰 아이가 어디에서 살고 있는지 연락두절 상태라면서...

그리고 남편과 둘이 경기도 어느 골짜기에 새로운 터전을 마련하고 살았다. 한 5년을 살았지만 큰 아들은 다시 그곳으로 찾아와 창문을 다 때려 부수었고, 둘째 아들이 역시 다단계로 물려버린 빚을 청산할 수 없다고 했다. 루비는 다시 시골집을 팔아서 두 아들의 빚 청산을 해주고 경기도 어느 시골로 전세를 얻어 이사를 갔다. 루비는 마지막 ○○시에서 모든 재산을 팔아 두 아들의 빚을 갚아주고서야 그동안 억울하고 분했던 마음을 비웠다고 했다. 그렇지만 루비에게 남아있는 마지막 자존심과 꼬장꼬장한 성격은 아직도 죽지 않고 있는 듯 생생하였다. 나는 그래도 다행이라고 생각했다. 머리 싸매고 누워있지 않아서.

나는 6회기쯤에 루비에게 그동안 후회 없이 잘한 일과 후회스러운 사건을 물어보았다. 루비는 이렇게 대답했다.

"잘했다는 건. 저는 다른 건 없고 애들이 어떻게 생각할지는 몰라도 애들한테는 제가 뭐든 정성을 다 쏟아서 키운 것이지요" "후회는 이제 일대일로 만나지 못한 게 그게 후회죠 그렇다고 해서 남편이 잘못해서가 아니라 잘못한 거는 하나도 없어요."

노출하라 영상관법과 화병 **당당히 자신과 마주하라**

그리고 그녀에게 마지막으로 남겨진 자존심과 꼬장꼬장한 성격은 아직도 그녀를 지탱하게 할 수 있는 원동력으로 남긴 한마디 "나는 저축하지 않아요." 돈을 모아두면 아이들 누구인가가 와서 한꺼번에 다 가져가기 때문이란다. 나는 그녀를 향해 이런 물음을 가지고 있었다. 왜 용돈이 생기면 저축을 하지 않고 허드레 신발이나 옷가지를 사고 막 쓰는지? 이제 그 의심을 풀 수 있었다. 그리고 루비가 왜 저축하지 않을까? 하는 궁금증에도 공감이 되었다.

루비가 가지고 있는 특징적 성격은 다정다감하지 못한 것이다. 상대편과 마주치면 상대의 기를 꺾겠다는 방법으로 눈에 힘을 주고, 똑바로 쳐다보지 않고 옆으로 곁눈질하듯 쳐다 본다. 대화를 할 때 목소리가 사납고 날카로워서 항상 화가 난 느낌을 받게 한다. 특히 저축을 하지 않고 생기는 대로 자신을 위해서 다 써버린다. 신발을 사고, 미용실에서 머리를 다듬고, 마음에 드는 옷을 사는 등, 힘이 들거나 마음에 거슬리는 일이 생기면 술과 담배로 몸을 학대하는 습관이 있다. 상담자의 입장에서 볼 때 아마도 심한 수치심과 배신감으로 인해서 생겨난 화병경험이 아닐까하는 생각이 든다.

🌀 루비의 변화

루비의 배신감은 특히 큰 아들을 향하여 있다. 그만큼 아들을 루비는 특별한 존재로 정성을 다해 공들여 키웠다. 왜냐하면 루비가 처음 그 아이들이 사는 집을 방문했을 때 처음 만난 3세 남자아이가 '엄마'라고 부르면서 루비의 품으로 안기면서 루비의 신혼살림이 시작되었기 때문이다. 그런데 그 아이가 고3을 기점으로 빗나가기 시작하면서 루비의 지독한 화병의 시발점이 되었다. 그래서 나는 제일 먼저 큰 아들을 만나보기로 했다.

🌀 배신감의 아들 만나기

이미지 영상을 통해서 실제의 대상, 아들을 떠올려 만나고, 다시 이야기하는 영상작업은 쉽지 않았다. 왜냐하면 루비는 아들 자체를 떠올리려 하지 않았고, 생각조차도 거부하고 싶은 존재라며 루비는 저항을 했다. 그러나 루비는 넋두리처럼 서서히 그리고 담담하게 자신의 속 터지는 이야기를 노출하기 시작했다.

"난 두 번도 그 놈을 생각하고 싶지 않아요. 아휴 생각만 해도 징글징글 합니다.
"그 착한 아이가 왜? 참 많이 힘드셨겠네요. 루비님이니까 다 감당하신거지 누구나 다 할 수는 없어요. 아이 고 나쁜 놈! 천하에 그런 나쁜 놈!"

나는 일부러 그녀를 향해 아들의 욕을 거들었다. 나의 그런 태도에 루비는 조금 당황하면서도 왠지 기분이 좀 좋아진 모양이었다. 그리고는 이를 드러내며 한바탕 크게 웃었다. 나도 함께 웃었다. 우리는 조금 더 가까워진 느낌으로 루비의 저항은 사라진 듯 보였다.

"스님도 그런 소리 하세요?"

루비는 평소 내가 사용하지 않는 '놈'자를 넣어 말하자, 놀라 웃으면서 이야기를 꺼내놓기 시작했다. 아마도 내가 루비의 저항을 수용하면서 루비의 편이 된 듯싶었는지 다행스럽게 이야기는 계속 이어갔다. 루비가 보여준 큰 아들에 대한 태도는 손 사례를 흔드는 것이었다. 그러면서도 루비의 음성은 아주 단호하면서 오뉴월 서리 발처럼 무섭게 들렸다. 그녀가 큰 아들을 향한 배신감은 얼굴이 찌그러지면서 잔주름은 굵게 드러났다. 눈은 옆으로 치켜뜨고 주름진 오른손을 들어 입술을 닦아가며 치받쳐 오르는 분노를 삭이는 모습이었다.

"아들이 커가는 모습은 참 예쁘고 멋졌어요. 어디를 같이 가도 모두들 엄마를 꼭 닮아서 계집아이처럼 예쁘다고 했거든요. 그러던 놈이 어떻게,"

어렵사리 말문을 열게 된 루비의 감정은 이야기하기 전보다 훨씬 더 힘들어보였다. 그녀는 큰 아들의 힘겨움에서 벗어나려는 몸부림을 이렇게 표현했다.

"그때로서는 참 참기가 힘들었는데 내려놔야겠다하고... 5~6년을... 이제는 뭐 바닷물이 넘든지 강물이 넘든지에 또 6~7년이 걸렸어요. 그때 생각하면 감정은? 생각을 잊으려고 술 먹었지요 뭐, 몸 느낌은 몰라요. 소원도 갈망도 없었어요, 그냥 앞이 보이지 않아요."

루비는 영상을 떠 올리는 과정에서 예상하지 못했던 뜻밖에 치유를 경험할 수 있었다. 정말 배신감으로 자신을 잃어버린 그 당시 알아차리지 못했던 루비를 만나면서 큰 아들에 대한 배신감은 미안함으로 변화됨을 볼 수 있었다. 그 감정은 여전히 루비는 큰 아들을 사랑하고 걱정하고 잘 살아 주기를 바라는 엄마의 마음이라는 사실이었다.

루비는 아들과의 대면이 여전히 두렵고 힘든 현실처럼 대화하기를 거부하려했다. 나는 계속해서 루비의 의중을 살펴가며 상담을 이어갔다.

"자 그럼 루비님 우리 큰 아드님 만나볼까요? 왜 그렇게 엄마 속을 썩였는가? 물어보세요."

"싫어요. 왜 물어봐요? 말도하기 싫어요."

"루비님이 정말 힘드셨는가 봐요. 좋아요. 아들이 엄마한테 어떻게 할 경우 제일 화가 나지요?""술을 만 땅 먹고 들어오면 인기척이 나요. 몸을 가누지 못하고 큰소리 지르고, 욕을 하면서"

나는 루비의 거친 성격에도 불구하고 평소 욕을 못한다는 사실에 아들의 욕을 들었을 때 반응이 궁금해졌다.

노출하라 영상관법과 화병 **당당히 자신과 마주하라**

"그때 느낌은 어때요."라고 물어 보았다.

"몸에서 진땀이 나면서 화가 치밀어 오르지요 뭐 몸에 힘이 쫙 빠져요. 무섭기도 하고."

"뭐라고 소리를 질러요"

"에이 씨! ○가치! 다 죽여 버릴 거야! 이놈의 세상! 입에도 담을 수가 없어요, 누구 닮아서 욕을 그렇게 잘 하는지 몰라요. 저는 애들 키우면서 그렇게 욕 안 해봤는데."

나는 아들에게 욕먹는 루비의 지금 감정을 물어보았다. 그녀의 입에서는 한숨과 함께 무겁게 고개를 떨구었다. 그리고는

"뭐 막막하네요. 죽일 수도 살릴 수도 없고."

남편도 없는 집에 장성한 아들이 술을 먹고 와서 고래고래 소리를 지르고 물건을 부수는 장면이다. 이런 상황에서 엄마는 화가 치밀고, 힘이 빠지고, 두렵고, 무섭기만 하겠는가? 말로는 표현하기 어려운 상황이라고 나는 생각되었다.

"지금 심정 어떠세요? 지금 생각하니 화가 더 나나요?"

"생각하면 그때 어떻게 살았는지? 술 아니었으면, 저는 암 걸려 죽었을 거예요. 지금까지 죽지 않고 살아있는 게 이상합니다."

나는 루비의 주량을 알고 있다. 하루 소주만 2~3병? 그건 그녀의 남편이 사망한 후 잠시 우리 사찰에서 거주할 즈음 술에 취해서 화장실을 가다 넘어져서 얼굴과 다리에 멍이 들고 특히 얼굴의 상처로 고생한 것을 기억한다. 그래서 알게 되었다.

"요사이 못 만나고 있는데, 마지막으로 아들한테 이야기를 한다면, 할 말 없으세요?"

"그냥 잘 살았으면 좋겠어요.(한참을 머뭇거리다) ○○아 나는 정말 너를 사랑했어. 니가 술 먹고 깽판만 안치고, 싸움판에 끼어들어 돈 다 물어주고 그런 짓 안했으면, 내가 널 왜 미워하니? 사실은 지금도 니가 어디서 뭘 하는지? 말은 못했어도... 항상 궁금하고... 그래. 근데 아니 잘 살기 바란다.

"만나보니 어떠세요?"

내가 루비에게 아들과의 만남에 대한 심정을 물어보았을 때 그녀는 가슴을 쓰러 내리면서 아들을 만난 생생한 표정과 느낌을 지으면서

"가슴이 아프네요. 그냥 여기가 찌릿해요"라고 대답했다. 그리고 루비는 나의 주문에 따라 아들을 꼬옥 안아주면서 잘살라고 해주세요. 라는 말에 루비는 잠시 몸을 움츠리더니 이내 오랜만에 아들을 두 손으로 꼬옥 안아주는 시늉을 했다. 그리고

"꼬옥 잘 살아라 ○○아 이놈아"

"더 꼬옥 안아주세요. 더 꼬옥 사랑한다고"

"○○이 사랑해! 엄마가 미안해! 우리 ○○이! (울기 시작한다) 늙어서 눈물이 마른 줄 알았는데, 죄송해요."

루비는 그날 많이 울었다. 그리고 아들에게 미안하고 미안하다고 말했다. 그때는 정말 세 딸들 때문에 속이 너무 많이 상해서 그 배신감으로 루비 자신도 어쩔 도리가 없었다고. 변명 아닌 변명으로 면담을 마무리했다. 아마도 아들로 인하여 느꼈던 배신감으로 힘들어했고, 그동안 미워했던 마음에 대한 미안함이 아닌가 한다.

⚙ 낙태한 아기 만나기

여섯의 아이들과 함께 하기에도 벅차고 힘들었던 루비는 새로운 생명에 대한 미련은 없었다. 그리고 한동안 낙태한 아이에 대한 존재를 기억조차 하지 못했다. 어느 날 우연히 찾아온 상담과정(7회기)에서 루비는 갑자기 그 아이에 대한 미안함으로 울음이 터졌다. 그리고 상담자에게 그 아이가 요즘 들어 많이 보고 싶고 미안하다고 이야기했다. 루비는 마음 한곳에 항상 미안함이 있었다. 막내아이 유산이다.

"셋째를 유산 했어요. 전에는 몰랐는데 (나이가 들어갈수록) 요즘 들어 너무 미안하고 후회스럽고 그래요." 루비는 흐르는 눈물을 그치고 잠시 아이와 만나는 의식을 치루었다. 무언가 말할 수 없는 사정도 있기는 하겠지만 유난히도 아이에 대한 미안함을 감추지 못했다. 그 아이를 향해서 미안함 마음으로,

"그 아이를 가슴에 꼭 안으시고"
"(동작표정은) 너무 미안하고... 왜 그랬는지? 스님, 그냥 그때는 어쩔 수 없었는데, 지금 생각하면 안쓰러워요. 너무 미안하고 너무 속상하고, 정말 미안해. 정말 미안해. 정말 미안해. 너무 너무 미안해. 너무 미안해. 아가!! 사랑해. 사랑해. 요새 들어서 자꾸 생각이 나고 미안하고, 그때는 엄마가 어쩔 수 없었어."

우연히 드러난 낙태 아이에 대한 미안함은 루비를 쌓인 분노에서 빠져나오는 것처럼 구슬펐다. 자식에 대한 루비의 깊은 마음은 배신감에서 오는 화가 아니라, 분노가 아니라, 그 밑바닥에는 미안함 이었다. 미안함에 접촉하면서 과거의 트라우마를 수용하고 화해가 이루어지는 것이 영상관법이라 확인하는 순간이었다.

◉ 증오스러운 엄마 만나기

엄마에 대한 이야기는 큰 아들을 향한 저항보다 훨씬 더 강한 부정을

노숱하라 영상관법과 화병 **당당히 자신과 마주하라**

가져왔다. 루비의 얼굴 표정은 입을 삐죽거리면서 순간 아주 싸늘하게 변했다. 아예 말도 꺼내지 못할 만큼 루비는 엄마를 증오하고 있었다. 나는 루비에게 논문에 써야하니 엄마를 만나는 느낌만 들려달려고 부탁했다. 나의 간곡한 부탁으로 루비는 하는 수 없이 강제로 끌려오듯 엄마를 만났다. 살아서는 기억하고 싶지 않은 증오의 대상 엄마였다.

"별 감정 없어요. 우리는 의무감으로 부모지간이예요."

나는 루비에게 "좋아요. 어머니가 몹시 밉나요? 자 지금부터 미운 어머니 얼굴을 떠올려보세요. 옛날 어린 시절 어머니 모습을 떠올려보세요 모든 생각을 놓아버리시고 지금 이 순간 어린 시절로 돌아가서 어머니를 떠올려 보세요. 어머니의 모습은 예쁘신가요? 루비님이 어머니의 모습을 닮았나요. 어때요. 어머니는?"

"네, 지금 저의 모습이 어머니 모습하고 똑같아요."

다행히도 루비는 나의 청에 응답해 주었다. 그동안 함께 한 인연 때문이리라. 나는 루비가 엄마를 만나는데 안도감과 함께 긴장감도 느껴졌다.

"그래요 좋아요. 지금 어머니 뭐하세요."
"왜 방에 계시는데요. 장사 안 나가시고 계세요 그런데 어디가 편찮으신가 봐요. 머리에 흰 띠를 두루 시고 누어계시는 모습이 보여요."

"좋아요 잘 하셨어요. 자 방으로 들어가서 어머니 얼굴에 손을 짚어 보세요. 어떠세요?"

루비는 어느 사이 아주 진지한 표정으로 나의 말에 잘 따라 와 주었다.

"열이 좀 있어요."
"어머니가 뭐라고 하세요."
"아무 말씀도 안하시고 제 손을 이렇게 잡아 내리면서 얼굴을 쳐다보세요."
(루비는 얼굴을 들어 위로 향하는 시늉을 했다)
"좋아요. 말을 해 보세요, 엄마 많이 아프시냐고?"
"어머니가 괜찮다고 제 손을 내려놓는데요."
"직접 루비님 목소리로 말을 해보세요, 어머니 많아 아프세요, 어디가 아프세요, 직접 묻고 대답 하세요. 용기 있게 시작해 보세요."

루비가 자꾸 형식적으로 대답한다. 싫은 엄마를 만나는 것이 어색한가 보다. 나는 루비 스스로 이야기를 하길 바라는 마음에서 직접 해보라고 했다. 다시 만나서 이야기하기, 이것이 치유적 내러티브의 중요한 과정이 아닌가 생각하면서. 루비는 말을 할까 말까 주저주저 하다가 엄마를 향해서 말문을 열었다. 예상외의 반전이 벌어졌다. 난생 처음 루비는 엄마를 향해 공격적이고 저돌적인 말을 시작했다. 아마도 살아오는 날에 힘들었던 사정을 다 퍼붓는 모습으로 상담자는 도리어 놀라서 가만히 루

노출하라 영상관법과 화병 **당당히 자신과 마주하라**

비를 지켜보았다.

"어머니 어디 편찮으세요? 대답 좀 하세요."

루비의 음성은 이미 격앙되어 있었다. 얼굴 표정도 일그러졌다. 울기보다는 사나운 고양이처럼 엄마를 물어버릴 것 같은 표정에 함께 한 우리는 놀라고 있었다. 뭔가 작정을 하고 덤벼들 태세이다.

"왜 저만 미워하세요. 저는 어머니 딸이 아닌가요. 차라리 저를 버리시지 그랬어요? 어쩌면 그 겨울에 그 산에서 내려오는 차가운 물에 빨래를 시키고, 동네 아줌마들이 계모냐고 그래요. 제가 뭘 그렇게 잘못했다고 그러세요. ○○만 사람인가요? 아들만 사람이냐고요!!"
"왜, 왜 나 혼자만 집에 놔두고 다 나가고 나만 혼자서 하루 종일. 어쩌다 인민군이 내려오면 저는 무서워서 변소 간에 가서 숨도 못 쉬게 숨어있고, 어머니가 그런 거 아세요. 어쩌면 한 번도 나보고 함께 가자고도 안하시고 나가시면 껌껌한 밤중에 돌아오고, 왜 그렇게 미워 하셨어요, 정말 왜 그러셨어요!!! 왜, 왜, 왜, 저한테도 다정하게 대해주시지. 맨 날 구박만하고 처다 보지도 않고."

루비는 서서히 울기 시작하다니 기어이 통곡을 했다. 함께한 우리도 함께 울었다. 얼마나 시간이 흘렀을까? 루비는 한참을 울고 나더니 말문을 이어갔다. 그리고 묻지도 않은 이야기를 했다.

"어머니가 미워한 것이 아니래요. 너무 어려서 장사 나가면 힘들까봐서 그러셨대요. 강원도가 탄광지대거든요. 탄광 부인들이 돈이 좀 있어요. 간부들 부인이니까요. 그런데 이제 어머니가 음식 잘하시고 바느질도 잘 하시니까. 나가면 간부 집에서 음식도 해주고 거기서 물건도 팔고 그러니까. 도시처럼 집이 한군데 몰려있는 것이 아니라 멀리 떨어져 있으니까. 제가 따라가면 다리도 아프고 힘들 것 같아서 그러셨대요. 그리고 미워한 것이 아니라 어디가도 욕먹지 않게 하려고 야무지게 가르치려고 그랬대요. 우리 어머니가."

그리고 루비의 얼굴에는 오랜만에 미소가 번졌다. 함께한 우리도 기분이 아주 좋았다. 반전이었다. 뜻밖의 치유였다. 루비 엄마의 이야기가 딸 루비의 입을 통해서 나온 것이다. 미워서 그랬다고 생각했는데, 엄마가 미워서 그런 것이 아니라는 것이다.

"얼마나 좋으세요?"
"뭐 100% 좋네요."
"아, 예 그런데 어머니의 모습이 생생하게 떠오르셨어요?"
"갑자기 옛날 기억이 나면서 저도 모르게 그만,
(루비는 부끄러운 표정으로 우리를 둘러보았다)"
"엄마를 만나고 나니, 이제 미워하는 감정은 사라졌나요, 어때요?"
"예, 스님. 이제는 어머니가 저를 미워하지 않으신걸 알았으니."
"그래요 축하해요. 자 호흡으로 돌아갑시다. 하나, 둘, 셋, 넷, 다섯,

노출하라 영상관법과 화병 **당당히 자신과 마주하라**

여섯, 상담 어떠셨어요?

"제일 좋았어요. 오늘은 실컷 울고 애들한테 못하던 분풀이 어머니한테 다 했네요. 스님 감사합니다."

엄마를 만나면서 아들을 만났을 때보다 루비는 더 많이 울었다. 아이처럼, 통곡을 하고 울었다. 루비가 엄마를 향했던 증오의 감정은 치유되었다. 삼복 여름밤 시원하게 얼음을 넣어 만든 수박화채 같은...

🌀 부끄러운 자기 자신 만나기

루비의 수치심은 당시 사회문화관습에 의한 부끄러운 재취결혼을 했다고 생각하는 고정관념에서 시작 되었다. 루비의 엄격하고 고전적인 집안의 가풍을 생각하면 루비가 가지는 수치심에 의아해 할 필요성은 느껴지지 않는다. 루비의 수치심은 재혼남과 결혼했다는 자책과 부끄러운 마음으로 주위시선을 많이 의식했다.

나는 평소에 생각하기에 루비의 자존심이 하늘을 찌른다는 생각이 들었다. 루비와의 인연도 함께했던 삶이 40년이 넘는다. 그런데 놀랍게도 상담을 마칠 무렵에야 루비가 결혼식을 하지 않고 살았음을 알았다. 아마도 재취이면서 결혼식을 하지 않았다는 것은 루비를 더욱 부끄럽게 하였던 것 같다. 나는 루비에게 '재취결혼이 왜 그렇게 부끄럽다는 생각이 드세요.' 라고 물었을 때 그녀는 이렇게 대답했다.

"글쎄요. 아이들이 없다면 굳이 모르겠지만… (중략)… 아이들이 4명이나 있는 집에 갑자기 젊은 여자가 나타나서 거지같던 아이들을 말끔하게 해 놓는 것을 보자, 산동네 다닥다닥 붙어사는 여자들이 신기한 듯 와서 들여다보고 가면서 하는 말을 제가 들었어요. '젊고 예쁜 여자가 왜 저러고 살아. 뭐가 부족해서 이상도해라' 하면서, 그때는 정말 얼마나 창피했는지 몰라요. 그 후로 저는 밖을 나가지 않고 집안에만 있었어요."

루비가 자신을 만나는 것은 이번이 두 번째이다. 루비의 표정은 조금 편안해졌다. 그러나 상담을 접하는 루비는 항상 어둡고 불안하다는 느낌을 받았다. 우리는 함께 호흡에 집중을 했다. 수식관에서 하나에서 여섯까지.

"지금 기분 어떠세요? 숨기지 말고 솔직하게 말씀해 주세요. 이게 아주 중요하니까"

"가슴이 답답해요. 스님. 많은 돌덩이가 여기 있는 것 같아요."

아들을 만날 때나 엄마의 경우와는 다르게 예상외로 루비는 회피하지 않고 감정을 숨기지도 않았다. 아마도 루비의 화병 증상은 지금부터 하는 이야기에서 맛 볼 수 있었다. 아주 짧은 영상 이지만 그것은 그녀의 전부였다.

"어디에 돌덩어리가?

"오른쪽 어깨요.

(루비는 손을 들어 오른쪽 어깨 끝부분을 만지면서 가리켰다.)"

"그 돌멩이의 크기와 모양은 얼만해요 루비님"

"크기는 이만하고 모양은 둥그스름해요.

(루비는 양손을 모으면서 작은 바가지 모양을 만들었다)"

"그래요 좋아요 잘하셨어요. 혹시 돌멩이 색깔은 무슨 색 같아요?"

"거무티티 해요."

"좋아요 그 어깨 놓인 돌을 집중해서 바라보세요. 호흡에 집중하시면서 그냥 바라만 보세요, 어떠세요?"

"좀 작아졌어요."

"얼마나 작아졌어요?"

"주먹만 하게?"

어깨에 돌덩이는 책임감이리라. 버림받은 아이들을 잘 건사하리라는. 엄마에게 버림받은 자기처럼, 만들고 싶지 않다는 루비의 책임감이 어깨에 돌멩이로 나타났을 것이라고 쉽게 추측이 된다. 하지만 주변 사람들의 이상한 속삭임은 루비의 가슴을 힘들게 했다.

"지금 가슴 답답한 거 좀 어떠세요?"

"예 좋아요."

"몇%나 1에서 10 중 얼마나 한 4~5%"

"예. 스님. 3정도 아주 좋아요."

"그래요 좋아요 루비님은 어떤 생각을 하면 가슴이 답답함을 느끼세요?"

"참 창피한 얘긴데요. 왜 내가 아이들이 있는 남자와 그랬나 생각하면 막 가슴이 답답하고 뛰쳐나가고 싶은 생각이 들어요."

"예 좋아요. 그럼 그 생각은 부끄러움 인가요? 아이들이 4명이나 있는 남자와 산다는?"

"그렇지요. 그렇잖아요. 재취로 시집가는 사람을 얕보고 우습게 여기는 항상 그 생각이 여기 남아있어요."(루비는 가슴을 가리키면서)

여기까지는 과거의 상처받은 가슴이 아픈 내러티브이다. 나는 새로운 내러티브를 요청한다. 어떤 이야기를 할까 궁금해 하면서.

"그래요 솔직하게 말해줘서 고마워요. 자, 루비님. 부끄러운 그런 나한테 하고 싶은 말 해보세요. 용감하게, 자 루비야 부르면서 시작하세요. 나 아닌 다른 루비에게 내 처지와 똑같은 루비를 만났다 생각하고 친한 친구에게 말해 주듯이 그렇게.

"루비야 뭐 사람이 살다보면 그럴 수도 있는데, 다음에는 우리 1:1로 만나는 사람과 결혼합시다."

"아니, 좀 더 적극적으로 용기 있게 말해보세요."

"(루비는 잠시 머뭇거리더니), 루비야 그동안 애썼다. 니 잘못이 아니잖아 그 남자가 안됐고 아이들도 불쌍하고 남에 아이들도 데려다 키워주는 세상인데 루비야, 니가 자존심만 버리면 아무 일도 없는데 혼자서 왜

노출하라 영상관법과 화병 **당당히 자신과 마주하라**

그랬어. 동네 아줌마들 하는 소리 지금은 없잖여. 루비 고생했다 애 썼어. 앞으로 남은 인생 잘 살자. 안녕."

"잘 했어요. 안아주세요. 꼬옥"

"루비는 싱긋 웃으면서 정말 그녀를 안아주는 시늉을 했다."

"루비님 지금 심정 어떠세요?"

"기분 좋아요 제가 왜 그동안 수치스럽게 느꼈는지 모르겠어요. 저 말고도 그렇게 사는 사람들 많은데 그동안 제 생각에만 (갇혀) 살았어요."

"좋아요 정말 잘했습니다. 진즉 이렇게 좀 해주시지 그동안 말을 아끼셨어요?"

"오늘은 스님 때문에"

"예 감사합니다. 이제 정말, 루비님 재취 생각해도 부끄럽지 않나요."

"예, 스님"

"몇%나 1에서 10 얼마나요?"

"제로입니다. 스님 호호호"

"그래요 잘 하셨습니다. 자 수식관하고 마무리 합시다."

루비님 장시간 수고하였어요. 상담을 끝낸 심정 어떠세요?" 물었더니, 루비는 아무 일도 없다는 듯이 웃었다. 우리는 삶의 여정에서 남겨진 지워지지 않는 기억들이 있고, 그곳에는 반복된 트라우마를 다시 만나길 거부하는 마음이 있다. 자신의 아픈 곳을 다시 만나는 작업은 어렵고 또한 용기가 필요한 작업이다. 자존심이 강하면 더욱 그렇다. 다행이 루비가 부끄러운 자신과 용기 있게 만나서 연구자로서 참 고마웠다. 루비는 어느 날 내게 이렇게 말했다.

"이제 내 인생에 누가 나를 비난한다 해도, 난 관여치 않아요."
이 말은 너무나 오랫동안 나의 가슴에 남아있다. 이 말은 루비가 자신의 아픈 과거로부터 온전하게 벗어났음을 알리는 것이고 자신감 찬 본래의 루비로 돌아왔음을 보여준 것이다.

영상관법을 통해 7회기는 낙태 아이와의 화해로 평소 죄의식에서 벗어날 수 있게 되었고, 8회기 어린 시절 엄마와 소백산에서 나물 뜯던 기억이 78세 노인에게는 가장 아름다운 추억으로 기억되었다. 새로운 긍정적인 내러티브는 마음의 평온을 찾을 수 있게 하였고, 큰 아들과의 영상관법은 큰 아들에 대한 미움의 마음을 벗고 잘 살아주기를 바라는 간절한 어머니의 사랑으로 이끌어 냈다.

루비는 상담을 마친 후 대인관계에서 변화가 일어났다. 무엇보다 먼저 앞장서서 사찰 일을 진두지휘해야만 했던 모습은 사라지고 법회시간에 맞추어서 모습을 드러냈다. 나는 상담 전만해도 루비가 사찰에오는 초, 중학교 학생들에게 과일을 대접하면 다 먹기도 전에 상을 치워버렸고, 사찰의 공양물을 지인들과 나누어 가지고 갔다. 내가 내담자와 상담을 하면 옆에 앉아서 듣고 그 이야기를 다른 이에게 옮겨 나의 입장을 난처하게 만들기도 했다.

뿐만 아니라, 신체반응은 헐떡거림이 사라지고, 대인관계에서도 억센 눈빛이 아니라 조용하고 관음보살 같은 미소로 편안해졌다. 말씨의 억양

노출하라 영상관법과 화병 **당당히 자신과 마주하라**

도 날카롭고 앙칼짐에서 순화되어 다정함으로 변화되어 과거의 루비 모습과는 사뭇 달랐다. 특히 화가 나면 얼굴에서 시작된 땀이 목이 뻣뻣해지면서 등줄기를 타고 흘러내리던 회한과 분노의 땀도 사라졌다고 보고하였다. 또한 루비에게 조용하고 지극히 편안함이라는 변화가 나타났다. 제일 연장인 루비는 이미 모든 것을 포기하고 쉴 수 있는 나이임에도 세월의 연륜과는 달리 분노로 인한 그녀의 속마음은 항상 섭섭함과 쓸쓸함의 회한이 깊었지만, 이제 루비는 자비의 모습으로 변화되어 있었다.

끝으로 호흡과 영상관법을 통해서 루비자신의 지옥에서 벗어나 새롭게 노년기를 활기찬 인생으로 다시 태어날 수 있었다는 말로 루비는 오랜만에 환한 웃음을 찾았다. 이와 같은 치유의 변화는 시간적으로는 원망하고, 잊었던 어린 시절 부모와 함께했던 시간으로 돌아가 만나면서 이루어졌다. 잊고 있었던 부모와 함께한 추억의 정서는 이미지 영상만으로도 행복하고 포근함을 느꼈다. 루비역시 개인적 상황을 이야기하고 울고, 분노하고, 웃음으로 기억하면서, 자기를 용서하고, 칭찬하고, 수용하는 과정은 충분하게 치유라는 변화를 가져왔다.

검사지에서 루비의 화병증상은 자기 인생을 자포자기로 살아온 흔적이 녹아있었다. 나의 성격은 외골수며, 나는 많은 것을 포기하고 살았고, 나는 폭발하기 전까지 미련스럽게 참고, 상대방의 의견을 맞추려고 노력하면서 문제가 생겼을 때 운명적으로 받아들인다고 대답했다. 대인관계에서도 루비는 아주 소극적으로 회피하거나, 다른 사람이 어려워서 먼저 말을 걸지 않는다고 대답했다. 화병증상은 주로 한스럽고, 서럽고, 억울하고, 분노하면서, 손이 떨리고 소화도 안 되고 몹시 피곤함을 느끼며, 불행하다고 대답했다. 분노 일차사고 척도에서 루비는 상대가 나를 무시했을 때, 약속을 어기고 사과하지 않을 경우, 인정받지 못할 경우, 남을 원망하고 비난하는 태도로 나타났다. 믿었던 친구가 나를 비난하거나 공격적인 행동을 할 경우, 중요하게 여기고 있는 사람이 중요한 말을 해주지 않을 경우에 배신감으로 분노한다고 대답했다. 분노 이차척도에서도 루비는 91%였지만 사후 검사결과 루비의 화병성격은 '완전 그렇다'에서 벗어났고, 화병증상은 0%로 치유효과를 가져왔다. 특히 사전검사에서 드러난 소극적 대인관계에서도 변화를 가져왔다. 분노 일차척도 결과, 다른 사람을 비난하는 것을 보면서 분노의 감정이 일어났고, 약속을 지키지 않거나, 잘못하고도 사과하지 않고, 거짓말을 하고 들통이 났는데도 사과하지 않으며, 내 말을 들어보지도 않고 화부터 내는 사람, 특히 부모님이 끝까지 이야기를 들어보지 않고 화를 내는 경우 분노사고를 가지고 있었다. 그러나 분노 이차 척도에서는 '참아야지'를 제외하고 모든 대답에서 '가끔' '전혀'로 대답하면서 루비의 분노는 사라졌다. 이 상황은 영상관법을 통해서 한바탕 전쟁을 치루고 새롭게 평화로운 시대를 만나면서 루비가 흘리던 회한과 분노의 땀도 사라질 수 있는 치유변화를 가져올 수 있었다.

　　루비는 화병성격과 화병증상이 과격했고, 특히 대인관계에서 두드러지게 좋지 않은 상황이었다. 영상을 떠 올리는 과정에서도 가장 많은 저항이 따랐지만 영상관법 이 후 화병증상과 분노사고는 완벽하게 치유되는 변화를 가져올 수 있었다.

루비는 화병성격 척도, 사전 98%에서 사후 46%로 52% 감소효과를, 화병증상 사전 96%에서 사후 21% 감소로 75% 감소 변화를 가져왔다.

분노사고 일차척도, 사전 100%, 사후75%로 25% 감소되었고 분노 이차척도, 사전 91%는 사후 25%에서 66%감소된 것으로 나타났다.

🌀 수용하기

60대 루비는 왕성한 활동을 했다. 사찰에서 스님들 풀 옷이며, 음식 솜씨로 자원봉사를 했다. 처녀시절 솜씨가 좋기로 이름났던 루비는 아직도 그 솜씨가 녹슬지 않고 있다. 가끔 루비에게 정갈하고 맛난 음식을 공양 받을 때 마다 정말 루비의 음식 솜씨는 품격이 있었다. 루비의 배우려는 의욕은 아직도 왕성하다. 젊은이도 알지 못하는 방송 프로그램을 찾아 레시피대로 요리를 습득하고 배운다. 그 뿐 아니라 루비는 신문이나 책을 보면 아주 탐독을 한다. 그런 모습을 자주 보는 지인들은 루비에게 '박사'라는 칭호를 붙여줄 정도로 모르는 것이 없다. 나이 먹는 것이 아까운 루비는 현재 78세다. 루비는 72세에 남편과 사별했지만, 남편은 살아 생전 루비를 끔찍하게 사랑했다. 남편은 이북 사람이었다. 평생 병원 한 번 가본 적이 없을 정도로 건강했다. 남편은 평소 가자미 식혜를 유난히도 좋아했다. 그런 남편을 위해 솜씨 좋은 루비는 자신이 먹지 않는 가자미식혜를 떨어뜨리지 않고 먹게 해주었다.

결혼해서 남편이 가자미 식혜를 만들어 달라고 말했을 때 루비는 참

쌀 고두밥으로 식혜를 했더니 웃으면서 이북식 가자미식혜 만드는 방법을 가르쳐주어 배웠다고 했다. 나는 루비에게 가자미 식혜 만드는 법을 물었다. 루비의 눈이 갑자기 반짝거리면서 신나게 가자미 식혜 만드는 법을 설명하기 시작했다. 이북사람들에게 가자미 식혜는 우리가 매일 먹는 김치처럼 밥상에 오른단다. 루비는 흥분한 목소리로 가자미 식혜 이야기를 계속했다. 손바닥을 내밀고 손가락에서 엄지손가락 부분까지 10센티 정도라야 가장 맛이 있다고 했다. 가자미를 깨끗하게 씻어서 약간 고들 거리게 말린다. 매조 고두밥을 찐다. 무를 큼직하게 채를 썰어 약간 물기를 말린다. 장만한 재료들을 모아 고춧가루와 섞어서 항아리에 담아 삭히면 가자미 식혜가 완성된다. 루비는 신나게 설명을 했지만 나에게는 번거롭고 만들기 어렵게 느껴졌다. 참 대단했다. 남편은 루비를 믿고 모든 살림을 맡겼고, 무엇이든 하고 싶은 것은 다 할 수 있게 지지해 주었다. 단지 흠이 있다면, 13살 나이 차이와 결혼 전 이미 네 아이의 아버지였다고 루비는 말했다. 루비는 남편과 사별 후 심한 우울증에 시달렸다. 남편을 먼저 보내고 어떻게 살아야할지 심란했다.

"이제 비로소 스님한테 말씀드리지만 아바이 그러고 난 다음에 장사하면서 J가 왔어요. 그 돈을 S야가 관리해서 저를 줬거든요. 그전에는 돈이 없는 걸 아니까 달란 말을 못 했죠. 그런데 그 돈이 있는 걸 알고 또 가지러 왔더라고요. 그래 알았다 그러고 그때 삼백만 원인가 얼마를 그냥 찾아다가 줬어요. 그러니까 저는 돈이 있으면 안 돼요."

루비는 다시 집안에 혼자 머물면서 멈추었던 술과 담배로 밤낮 취해 있었고 이와 같은 상태는 한 동안 계속되었다. 현재 루비는 정부에서 주는 노인연금 9만 8천원으로 혼자 생활하고 있다. 그래도 지난날 세월에 비하면 현재의 루비가 제일 편안하다고 했다. 술 먹고 돈 달라고 떼를 쓰는 인물이 없고, 맞고 들어와 돈 물어달라는 놈도 없다. 이것이 행복한 이유다. 이제 루비에게 남은 희망은 아름다운 회향이라고 했다.

◉ 미래를 꿈꾸며

루비는 목소리가 크다. 대중 가운데서 제일 나이가 많은데 자신감이 넘친다. 젊은이도 피해갈 열정은 만물박사다. 음식이면 음식, 시사면 시사, 정치면 정치, 기막히게 모르는 것이 없다. 아직도 건강하다. 루비의 좌우명 '세상에 공짜는 없다.' 루비의 건강이 아마도 아이들을 잘 키워준 대가로 생각하는 것 같았다. 모든 것을 다 잃어도 건강만은 자신하던 그녀가 상담을 마친 후 얼마 전 허리 수술을 받았다. 80이 가까운 나이 처음으로 경험하는 일이었다. 1개월가량 입원 했지만 팔순이 가까운 나이에도 거뜬하게 건강해 졌다.

나는 루비에게 앞으로 어떻게 살고 싶은지 물었다. 루비의 삼촌은 90세이다. 한없이 긍정적인 삼촌은 무엇이든 허허허 하면서 건강하다. 어린 시절부터 유일하게 친한 친구이자 삼촌인 두 사람은 긴긴 세월 벗처럼 살아왔다. 루비는 앞으로도 무엇이든 이야기하면서 삼촌처럼 허허허

하면서 살고 싶다고 했다.

　미래의 영상을 루비는 이렇게 떠올렸다. 쪽진 머리에 깨끗한 한복을 입었고, 흰 고무신을 신은 모습이 젊은 엄마모습을 닮았다고 했다. 루비는 만물이 움트는 봄을 좋아한다고 했다. 봄을 좋아하는 이유를 묻는다면, 그건 루비가 10대 유일한 추억의 시기가 봄이기 때문이다. 난생 처음으로 엄마와 동네아줌마들에게 어린 것이 착하고 나물도 잘 뜯는다는 칭찬을 받아본 계절이 바로 봄이었다. 어린 루비의 기억은 늙은 루비에게 아직도 꼭꼭 숨바꼭질 하듯 감추어져 있는 모양이다. 그녀의 영상 속에는 나물 캐러 다니던 그 길이 뚜렷하게 남아 있었다. 그곳은 그 당시 빨치산 부대가 머물렀던 무서운 곳이기도 했다. 그때 기억을 루비는 이렇게 증언했다.

　"지금 해병대 같은 팔각 모자를 썼어요. 강원도 사람들은 그걸 모르잖아요. 그런 걸 어디서 구해 왔는지 모르겠는데 하여튼 외삼촌이랑 몇몇이 태극기를 그려가지고 만들어서 애들 운동회 하면 들고 흔들잖아요. 빨치산부대가 제 기억으로는 한 열 명은 안 되는 거 같아요. 그들이 오면 저희는 아니까 얼른 그것을 숨겼어요. 이풍에서 대기를 하고 있었어요. 재를 넘어서 재에 딱 올라서니까 사람들은 이 빨치산 부대 복장을 몰라 태극기를 막 흔들었대요. 빨치산은 우리가 아군이라 하고, 태극기 흔든 사람들을 다 데리고 가서 총소리도 안 나게 바위로 눌러서도 죽이고 막창으로도 찔러서도 죽이고 그랬대요."

노출하라 영상관법과 화병 **당당히 자신과 마주하라**

루비의 영상은 계속되었다. 마지막 여행지 소백산 산행을 시작했다.

"뚜렷해요."

산삼을 캐던 기억, 그 산삼을 다시 심어놓았던 기억, 그녀는 이야기하는 내내 행복했다. 엷은 미소를 지으며 정말 산에 오르고 있는 것처럼 헐떡이면서, 루비는 소백산을 올랐다. 어린루비는 동네사람들에게 뒤지지 않으려 애썼다고 했다.

"소백산 길이 선명하죠?"

"예 선명하죠."

"좋아요 그 때 기억을 떠올려 보세요."

"그때 언젠가는 나물을 뜯으러 올라갔는데 지금 생각하면 산삼이에요. 뿌리가 새끼손가락 만한데 제가 그걸 뽑으니까, 산속에 땅이 얼마나 좋아요. 뽑으니까, 쑥 뽑혔어요. 그거를 한 참 들여다보고는 도로 그 자리에 심어놓고 갔어요. 지금 생각하니까 그게 산삼이에요. 잎사 귀를 생각해 보니까."

"그렇군요. 조금 더 힘을 내어 올라가 보세요. 지금의 위치는?"

"꼭대기 올라갔어요."

"좋아요 소백산 꼭대기에서 보는 느낌은 어떠세요?"

"네 기분이 너무 좋아요."

"어느 쪽이 보이는지 알 수 있겠어요?"

"꼭대기 올라가면 저기도 보여요. 멀리 그 저기 뭐야. 영월이 아른아른하게 보이고 거기서 영월이 제일 가깝게 보여요. 옥동 쪽은 산이 막혀서 안 보이고요. 저는 산만 가면 마냥 좋아요. 지금도 막 산이 나무가 우거지고 청정하네요. 야, 그때는 거기서 앞 산 뒷산에 뭐라고 그러더라. 앞 산 뒷산에 무슨 뭐라고 하더라, 그때 강원도에서 노래를 부르더라고요. 저기 김삿갓 그 산 꼭대기만 올라갔죠. 엄마 따라 나물도 뜯으러 다니고 가을이면 다래 머루, 그랬다가 이제 또 도토리도 이제 주우러 다니고 먹지는 않으면서도 열심히 그런 것은 잘했어요. 따라다니면서 한 거죠 뭐. 그 동네 사람들이랑 가서도 뒤쳐지지는 않았어요."

나의 어린 시절 강원도는 숲과 숲이 우거져서 앞뒤도 분간할 수 없을 만큼 어두웠고, 그 숲 사이로 아주 까마득히 하늘이 보였던 기억을 되살릴 수 있었다. 그리고 달라져 버렸을 그곳이 갑자기 가고 싶었다. 지금은 어떻게 변했을까? 너무 오랫동안 잊고 있던 유일한 나의 남자 친구도 보고 싶다.

나는 루비에게 막연하게 영상을 떠올려가며 그 순간에서 머물게 하고 싶었지만 그것은 상당히 무모한 짓일 수도 있다는 것을 알 수 있었다. 오히려 그 순간 내가 더 많은 과거의 숲으로 돌아가 엄마를 그리워했음을 느꼈다. 루비는 어떤 상황에서도 물음에 답을 가지고 나와 상대를 하고 있었다. 나에게 그런 느낌은 상당한 부담이면서 또한 나의 태도를 도전적인 상태로 바꾸어 놓았다.

루비와 내가 함께해야하는 시간 매회기 2시간이지만 오늘 미래를 꿈꾸고 계획하기에는 턱없이 모자라는 시간이었다. 무리한 강행에도 그녀는 말없이 따라왔지만 내가 자신에게 자신을 향한 칭찬을 부탁했을 때 루

노출하라 영상관법과 화병 당당히 자신과 마주하라

비는 이렇게 대답 했다. 그리고 그녀의 입에서 흘러나온 말은 놀라웠다.

"아우 세상에 좋아요. 이렇게 온 몸이 가벼울 수 없어요. 나를 향한 힘찬 칭찬은 다른 건 없고 다른 사람들은 이 나이되기 전에도 아파서 그냥 절절 매고 병원에 다니고, 그래도 아직 이 나이까지 몸에 칼 한번 안 대고 건강해서 손뼉을 쳐줄 만한 거죠. 자, 건강의 박수를 보내드립니다. 그리고 루비님이 한 평생 정말 누군가를 위해서 희생을 많이 하셨어요. 그죠? 그 또한 감사의 박수를 올립니다. 그래서 또 건강을 주었는지도 모르죠." (환한 웃음)

영상관법은 루비가 못 다한 숙제가 풀린 것처럼 얼굴에는 환한 미소로 행복해 보였다.

입 주위는 잔주름이 굵어졌지만 참, 아름다운 미소였다. 무엇보다도 루비는 모든 것을 누구에게도 말하지 못한 것을 노출하고 나니 후련하다고 했다. 끝으로 루비 스스로에게 타고난 건강에 건배하면서 힘들었던 삶을 포기하지 않고 살아온 자신에게 칭찬의 박수를 끝으로 상담을 마무리했다.

나는 루비의 이야기를 들으면서 참 많은 생각을 했다. 겉모습은 지나치게 화려하지 않으면서 고상한 그녀는 이제야 비로소 평생 느껴보지 못했던 행복을 느꼈다. 소백산에 오르면서, 어떻게 그렇게 행복하고 평화로웠을까? 루비를 살아남게 한 원동력은 무엇이었을까? 그것은 무의식에서 잠재된 엄마가 그립고, 사랑받고 싶고, 작은 칭찬과 루비를 바라보는 엄마의 미소라고. 그녀와의 이야기 여행은 상담자였던 나 또한 행복하게 만들었다.

후기

어느 분 인가?

지금 만족하지 않아도 앞으로 만족할 수 없어도 나는 나에게 용기를 준다.

참 잘했다고! 앞으로 쭉 잘할 수 있다고 나는 나를 토닥토닥 토닥토닥 격려한다.

나는 글쓰기를 잘 하지 못한다. 그리고 그것을 솔직하게 인정한다. 때로는 자신도 모르는 구어체로 잘 다듬어지지 않은 질그릇 같은 투박함이 나 자신도 글 쓰는 나를 생각하며 웃기도 한다. 그렇지만 그럼에도 불구하고 나는 글을 쓴다.

나의 글 속에는 우리 할머니의 정감이 있고, 우리 엄마가 자식을 사랑하는 정성이 가득하다. 그리고 내 아내의 고뇌와 삶을 참아온 인내의 공간이 있다. 또 이웃 아낙네의 힘겨운 현장의 진실이 미소 지을 수 있게 담겨있다.

그래서 나는 글을 썼다. 부끄럽지 않은 나 자신의 감성에 집중하면서...

나는 항상 나를 믿는다. 바다와 황토를 만나면서도 나는 진심으로 두 사람과 충분한 교감을 이루었고, 엄마의 정서를 상실했던 루비는 과거 여행에서 새롭게 사랑과 연계될 수 있었다. 특히 홍련과 코스모스가 가지고 있던 상처의 트라우마는 영상관법이라는 독특한 접근을 통해 한 치의 망설임도 없이 치유의 필요성을 확인할 수 있었다. 또한 개성이 강한 나의 내담자들에게 과감하게 치유라는 목표를 설정할 수 있었던 나 자신도 썩 마음에 든다. 내가 진심으로 다가갔던 여섯 명의 노인 여성들의 힘겨웠던 경험을 아름다운 노출로 이끌어 낼 수 있었던 점도 좋다. 바다의 끈질긴 근성과 황토의 불같은 열렬하고 순박한 사랑에도 나는 연민을 느낀다. 순하디 순했던 나의 홍련과 고집이라면 둘째가라면 서러운 나의 친구 코스모스, 완벽을 추구한 루비와 인내의 성자 옥잠, 그리고 나 자신의 부끄럽고 과감한 노출에도 큰 박수를 보낸다. 처음으로 수용하고 지지했던 나의 상담 경험은 어렵사리 무딘 감성이 예리한 감성으로 다시 태어날 수 있었다.

지금까지 나의 이야기는 내담자로 채택된 여성노인의 이야기지만 그 용어 자체로 오해하지 않았으면 고맙겠다. 이 이야기는 우리의 할머니, 우리 엄마, 옆집 여인의 이야기며, 사랑하는 아내의 간절하고 진실된 이야기였다.

노출하라 영상관법과 화병 **당당히 자신과 마주하라**

나는 마지막까지 여성노인들의 이야기에 객관성을 유지하려 했지만 그 또한 나의 오류였음을 시인한다. 나의 내담자들 이야기는 우리들 삶의 일부분으로 두려움과 공포에서 분리되는 순간 치유이고 행복이었다. 지금까지 나의 이야기에 관심을 가져주신 독자들이 건강하고 행복하며, 지극히 어려운 순간 속에서도 잘 극복하고 앞으로 나아갈 수 있게 되기를 간절히 기원한다.

그리고 우리들의 간접적인 인연과 만남에도 불안과 우울과 분노와 고통이 자애롭게 되기를 희망한다.

2023년 12월 동안거 **총지 동진**

노출하라

영상관법과 화병

당당히 자신과 마주하라

초판 발행 | 2024년 3월 11일

글 · 사진 | 동진
펴낸이 | 김형록
디자인 | 김영희
책임교정 | 현명, 권주희

펴낸곳 | 명상상담연구원
주소 | 서울 성북구 보문로35길 39 명상상담연구원
전화 | (02) 2236-5306
홈페이지 | http://www.medicoun.com
출판등록 | 제 211-90-28934호

가격 15,000원
ISBN 978-89-94906-28-7 (03180)